心灵呵护与成长

主　编　阳　帆
副主编　蔡　丁　李亚玲　李　规
　　　　晏　然
参　编　李海燕　曾晓东

北京理工大学出版社
BEIJING INSTITUTE OF TECHNOLOGY PRESS

内 容 简 介

本书是湖南省高等职业教育精品在线开放课程"大学生心理健康教育"的配套教材,全书分为10个模块,分别是高职新生适应与健康、高职大学生自我意识培养、高职大学生人格塑造、高职大学生学习与创造、高职大学生情绪管理、高职大学生压力与挫折应对、高职大学生人际交往、高职大学生恋爱与性心理、高职大学生生命教育与心理危机应对、高职大学生职业心理素质训练。10个模块包含相应的任务点,每个任务点都配有活动体验、活动评价、自主测试、课后拓展等栏目内容。让学生在活动中体验、在体验中感悟、在感悟中成长。

本书配有42个微课视频,读者通过扫描书中二维码即可观看。

本书配有电子课件,凡使用本书作为教材的教师可登录北京理工大学出版社教育服务网(http://edu.bitpress.com.cn/)下载。

本书可作为心理健康教育的教材,也可作为大学生和其他读者心理调适的自助读物。

版权专有　侵权必究

图书在版编目(CIP)数据

心灵呵护与成长 / 阳帆主编. -- 北京 : 北京理工大学出版社, 2023.9
ISBN 978-7-5763-2747-2

Ⅰ.①心… Ⅱ.①阳… Ⅲ.①大学生-心理健康-健康教育-研究 Ⅳ.①G444

中国国家版本馆 CIP 数据核字(2023)第 155421 号

出版发行 / 北京理工大学出版社有限责任公司	
社　　址 / 北京市海淀区中关村南大街 5 号	
邮　　编 / 100081	
电　　话 / (010) 68914775(总编室)	
(010) 82562903(教材售后服务热线)	
(010) 68944723(其他图书服务热线)	
网　　址 / http://www.bitpress.com.cn	
经　　销 / 全国各地新华书店	
印　　刷 / 三河市天利华印刷装订有限公司	
开　　本 / 787 毫米×1092 毫米　1/16	
印　　张 / 12.75	责任编辑 / 江　立
字　　数 / 300 千字	文案编辑 / 江　立
版　　次 / 2023 年 9 月第 1 版　2023 年 9 月第 1 次印刷	责任校对 / 周瑞红
定　　价 / 42.00 元	责任印制 / 施胜娟

图书出现印装质量问题,请拨打售后服务热线,本社负责调换

前言

习近平总书记在党的二十大报告明确提出，要"重视心理健康和精神卫生"，要"推进健康中国建设"。可见，人民心理健康不容忽视，人民健康是民族昌盛和国家强盛的重要标志。本教材深入贯彻党的二十大精神，遵循技术技能人才成长规律和特点，以教育部心理健康教育指导纲要为准绳，以高职教育理念为指导思想，以培养高素质、高技能人才为目标，强化学生职业素养养成和专业技术积累，突出以社会主义核心价值观为引领，以课程思政为抓手，把理想信念、职业道德、工匠精神、奉献社会等思想政治教育核心元素融入教材内容。本书可供专科、高职类学校的所有专业使用。

2011年，教育部下发了《普通高等学校学生心理健康教育课程教学基本要求》，明确指出高校学生心理健康教育课程应集知识传授、心理体验与行为训练为一体，帮助学生明确心理健康的标准及意义，增强自我心理保健意识和心理危机预防意识，掌握并应用心理健康知识，培养自我认知能力、人际沟通能力、自我调节能力，切实提高心理素质，促进学生全面发展。2021年，教育部办公厅发文《关于加强学生心理健康管理工作的通知》（教思政厅函〔2021〕10号），要求高校要面向本专科生开设心理健康公共必修课，原则上应设置2个学分（32~36学时），有条件的高校可开设更具针对性的心理健康选修课。因此，我们根据高职高专学生的心理特点，针对高职高专学生成长过程中存在的心理问题，编写了这本教材。

本书的编写者均是高校心理健康教育工作一线富有经验的教师，所有编者均为双师，均持有国家二级心理咨询师证，且具有多本相关教材的编写经验。我们遵循教材编写的"三基""五性""三特定"原则，力求使教材结构新颖、内容严谨实用、重点突出、特色明显。编写时，以"教材思政与课程思政双向同行"为基本理念，以普通心理学、积极心理学、教育学、心理卫生学为基础理论，既坚持遵循现代教育理念，又紧密结合教学实践，从教育情境出发，将心理健康教育与大学生的生命成长紧密结合，让大学生在实际的体验中形成健康心理，感受心理成长的快乐。

本书是湖南省高等职业教育精品在线开放课程"大学生心理健康教育"的配套教材，全书分为10个模块，分别是高职新生适应与健康、高职大学生自我意识培养、高职大学生人格塑造、高职大学生学习与创造、高职大学生情绪管理、高职大学生压力与挫折应对、高职大学生人际交往、高职大学生恋爱与性心理、高职大学生生命教育与心理危机应对、高职大学生职业心理素质训练。这10个模块包含相应的任务点，每个任务点都配有活动体验、活动评价、自主测试、课后拓展等栏目内容，让学生在活动中体验、在体验中感悟、在感悟中成长。

　　本书是集体智慧的结晶。参加编写的人员有：阳帆（模块一~模块四、模块六、模块七和模块十）、李亚玲（模块五）、蔡丁（模块八）、李规、晏然（模块九）。全书由阳帆统稿，李海燕、曾晓东对本书所包含的电子资源进行了编辑与维护。

　　本书配套资源丰富，每个单元都配有教学微课视频、短视频案例、科普动画、音频等转化为二维码的信息化技术内容作为教材知识的拓展和补充，学生可随时扫码观看。本书强调知识的领会性学习与实践应用的结合。全书结构科学，内容丰富、生动有趣，教学操作性强。

　　本书借鉴了国内外有关心理学专家、管理学家的学术观点和资料，得到了娄底职业技术学院学校领导的大力支持，在此一并感谢，由于编者能力有限，书中难免有疏漏与不足，在此，真诚地欢迎各位专家同仁批评。

编　者

目　　录

模块一　积极适应，健康心灵——高职新生适应与健康 ·············· 1

　　任务一　高职大学新生的角色转变 ······························· 1
　　任务二　高职大学新生的心理特点 ······························· 6
　　任务三　高职大学生的心理调适 ································· 10
　　任务四　了解心理健康的含义与标准 ····························· 16
　　任务五　积极维护高职大学生心理健康 ··························· 23

模块二　自知者明，自胜者强——高职大学生自我意识培养 ··········· 30

　　任务一　了解自我意识 ·· 30
　　任务二　认识高职大学生自我意识的发展与问题 ··················· 35
　　任务三　培养健全的自我意识 ··································· 40

模块三　倾听自我，健全人格——高职大学生人格塑造 ··············· 46

　　任务一　认识人格及高职大学生的人格特点 ······················· 46
　　任务二　认识人格偏差的类型与表现 ····························· 56
　　任务三　掌握高职大学生人格培养的途径和方法 ··················· 60

模块四　持知识之匙，开智慧之门——高职大学生学习与创造 ········· 68

　　任务一　了解学习与高职大学生的学习特点 ······················· 68
　　任务二　掌握高职大学生常见的学习心理问题与调适方法 ··········· 71
　　任务三　在学习中尝试创新 ····································· 81

模块五　解密情绪，调适心理——高职大学生情绪管理 ··············· 87

　　任务一　认识情绪 ·· 87
　　任务二　了解高职大学生的情绪特征及常见困扰 ··················· 91
　　任务三　学会调控情绪 ·· 96

模块六　经历风雨，始见彩虹——高职大学生压力与挫折应对 ········· 103

　　任务一　认识压力与挫折 ······································ 103

任务二　分析大学生的压力与挫折ᐧᐧᐧᐧᐧᐧᐧᐧᐧᐧᐧᐧᐧᐧᐧᐧᐧᐧᐧᐧᐧᐧᐧᐧᐧᐧᐧᐧᐧᐧᐧᐧᐧᐧᐧᐧᐧᐧ　107

　　任务三　有效应对压力与挫折ᐧᐧ　110

模块七　架起心桥，沟通你我——高职大学生人际交往ᐧᐧᐧᐧᐧᐧᐧᐧᐧᐧᐧᐧᐧ　118

　　任务一　认识人际交往和人际关系ᐧᐧᐧᐧᐧᐧᐧᐧᐧᐧᐧᐧᐧᐧᐧᐧᐧᐧᐧᐧᐧᐧᐧᐧᐧᐧᐧᐧᐧ　118

　　任务二　掌握大学生人际交往的常见问题及调适方法ᐧᐧᐧᐧᐧᐧᐧᐧᐧᐧᐧ　123

　　任务三　掌握大学生人际交往原则与技巧ᐧᐧᐧᐧᐧᐧᐧᐧᐧᐧᐧᐧᐧᐧᐧᐧᐧᐧᐧᐧᐧ　128

模块八　窈窕淑女，君子好逑——高职大学生恋爱与性心理ᐧᐧᐧ　136

　　任务一　培养爱的能力ᐧᐧ　136

　　任务二　维护性心理健康ᐧᐧ　143

　　任务三　培养健康的恋爱观与性心理ᐧᐧᐧᐧᐧᐧᐧᐧᐧᐧᐧᐧᐧᐧᐧᐧᐧᐧᐧᐧᐧᐧᐧᐧᐧᐧᐧ　147

模块九　生命之花，幸福绽放——高职大学生生命教育与心理危机应对ᐧᐧ　153

　　任务一　认识生命及其意义ᐧᐧᐧᐧᐧᐧᐧᐧᐧᐧᐧᐧᐧᐧᐧᐧᐧᐧᐧᐧᐧᐧᐧᐧᐧᐧᐧᐧᐧᐧᐧᐧᐧᐧᐧᐧ　153

　　任务二　大学生心理危机ᐧᐧᐧ　157

　　任务三　大学生心理危机的预防、识别与干预ᐧᐧᐧᐧᐧᐧᐧᐧᐧᐧᐧᐧᐧᐧᐧᐧᐧ　162

模块十　人职匹配，勾画蓝图——高职大学生职业心理素养训练ᐧᐧᐧᐧᐧ　170

　　任务一　性格与职业选择ᐧᐧᐧ　170

　　任务二　训练职业心理素质ᐧᐧᐧᐧᐧᐧᐧᐧᐧᐧᐧᐧᐧᐧᐧᐧᐧᐧᐧᐧᐧᐧᐧᐧᐧᐧᐧᐧᐧᐧᐧᐧᐧᐧᐧᐧ　178

　　任务三　高职院校工科专业岗位职业心理素质ᐧᐧᐧᐧᐧᐧᐧᐧᐧᐧᐧᐧᐧᐧᐧᐧᐧ　187

参考文献ᐧᐧ　197

模块一　积极适应，健康心灵——高职新生适应与健康

学习目标

知识目标

- 了解大学与中学的差异、大学新生的心理特点
- 明确心理健康的概念、大学生心理健康的标准和意义

能力目标

- 面对新的环境，能够主动适应大学生活
- 掌握探索自我心理现象的技能，提升心理调适技能及心理发展技能

素质目标

- 能够有意识地树立主动适应的观念
- 能够自主调整心理状态，培养良好心理素质

任务一　高职大学新生的角色转变

情景导入

小丽，女，中学阶段学习刻苦，成绩很好，老师喜欢，父母也高兴。从一个小山村来到某高职院校上学，虽然不是很好的大学，但是对她、对她的小山村来说，已经很了不起了。带着家人及全村人的重托，她开始了大学生活。可是她对新环境极不适应，普通话说不好，不敢与同学交流，生活也不习惯，周围又没有一个熟人，她感到很孤独、很寂寞，觉得自己万分痛苦，情绪低落。父母每次打电话问她的情况，她都哭个不停。无奈，父母只得来到学校陪她一个月。可父母走后一个星期，她便偷偷退了学。

大学是一场短跑，还是一场长跑？几乎所有上过大学的人都会得出这样的结论——大学时光转瞬即逝，尤其是短暂的高职高专生活，绝对是一场短跑。既然是短跑，那么起跑就显得至关重要了。大学的起跑，其实就是一种适应。适应得快，占据了有利的首发位置，将状态迅速调整到最好，接下来再跑，你就会发现你已经在队伍的前端。而在随后的过程中，不

论是面对后面不断冲上来的对手，还是一直领先的地位，都会促使你习惯性地全力奔跑，保持领先。当领先变成了一种习惯，一切都变得那么自然。所以有人说，大学生活的前三个月也许已经决定了后面三年是精彩还是平淡。

本模块将带着你走进新环境，开辟新天地，教你认识高职高专新生的角色转换，帮你迅速适应大学的新生活。

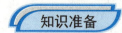

知识准备

一、高职大学新生的角色转变

1-1 你好新同学——
大学新生适应

大学不是与世无争的世外桃源，而是现实社会的一个缩影。大学早已不意味着铁饭碗，大学生需要不懈的拼搏和奋斗。大学时期是人生的黄金阶段，是生命的转折点。在这里我们从幼稚走向成熟，不断探索未来的人生道路。

生活：走出家门、跨入校门的那一刻，我们已经有一只脚踏进了社会，生活从原来的"三点一线"变得多维丰富。

学习：书本上的知识不再是唯一的学习途径，社团活动、社会实践……处处留心皆学问。

人际交往：原来的乡音很难再听到了，取而代之的是普通话，从此认识或不认识的人都要自己主动接近，说"Hello"。

（一）社会角色的转变：从中学生到大学生

在社会生活中，每个人都处在一定的位置上，以不同的身份拥有相应的权利，承担着一定的社会职责和社会义务，扮演着不同的社会角色。社会对不同的角色寄予的不同希望，提出不同的要求，这就是社会期待，也称为社会期望。每一种社会角色都应该符合当时的社会对这种角色的期望，职业院校学生的角色就是作为大学生个体在一定社会环境和人际关系中被期望的一种身份。从中学到大学，身份变了，位置变了，社会角色变了，社会期望也高了，每一位职业院校学生都承担着潜在而又崇高的社会使命。这种社会角色的改变，导致了职业院校学生在角色变化的过程中出现了角色适应问题。

高职高专新生的心理适应，从某种角度来说，就是社会角色的适应，如环境适应、人际关系适应和学习适应等，归根结底是环境改变后的社会角色的适应。一种社会角色体现了个体应对现实社会生活的必要途径和惯常模式，个体在不同的环境中应当认同相应的社会角色，表现适当的社会角色行为，否则行为就是怪异的、无效的，也是与社会不适应的。

由中学生转变为大学生，成为真正意义上的成人，这种角色转变是大学新生首先要面对的。一般来说，中学生的心理和思想不成熟，职业方向不确定，他们是潜在人才；而高职学生作为"准人才"，职业方向基本确定，社会对其期望和要求也比中学生高得多。高职高专新生的思维方式也要由"非成人化"向"成人化"转变，由感性向理性转变。

另外，高职高专新生还必须适应由中心角色到普通角色的转变。进入大学，每个人都会面临对自己重新评价的问题，如"大学生的相对平庸化"。在中学阶段，不少人在校内和班级内担任一定职务，成绩优秀；而在人才荟萃的大学校园里，他们中的大多数发现自己变得平庸了。这种变化一方面是因为比较对象改变了，原来在中学几百个同学中属于优秀者，到了大学，比较对象的范围扩大到成千上万的优秀者，因此，相对平庸化的现象便出现了；另一方面是进入大学后与他人比较的内容越来越丰富，除学习成绩外，还有体育锻炼、文艺修养、组织能力等方面的比较，这很容易导致角色转变的不适应。因此，要实现由中学生到大学生的转变，就要处处用大学生的标准严格要求自己，客观审视自己，正确评价自己，找到适合自己的位置，做一名高素质的受社会欢迎的大学生。

（二）奋斗目标的转变：从升学到就业

目标具有动力、导向和激励作用，中学阶段受应试教育的影响，学生的奋斗目标很明确也很单一，即一切围绕高考而拼搏。面对严峻的升学压力，每个学生的生活都是高效、专注、充实的。而经历紧张的高考进入大学后，原有的目标达到了，而新的目标尚未确立，部分学生就像是站在十字路口的迷茫羔羊，失去了前进的动力和奋斗目标，感到迷惘和彷徨，无所适从，学习缺乏动力、激情。个别学生甚至觉得考上大学就应该满足了，不思进取，无聊、空虚、寂寞接踵而来……于是就开始学会抽烟、喝酒、打牌、网聊、网游……

对于大一新生的这种感觉，有一个非常生动的比喻：高中三年，就好像是在黑夜中走路，只能看到远方一点灯火（高考），就向着那个方向走去，心无旁骛。等到终于走到灯火辉煌的地方（通过了高考），却突然发现这个时候天亮了，于是周围的一切都能看得清清楚楚，远处也没有灯火了，这个时候反而不知道往哪里走了。

高职院校的培养目标是培养各类专业技术人才，专业课的教学传授各种专业知识和专业技能，直接指向就业，具有很强的专业性、实践性和针对性。一名合格的高职学生应该是学有所长，毕业后能适应社会的发展，因此要重新确定更高的理想和目标，尽快实现由应付升学考试到提高自身素质和能力的转变上。因此，高职高专学生应从各个方面锻炼自己，努力学习专业技术知识，并提高实践应用能力，培养流利的口头表达能力、熟练的计算机应用能力、建立良好人际关系的能力、团队合作的能力、提升组织协调能力等，这样才能为大学生活打下坚实的基础，为将来顺利就业铺平道路。

（三）生活方式的转变：从依赖到独立

大学生活方式的改变主要包括两个方面：一方面是生活的自理，另一方面是对钱财的管理。

在中学时期，学生是"重点保护对象"，只要集中精力搞好学习就行了，学生的大部分时间和精力都用在学习上，而生活上的事情绝大多数都是由父母包办的，包括饮食起居、衣食住行，学生的生活能力堪忧。

进入大学，原来的生活方式几乎完全颠覆了，自主、自立、自律是大学生活的特征。衣、食、住、行，看似最平常、最简单的生活内容，突然脱离了原来的轨道，独立生活的喜悦中夹杂着独立生活的艰辛，没有了父母的悉心照料，凡事都要靠自己处理。要住集体宿舍，要到食堂买饭，要自己整理床铺、换洗衣物，生活中的每一件琐事都要自己处理，因而感到很不习惯、不适应。而大学课余生活与中学相比也更加丰富多彩，各种比赛、晚会、讲座，既让许多新生感到新鲜，又会让他们感到无所适从。

生活方式改变的另一个重要方面是独立管理钱财。高职高专学生一般都没有理财的经验，因为在中学，许多学生不需要在这方面考虑过多，每天吃什么，生活中要买什么，衣服买什么样式等这些问题都不需要考虑。而进入大学则要自己独立计划如何进行消费，计算每月的吃穿用度，有计划地合理安排经济开支，而这些也需要时间来学习和适应。计划不当甚至没有计划往往就会出现"月初当富翁，月底做乞丐"的情况，甚至有些大学生被赶时髦、讲排场的社会风气影响，打肿脸充胖子，一味地与别人攀比消费，养成不好的消费习惯。

高职高专新生要有意识地尽快适应生活方式的转变，坚持自己的事情自己做，今天的事今天完成，从点滴事入手，严格要求自己，控制生活节奏，处理好学习与休闲的关系，养成良好的生活习惯；同时要积极参加学校、班级组织的文体活动和第二课堂活动。

（四）学习方式的转变：从被动到自觉

大学里，学习方式的转变集中体现在学习态度和学习方法上。中学生主要从课堂教学中获取知识，学习途径和渠道相对单一，学习上大多处于被动状态，习惯于在老师的督促、检查和具体指导下进行学习，对老师的依赖性较大。而大学学习的主要特征是自学，这是与中学阶段的学习方式根本不同的地方。大学尤其是高职院校的学习具有较强的专业定向性和实践性，每一门课程都有完整的理论体系，都有无限发展的空间和领域，老师在课堂上大都只讲重点，真正是"师父领进门，修行在个人"，学生居于相对中心的地位，以老师为主的教学模式变成了以学生为主的自学模式，强调学生在广泛的课外阅读的基础上进行独立思考。因此，大学阶段的学习需要学生有更自觉的学习态度、更强的自主意识，学会"怎样学习"，培养较强的自学能力和分析能力，养成良好的学习习惯。

（五）交往方式的转变：从旧友到新朋

进入大学后，新生普遍感受到人际关系的转变。中学时代，学生生活单调，主要任务是学习，他们很少接触社会，主要是和父母、老师、同学打交道，人际环境相对简单，属于单纯的学习型人际关系。他们的交往没有语言的障碍、乡土的差异，可能会很少考虑跟谁交往，甚至不可能在这方面花费时间。这实际上是一种儿童式的人际关系。

而大学生之间的人际关系是成年人的人际关系，具有多元性，做任何事情都可能涉及其他人，所以应跟周围人建立和保持良好的关系，这是拓展大学生的生存发展空间、促进成才必不可少的重要因素，也是一种资源和财富。高职院校的人际交往与中学有着明显不同。

首先，人际交往的范围扩大了。学生不仅要和来自不同地域、有着不同习俗的同学打交道，还要和学校各种行政部门、服务部门、医疗机构等工作人员打交道；由于参加社团或社会活动，还要与不同年级、不同专业、不同院系的同学打交道；由于勤工俭学、参加实习实践或网络交友等需要广泛接触社会，各种错综复杂的社会交往成为高职学生的基本生活内容之一。

其次，人际关系的难度也增大了。由于同学之间在语言、生活习惯、家庭背景、价值观、思维模式等方面的差异，相互之间的了解和磨合需要一定时间，这增加了交往的难度。如个别学生习惯以自我为中心，缺乏容忍、谦让、合作的品质，待人接物缺少多角度考虑的融通性，容易造成交往障碍。另外，个体的某些性格特征，如自卑、怯懦、鲁莽和孤僻等也会阻碍人际交往。因此，有些新生会因人际关系紧张而产生困惑和烦恼，一方面渴望与他人交流沟通，另一方面却屡屡失败。他们日益感到压抑郁闷，越来越不愿意同其他同学交流，有些同学逐步迷恋网络，希望在虚拟空间觅到知音良友，却冷漠地对待现实世界。

模块一 积极适应，健康心灵——高职新生适应与健康

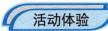 活动体验

【系列活动体验一：赢在起跑线——有缘相识】

一、活动目的

新同学之间尽快相识，加深大家之间的感性认识。

二、活动内容

1. 相识欢
2. 滚雪球
3. 连环炮

三、活动过程

1. 相识欢

辅导教师请相似的同学分别站起来，互相认识一下，如：老乡（来自同一地区的）、兴趣爱好相同的、理想一致的等。

2. 滚雪球

一滚到二，二滚到四，四滚到八，八滚到十六。即：每一个同学的下位去找自己不太熟悉的一位同学，两个人互相介绍自己；然后两个同学作为一组一起去找另外一组的两个同学，分别将自己一组的一方介绍给对方；四位同学为一组再找另外四人一组的同学形成一个八人组互相介绍，依次类推。

3. 连环炮

（1）分组：5个同学一组，可按生日的月份分组（一月组、二月组、三月组等）。

（2）辅导教师指导语：每个同学介绍自己时，在自己的名字前加三个定语，如来自哪儿、兴趣爱好、对未来的向往等。

（3）小组连环自我介绍：

A：我是___、___、___的A；

B：我是___、___、___的A旁边的___、___、___的B；

C：我是___、___、___的A旁边的___、___、___的B旁边的___、___、___的C；

D：我是___、___、___的A旁边的___、___、___的B旁边的___、___、___的C旁边的___、___、___的D；

E：我是___、___、___的A旁边的___、___、___的B旁边的___、___、___的C旁边的___、___、___的D旁边的___、___、___的E。

四、分享时刻

1. 每个小组集体上台演示连环炮
2. 辅导教师说出一个同学的特点，大家共同说出他（她）是谁
3. 对本次活动的感受
4. 即兴发言：我来到新学校的感触

五、辅导教师总结

辅导教师对整个活动做总结,并给予正面的回馈。

活动评价

活动评价表见表1-1。

表1-1 活动评价表

评价内容		评价标准	是/否
活动完成情况	活动一	能够积极参与活动并介绍自己	
		能说出新认识的同学名字及显著特点	
		能在体验中获得快乐	

任务二 高职大学新生的心理特点

情景导入

某高职院校新生在描述"我的第一步"时写道:"秋高气爽的九月,我怀着美好的憧憬,从安静的小镇来到这所学校,开始了我的大学生活。刚开学,失望便接踵而至,出现在我眼前的是一个与过去完全不同的世界,吃饭是在集体食堂,睡觉是在集体宿舍,上课是在上百人的大教室。我从小到大从未离开过父母一步,自理能力差,依赖性很强,第一次体会到万事靠自己的艰辛。"

高职高专学生正处于青年期,他们的心理发展水平正处在迅速走向成熟而又尚未完全成熟的过渡阶段,这就使得他们的心理发展呈现出鲜明的年龄特征,构成了当代高职高专学生心理素质的复杂性、丰富性和多样性。在这一时期,他们渐渐失去了中学时期的单纯,思想变得越来越活跃,心理变得越来越复杂。但高职院校的新生一般还保留着浓厚的少年时期的心理特征,由于独立性不完全,对家长有较大的依赖;对社会了解有限,过于理想化;对自我的认识摇摆不定而难以定位;遇到生活环境的变化、师友的更新、学习内容和学习方式的改变时,往往出现种种心理矛盾与冲突,如果得不到及时的调整,便会产生失落、自卑、焦虑、抑郁等心理问题。

知识准备

一、因生活环境变化而产生独立性与依赖性的矛盾

职业院校的大学生进入大学这个社会气氛较浓的环境,自然会产生一种"成人感",有

很强烈的独立意识，要求社会承认他们的成人资格，再也不愿别人用看待孩子的眼光看待自己。以身心的发育成熟为基础，高职院校新生在时间与空间上都具有较大的独立行动的自由，在思想言行上表现出极大的独立性，而且生活中也有许多事情完全要靠他们自己来处理和完成，这也促使他们的独立意识迅速发展。特别是大学环境相对宽松，当新生有了一定的经济自主、行为自由和思维独立的体验之后，就会要求自己尽快摆脱依赖性，摆脱家长、老师的管束，希望得到和成人一样的尊重和理解。这时新生对自己应对未来生活的能力很有信心，并乐于扔掉先前的父母家人的扶持这一"拐杖"去经受生活的摔打。

然而，习惯性的依赖心理仍在起作用。大学生活的方方面面都需要自己独立去承担，失去父母的臂膀之后由于独立生活能力的不足或者根本没有基本的生活能力而又感到力不从心，感到无助与矛盾。现在的高职高专新生是一个比较特殊的群体，进入大学之前，习惯了由父母安排自己的生活，很少有人会去操心生活琐事，一门心思埋头读书，忽视了生活技能的培养，以致上大学后理财能力、交往能力、自理、能力、自控能力都比较差。具体表现为：经济上需要依靠家庭，而且在学业、择业等方面，都要依靠父母的扶持与帮助；功课上缺乏自学能力，希望得到老师的指导和帮助；在思想上比较单纯，缺乏对复杂社会的了解，社会阅历不够丰富；各方面实际能力还没有得到充分锻炼，缺少必要的经验，在遇到复杂的问题时往往难以决策，渴望得到具体的帮助。这种依赖性最具体的表现就是等待心理：课后等待老师布置作业，考前等待老师辅导，课余等待学校安排好各种活动，生活上等待父母提供经济支持，寂寞时等待同学伸出友谊之手……然而，高职高专新生需要勇敢地跨越习惯性依赖，迈出独立进取的一步。

二、因理想与现实的差距而产生失落心理

由于身体发育正处于迅速成熟的过程，青年人具有旺盛的体力与精力，具有青春的活力。乐于尝试未曾经历的新事物，渴望汲取新知识，体验未曾有过的感情，结交新的朋友，这是新生入学以后积极投入新生活的动力。然而对于大多数新生来说，随着对大学环境的熟悉和学习生活逐渐走上正轨，刚刚进入大学时的新鲜感逐步消失，激情在递减，随之而来的是一种莫名的失落情绪。

失落心理是一种对自己某种行为后果或境遇与预期相差甚远而感到失望的消极心态，其产生与两种因素有关。

一种是对学校或专业感到不理想，这是一种较普遍存在的影响高职高专新生情绪的消极心理。一些学生自认为高考未考好或志愿未填好，出于无奈而选择了自己并不满意的学校或专业，因此带着沮丧、遗憾、无奈等复杂情绪入学，缺乏学习的目标与动力。另外，由于对录取学校所学专业不接纳、不认同，导致对前途的茫然、失望，心理上的抵触情绪和失落感比较严重。

另一种是现实中的大学生活与理想中的大学生活差距太大，这也是高职高专新生普遍存在的心理。由于入学前将大学生活过分理想化，把大学生活想象得浪漫、神秘和多姿多彩，入学后却发现现实并非完全如此或感觉相差甚远，这种差距使高职高专新生产生了很大的心理落差。理想与现实的差距使他们深感沮丧、迷茫，容易失去学习的内在动力和方向。过高的期望值与大学的现实生活反差较大，导致部分新生入学后出现情绪波动和心理失落等现象。

三、过于自信或过于自卑

过于自信或过于自卑这两种心理现象是高职高专新生中常见的心理问题。有些职业高中毕业的学生在进入高职院校之后，经过一段时间的学习，就觉得大学的学习不过如此，部分专业课和职高时学的差不多，自认为比来自普通高中的学生在专业课上占优势，所以上课不用心，觉得自己课后看书效果一样，甚至自己看书的收获比老师讲的还要多。在这样的心态下，他们往往在课堂上不用心，课后不努力，最终白白浪费时间。另外，有些新生在高中时也是学生会的活跃分子，进入大学后，觉得大学的学生干部也不过如此，因而对工作表现出不屑、消极和应付的态度，导致错失锻炼机会。

有些高职高专学生则相反，他们发现大学里成绩不再是评价一个人的唯一标准，而更看重综合素质。他们看到周围很多同学在人际交往能力、组织能力、文艺特长等方面都强于自己，"山外青山楼外楼"，自己只不过是大学生中很普通、很平凡的一员，这种重新排列造成很大的心理落差。由于对角色地位的变化缺乏足够的认识和准备，一些新生的自我评价受到不同程度的冲击，他们因自身某些能力的缺乏而对自我全盘否定，出现比较强烈的自卑感，甚至出现心理闭锁。

另外，家庭经济贫困也容易导致自卑与抑郁。中国大学的学费10年之间涨了20倍，许多农家子弟和工薪阶层家庭的子女往往因为巨大的经济压力而产生严重的自卑感。来自乡村或小城市的新生面对繁华都市生活气息的冲击，在心理上也会产生许多波动，感觉到自己处处不如人，从而产生自卑感。

四、因学习适应困难而产生焦虑和困惑

面对新的学习内容、教学方式和学习方法，一些新生一时感到无所适从，学习方法不当、学习动力不足、学习目标迷失成为普遍现象，而这也很容易导致一定程度的焦虑与恐惧，这在高职高专新生中是十分普遍而又正常的心理反应。适当的焦虑对高职高专新生迅速适应角色是有一定帮助的，但是反应过于强烈而陷入严重的焦虑与恐惧，就会影响正常的工作、学习和生活。

高职高专学生学习适应困难的原因是多重的。首先，由于他们不了解高职院校学习的专业性和自主性特点，拥有大量的时间却不知道怎样安排，怎样提高学习效率，学习起来辛苦且枯燥，所以逐渐丧失了学习兴趣，甚至产生学习倦怠。其次，进入大学后没有了学习的方向，不知该学什么、怎么学、为什么学，导致目标丧失、意志减退、行为懒散，把大量时间、精力寄托在网吧、睡觉、谈恋爱或者其他方面。再次，高职学生就业形势日益严峻，就业预期压力较大，新的"读书无用论"大行其道，"毕业就等于失业"的说法不绝于耳，"知识改变命运"的观点遭到质疑，许多新生就在迷茫、矛盾、困惑中挣扎，得过且过。

五、因人际交往困难而产生孤独和抑郁

新生入学以后，由于时空限制，在一段时期内曾经的人际关系基本上处于中断状态。而新的生活要求他们必须迅速建立新的人际关系。但由于思想观念、价值标准、兴趣爱好、生活习惯上都有较大差异，再加上人际交往的经验不足，使得他们在情感上对交往对象或交往

关系难以接受，并产生抗拒心理，同学之间不可避免地会发生一些摩擦、冲突。因此，他们往往面临着较大的认知、情感和行为上的压力。另外，随着生活内容的丰富、视野的开阔，人际交往变得复杂化，一些新生对此缺乏足够的心理准备，显得束手无策。在人际交往过程中，有些学生表现为人际交往心理障碍，还有些因为性格不合群而不被同学理解甚至遭到排斥。如果这些问题得不到及时的解决和处理，则会成为他们前进中的迷雾和阻碍，长期沉浸在苦闷压抑的环境下，有可能进一步发展为自闭自锁，甚至导致精神疾患。

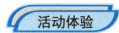
活动体验

【活动二： 赢在起跑线——知场之旅】

一、活动目的

帮助新生认识学校环境，使新生了解如何有效学习，学会确定自己的人生目标。

二、活动内容

1. 熟悉场地
2. 选择跑道
3. 准备起跑

三、活动过程

1. 熟悉场地

（1）辅导教师介绍跑道和场地（学校各方面情况），每一圈的内容和要求；
（2）各组成员之间谈自己对跑道的理解。

2. 选择跑道

辅导教师引导学生确定自己的近期目标和远期目标，跑圈是为了冲线，冲线以后选择自己适合什么颜色的大道，小组成员之间谈自己适合选择什么样的跑道（红色代表政权，这就要求学生在校期间注重培养和提高自己的组织管理能力；黄色代表经商，这就要求学生在校期间注重培养和提高自己的经营头脑；蓝色代表漂洋过海，出国留学，这就要求学生在校期间提高英语水平；黑色代表做学问，专升本、考硕士研究生，这就要求学生在校期间注重专业课的学习）。

3. 准备起跑

（1）小组成员之间谈自己怎样做好准备。
（2）全班同学分享活动准备的工作。

四、分享时刻

分享同学们两次活动的感受与收获。

五、辅导教师总结

良好的开端，成功的一半。

活动评价

活动评价表见表1-2。

表1-2 活动评价表

评价内容		评价标准	是/否
活动完成情况	活动二	能了解学校新环境	
		明确知道自己能有效学习	
		对大学学习有明确目标	

任务三　高职大学生的心理调适

情景导入

张某，男生，高考成绩班级排名前列，但突如其来的"宽松"生活令其一下子使不上劲儿。以前的学习方法似乎也不管用，自己对目标也感到十分迷惘。他很快就在网络的世界中寻找起慰藉。后来一度8门课不及格。自述："以前在家有父母、姐姐管着我，还有老师盯着我，现在他们都不在身边了，我就不知道该怎么办了。"

心理适应能力是指个人根据客观环境要求，主动采取对策，在一定程度上适应环境的能力，它与大学生的人格发展密切相关。

知识准备

中学生活如同在小河中行进的一叶扁舟，无须控制便可顺流而下，而小船一旦驶入浩瀚的大海，如果不加控制，它就会不知去向。跨进大学校园后，环境的变化、知音难觅的孤独、中心地位的失落和自卑心理是导致大学新生难以适应环境的重要因素。这些矛盾和冲突在高职高专学生身上都有不同程度的体现。

也许我们无法改变环境，但我们可以转变心境；也许我们无法避免挫折，但我们可以选择微笑面对；也许我们无法扭转命运，但我们可以使自己生活得更快乐。如果我们能够随着外在环境的变化而调整自身的适应能力，主动把握自身心理发展的规律，用积极的态度面对挫折，就能顺利度过"迷茫的大一"。

一、转变角色，正确评价自我

离开中学的小天地、进入人才济济的大学，学生的自我评价会受到不同程度的冲击。大学越来越多地把能力特长作为衡量一个人水平的重要因素，知识面宽、社交能力强或有文体专长的学生备受关注。这会使那些只看重学习成绩而缺少能力或特长的人在心理上产生困惑、迷茫。在这种情况下，千万不要自认"我不行"、遇到竞争就放弃、不敢在公共场合表现自己等。正确的做法应该是：正确认识到角色的转变，从客观的角度重新认识自己，正确评价自己。高职高专学生要尽早做好思想准备，主动进行心理调整，少走弯路，减少心理压力，顺利适应大学生活。

1. 做好心理准备

认识到适应是大学生活的第一堂课，适应是自我成长的机会。当遇到困难的时候，要勇敢坦然面对，不因心理上的不适应而产生恐惧感，不因生活环境上的不适应而产生失望感，不因学习上的优势消失而产生失落感，不因经济上的一时困难而产生自卑感，不因人际关系处理不当而产生压抑感。可以借助积极心理暗示，比如，用"适应能力是在实践中提高的，我一定能够很快地适应新生活"这样的话语暗示来增强自己适应新生活的信心，帮助自己缩短适应期。

2. 调整角色心理

适应就需要改变自我。人的社会角色变化了，相应的角色心理就应该随之转变，让自己在心理上实现从中学生到大学生的转变。高职高专新生应经常告诉自己"我是大学生了"，以促进转变；同时，还要学会正确评价自我。

（1）破除优越感，正视"大学生的相对平庸化现象"，以平常心态面对新的生活。

（2）破除自卑感，正确对待与同学的差距。

（3）优化学习动机，树立新的理想和奋斗目标，把大学生活作为人生新的起点，这样才能获得经久不衰的学习动力。

（4）调节失落心理。面对适应期的失落，应采取乐观豁达的态度，积极进行调适和补偿。如学习成绩不尽如人意，应注意调整学习动机，改进学习方法；没有当学生干部，就把时间用来多读书和参加社会实践活动；有想不通的不快之事，主动找老师、同学谈谈，可以得到放松和调适，必要的话，可以求助专业的心理咨询老师。

二、熟悉校园，适应大学生活

1. 调整生活方式，培养生活自理能力

对绝大多数新生来说，进入大学是真正意义上独立生活的第一步。因此，学会自我管理，培养生活自理能力是大学生活的重要一课。

（1）学会打理日常生活。作为一名高职高专学生，要学会准时起床、运动，学会自己料理床铺、收拾房间，学会自己洗衣服、晾晒被褥，学会自己照顾自己……在学习的过程中，如果能够和同学进行交流就更好了，因为同学间的互相影响和互相学习能够在一定程度上促进生活自理能力的提高。

独立生活的另一重要方面是学会管理钱财。由于家长一般每月或每几个月给一次生活费，高职高专新生就要自己独立计划如何进行消费，培养理财观念，要考虑在生活中哪些开支是必要的，哪些开支是完全不必要的，哪些是可有可无的；要根据父母的经济能力和自己勤工俭学的能力来确定自己每个月的消费计划，并且要尽量按照计划执行，多余的钱可以存入银行，以备急需时使用，学会把钱花在刀刃上。

（2）了解学校各项规章制度。作为一名高职高专学生，要明确什么是该做的、什么是不该做的，安排好自己的课余生活。在熟悉新的生活、老师和同学的同时，还要迅速熟悉学校的教学及生活设施，如教学办公地点、食堂、图书馆、实验室、复印室的开放时间和使用方法等。为了适应新的校园环境，还要多向高年级的同学或同乡请教，加强与老师、同学的联系，掌握各方面的信息，这样才能尽快适应新生活。

2. 转变学习方式，化被动为主动

（1）培养学习的独立性。高职高专院校的学习，需要学生自己做主，为自己规划未来，以及根据这种规划来选择应该学什么，学到什么程度。有人说，一个优秀学生所获得的知识，约60%是靠教师的讲授和辅导所获得的，约40%是依靠学生自己独立获取的。因此，高职高专学生要克服学习的依赖性，逐步学会主动学习，自己确定学习目标、制订学习计划、检查学习效果、主动找老师征询意见，变"要我学"为"我要学"，增强学习的目的性，激发成就欲望。同时，要尽快学会如何听课和记笔记，如何准备课堂讨论和考试等，这些对高职高专新生尤为重要。

（2）实现由应付升学考试到提高自身素质和能力的转变。进入高职高专院校以后，新生会发现由于专业设置的不同和个人发展目标的不同，学习名次上的竞争逐渐淡化，学校更注重"大学习"观念上的综合评价体系。在这种体系里，竞争是潜在的、是全方位的、是更为激烈的。所以，在打牢理论基础知识、拓宽知识面的同时，新生要通过实习、实验、参加第二课堂活动、参加社会实践等多种渠道获取知识，开阔视野，注意培养动手能力和创新能力，努力提高自己的综合素质；同时，注意计划性，每天的学习生活要有规律，克服随意性。

（3）培养学习的选择性。每个高职高专学生都要花大力气学好公共课和专业课，保证专业知识的精深，在此前提下，还要根据专业需要和个人兴趣选修其他课程。对于专业课，应目标明确、具体，主动克服各种学习困难，不断提高学习兴趣；对于公共课，应认识到其实用价值，努力把间接学习兴趣转化为直接学习兴趣；对于选修课，应注意克服仅仅根据肤浅的了解而盲目选修的倾向。无论选择什么课程，涉猎什么知识，都要精心筛选，若这也想学，那也想学，结果将杂乱无章，顾此失彼，最后所得甚少。此外，还要处理好学习与课外活动、人际交往的关系，尽量少去或者不去网吧，避免上网成瘾，荒废学业，影响身心健康。不少高职高专学生在这方面是有深刻教训的。

3. 培养人际交往能力，积极融入新集体

相逢是缘。每个人都有优点，应相互学习；每个人都各有缺点，应彼此宽容，取长补短。下面的人际交往原则，会帮助新生获得良好的人际关系。

（1）主动原则。新生要培养良好的交往意识；要做到相互了解，相互适应，在渴望别人接受自己的同时，善于悦纳他人。

（2）真诚原则。同学间要相互尊重理解、相互关心，律己严、待人宽，光明磊落，要有合作意识和团队精神；同学间大事讲原则，小事讲风格，不要斤斤计较，要多进行自我反思。

（3）要坚持与人为善的原则。新生既要培养竞争意识，又要注意人际关系的和谐，善于理解和宽容他人，掌握交往之道，注意提高个人修养水平，养成良好的行为习惯，培养全方位的交际能力和处事艺术。

三、学会自我心理调适

大学第一年是学生适应性心理调适的重要阶段,其适应状态会直接影响他们以后在大学阶段的发展程度,因此,新生要通过多种渠道、采用多种方法进行适应性心理调适,优化和调节自己的适应状态,以促进自己尽快适应大学的学习和生活。

1. 自我心理调适的途径

(1)课堂。新生在学习思想道德修养等相关课程的过程中,基本上可以掌握有关适应期心理调适的方法。此外,新生还可以选修学校开设的大学生心理健康课程,系统学习新生适应方面的内容。

(2)讲座。在每年新生入学教育期间,高校心理健康教育机构或学生工作部门都会经常举办以促进新生适应为主题和介绍新生心理调适方法为内容的各种讲座、论坛等。这些活动具有通俗易懂、实用等特点,新生可以借此学习基本的心理调节方法。

(3)自学。目前,有关大学生心理健康(大学生心理卫生)的书籍很多,新生可根据自己的需要,遴选其中的部分内容,通过自学掌握心理调适方法,促进自我发展。

2. 适应期心理调适方法

(1)顺其自然法。这种调适法的核心是要在整个适应过程中保持一种自然、宁静、平常的心态,主动面对各阶段出现的得失成败,特别是要坦然接受在适应过程中产生的各种困难、问题,认识到这些困难、问题是适应过程中的正常现象,不抵制、不反抗、不回避、不压制,培养良好的生活态度,对学习、生活的安排与学校的整体进程保持一致。新生正确使用顺其自然法,不仅有助于避免在适应过程中产生的焦虑、急躁和抑郁情绪,提高心理承受能力,而且也有助于增加生活情趣。

(2)积极暗示法。积极暗示是指个体在特定条件下,通过内部语言、表情、体语、信念、预期等对自己的心理活动和行为施加积极影响,按所暗示的方式去活动。比如,照镜子时反复对自己说:"我是一个受欢迎的人,我具有良好的人际交往能力,我喜欢与人交往。"并在头脑中把自己想象成一个良好的交际者,直到这种形象在头脑中能够栩栩如生地浮现出来,并根深蒂固。这样坚持下来就会发现,自己确实会变得受欢迎。

(3)再定目标法。多数新生进校后不久,会感受到各种目标在实现过程中发生了不同程度的变化,主要表现为目标迷茫、目标丧失和目标冲突。在新环境里,为使自己的学习、生活有明确动力和努力方向,每个新生应结合自身特点,重新确定目标。

(4)参加实践法。人的心理是在社会交往、社会实践中形成和发展的,因而新生多参加社会实践、校园文化活动和体育运动等,有利于锻炼身心、增强意志、丰富经验、发展才智,从而促进心理的健康发展。新生作为社会一员,无论是环境适应性的增强、技能的提高,还是目标的实现、情感的满足等都需要主动参加学校组织的各种实践活动,从而在实践活动中展现自我、了解他人、赢得认同、了解社会、体验成功、获得自信。

(5)宣泄情绪法。高职高专学生应形成张弛有度的生活方式,学会及时调节情绪和宣泄不良情绪。新生在适应过程中不可避免地会产生各种不良情绪,为防止长期被不良情绪困扰,应及时、适度、合理地宣泄不良情绪,从而获得心理平衡,恢复正常心境。在宣泄情绪时要注意及时、适度和合理。

(6) 交流沟通法。适应期间，当新生在学习、生活、人际交往、环境适应等方面产生困惑苦闷时，应针对不同问题，及时主动与父母、专业课教师、辅导员或班主任、同专业高年级的学生、其他新生或同乡交流和沟通，向他们倾诉苦闷，寻求心理帮助，倾听他们的建议和意见，共同探讨对策，寻求支持，这不仅有助于新生减少消极情绪，丰富社会、人生经验，而且对顺利适应新生活也有非常重要的促进作用。如果精神压力过大，各种负性情绪和消极心理在经过自我调适、交流沟通后仍无法排解时，应主动及时求助高校心理咨询机构专业人员的指导。目前，多数高校都设有心理咨询机构，新生可主动前往寻求帮助。

活动体验

【心理活动体验三： 赢在起跑线——我爱我家】

一、活动目的
1. 构建团体关系，融洽团体氛围
2. 加强团体认同，增强团体凝聚力

二、活动内容
1. 暖场：刮大风
2. 花样握手——接龙——相互敲打放松
3. 无家可归
4. 我们的团体

三、活动过程

1. 暖场活动：刮大风

目的：寻找彼此间的共同性，迅速相识。

活动规则：全体成员围成一圈坐好，领导者介绍活动规则。指导者说："刮大风，刮大风，大风刮到所有……（具有某一特征的人，比如说戴眼镜的人）身上"，那么具有这些特征的人就必须离开自己的位置，寻找新的位置坐下。

时间：10分钟左右。

注意事项：这个活动常用于暖场阶段，由于带有运动的成分，容易使气氛活跃起来。但是要注意，内容易流于表面，因此活动的时间不宜过长。

2. 花样握手——接龙——相互敲打放松

目的：让成员进一步相识，产生亲密感。

活动规则：（1）根据指导者的口令进行花样握手，口令包括：以前见过你——现在见到你——衷心祝福你！具体的花样握手动作由指导者演示。

（2）双方握住手以后进行自我介绍，介绍的内容可以包括姓名、籍贯、爱好等。相互介绍完毕后进行猜拳（石头、剪刀、布），输的一方将双手搭在对方的肩膀上，组成龙。

（3）组成龙后，可在团体中自由走动，与其他的龙或者成员重复以上的活动，最后所有的人结成一条巨龙。接成巨龙后，可适当地走动一下，让大家感受一下，可适当让大家分享一下接成一条龙的时候是什么感觉，当然不必强求。

（4）将巨龙的首尾相接，组成一个圈，后面的成员帮前面的成员揉肩膀、捶背。过段时间后大家集体向后转，为刚才帮自己揉肩的成员服务。可适当让成员分享感受，但不必强求。

时间：20 分钟左右。

注意事项：活动中会有成员不喜欢身体接触，有些部位会比较敏感，特别是女生，此时指导者注意适当进行调节。

3. 无家可归

目的：让成员体会到无家可归的感觉，感同身受，体会到团体对个人的重要性，更愿意投入团体，增强团体凝聚力，另外一个重要的作用是分组。

活动规则：（1）全体成员围成一个圈手拉手，从中体会在一起的感觉。

（2）指导者说口令："变——4 个人一家"，成员必须按照要求，短时间内重新组成四个手拉手的新家。

（3）指导者可以多次变换人数，让成员体会组成团体感受。最后一个口令可根据团体的人数喊出，以分成几个小组，为后面的活动打下基础。

时间：10 分钟左右。

讨论分享：可以请那些没有找到家的成员谈谈游离团体之外的感受，如"孤独，被抛弃，没有依靠，失落等……"，可以启发联想家的感觉，以及团体在一起的感觉，启发大家联想希望在班级或寝室里获得什么样的感觉。

注意事项：在活动中，可能会有成员没有组合成功，此时该成员的心中可能会感受到失落与尴尬，此时指导者可以让他向某个"家"发出请求加入，这个家的成员集体大声喊出："同意加入。"

指导者通过观察，如果发现团体中的相互熟悉度还不够，可让每次"家"中成员再做相互之间进行介绍。

4. 我们的团体

目的：加强团体认同，增强团体凝聚力。

活动规则：由指导者根据情况分组，发给每个小组一盒蜡笔和一张白纸让小组成员一起设计本小组的标志、标语以及五条活动契约。

设计好后，小组内可进行相互间的分享，然后每个小组派一名代表向所有的成员解释本小组的设计。然后所有的小组一起喊出自己小组的口号和契约，将小组的设计贴在墙上。

时间：30 分钟左右。

材料：蜡笔若干盒，白纸若干张。

注意事项：关注每个小组的创作过程，如指导者有机会可适当参与。

四、活动结束

1. 团体成员分享
2. 团体成员合唱：《相亲相爱的一家人》

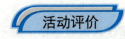
活动评价

活动评价表见表 1-3。

表 1-3　活动评价表

评价内容		评价标准	是/否
活动完成情况	活动三	能快速融入活动中	
		能分享自己在团体中的美好感受	
		能在歌曲中感悟团队的力量	

任务四　了解心理健康的含义与标准

情景导入

黄洋，男，复旦大学2010级硕士研究生，耳鼻喉科专业。黄洋1985年出生，四川自贡荣县人，是家里的独子。2013年，黄洋考取博士。他因喝下饮水机里被投放有毒物质的水，经抢救无效，于2013年4月16日15：23在中山医院去世。警方介入调查后，从该生寝室饮水机检测出有毒化合物，并锁定同寝室学生林森浩有投毒嫌疑。2014年2月18日，投毒者林森浩（1985年出生，事发前刚获得直升博士生机会）被一审判处死刑。

1-2 大学生心理健康标准

因为与同学人际关系不好就嫉恨同学并投毒，真的是令人痛心不已。这同时也让我们思考，作为接受高等教育的青年群体，大学生不仅体现着先进青年的精神风貌，更承载着国家和民族的未来，因此他们的心理健康状况有着特别重要的意义。现代社会的竞争已不单纯是智力和体力的竞争，更重要的是心理素质的竞争，是心理与人格的较量。

要拥有良好的心理素质，首先要了解心理健康，维护心理健康。

知识准备

大学生活，应从"心"开始。不断提升心理素质应该成为当代大学生的首要追求。心理健康不仅是大学生身心健康发展的需要，大学生适应社会的需要，更是大学生成功发展的需要。只有心理健康的人，才能把握自己，适应环境，面向未来，自强不息，才能显示出生命的价值。而心理健康教育的目的正是提高大学生的心理素质，那么什么是心理素质？心理健康的标准又有哪些呢？

一、心理与心理素质

人的眼睛能看到五彩缤纷的世界，耳朵能听到优美的乐曲，大脑可储存大量的信息，能用自己的思维和想象去探索自然和社会的奥秘；人有七情六欲，会喜怒哀乐；人还会为了自己的目的，通过行动去满足自己的需要。这些人们在生活中与周围环境、事物相互作用而产生的这样或那样的主观活动和行为表现，就是人的心理活动，简称心理。人的一切活动都与心理现象的存在和变化密不可分。在心理学家看来，人的心理现象由心理过程和个性心理两个方面组成，如图1-1所示。心理过程和个性心理是人的心理活动的基本形式，也是人的心理活动表现的重要方面。

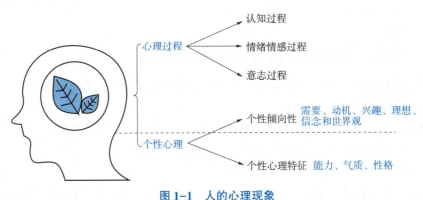

图1-1 人的心理现象

（1）心理过程。人的心理过程就其性质与功能的不同，分为认知过程、情绪情感过程和意志过程。

①认知过程是人接受、储存、加工和理解各种信息的过程，即人脑对客观事物的现象和本质的反映过程。它包括感觉、知觉、记忆、思维和想象。

②情绪情感过程指人们抱着自己的某种需要去认识和反映客观事物，在认识过程中产生的一种态度上的体验。如满足了需要，达到了目的，则产生一种愉快的、肯定的、积极的态度体验；反之，则产生一种不愉快的、否定的、消极的态度体验。这种由于需要是否满足而产生的态度上的体验，就是情绪情感过程。情绪情感过程包括低级的情绪过程和高级的情绪过程。

③意志过程是人们为了实现目的，驱动自己从事克服困难的活动的心理过程。人类不仅要认识世界，还要改造世界。在改造世界的活动中，总是带有一定的目的性。为了实现既定目的，就要想方设法去克服困难。这种为了实现目的克服困难的活动则构成心理过程中的意志过程。意志是自觉地确定目的，并根据目的来支配、调节自己的行动，克服各种困难，从而实现预设目的的心理过程。

（2）个性心理。认知、情绪情感和意志这三种心理过程作为人脑反映客观现实的形式，是人类共有的。但是，并不是说人在反映客观现实时都表现出同样的行为模式。每个人在反映客观现实时，都表现出每个人不同的行为特点和方式。这些不同的特点与方式构成了人与人之间心理上的差异，即个性差异，也称个性心理。个性心理主要表现在两个方面：个性倾向性和个性心理特征。

①个性倾向性是指一个人所具有的意识倾向和人对客观事物的稳定的态度，主要包括需要、动机、兴趣、理想、信念和世界观。

②个性心理特征是一个人身上经常表现出来的本质的、稳定的心理特点，这种稳定的心理特征是个性倾向性稳固化和概括化的结果，主要包括能力、气质和性格。

（3）心理素质。心理素质是人的心理过程和个性心理所体现的心理品质的总和，也是人的智力因素与非智力因素所体现的品质的总和。智力类的心理素质包括注意力、观察力、记忆力、思维力、想象力等一般能力，也包括表现在方方面面的特殊能力，如表达能力、社交能力、组织能力等；非智力类的心理素质包括需要、动机、兴趣、情绪、情感、意志、态度、理想、信念等。从本质上看，心理是人脑对客观现实的能动反映，心理素质是人脑机能的体现，是人在社会实践活动中逐步形成的。

二、心理健康的一般标准及大学生心理健康的标准

心理素质健康发展，即心理健康，对每一个人的成长和发展都有重要影响。那么人的心理怎样才算是健康的呢？

心理健康是科学健康概念的一个重要组成部分。1989 年，世界卫生组织将健康定义为"躯体健康（physical health）、心理健康（psychological health）、社会适应良好（good social adaptation health）和道德健康（ethical health）"，要求人们从这四个方面综合评价一个人的健康，健康的定义和健康四方面的关系具体如表 1-4 所示。所以，健康不只是指身体无疾病，吃饭香、身体壮不一定就健康，一个人健康与否应该从这四方面来评价。

《心理学大辞典》指出，符合下列标准，可视作心理健康：①情绪稳定，无长期焦虑，少心理冲突；②乐于工作，能在工作中表现自己的能力；③能与他人建立和谐的关系，且乐于和他人交往；④对自己有适当的了解，且有自我悦纳的态度；⑤对生活环境有适当的认识，能切实有效地面对问题，解决问题，而不是逃避问题。

表 1-4　健康的定义和健康四方面的关系

健康	躯体健康	人体的结构完整，生理功能正常
	心理健康	在身体、智能及情感上与他人的心理健康处于不矛盾范围内，将个人心境发展到最佳状态
	道德健康	在稳定的道德观念支配下能按照一贯的社会道德规范行事
	社会适应良好	能胜任个人在社会生活中的各种角色，能立足角色创造性地开展工作并取得成就，为社会做出贡献，实现自我
健康四方面的关系		躯体健康是其他健康的基础；心理健康与躯体健康相互作用；以心理健康为基础发展起来的道德健康高于单纯的心理健康；社会适应良好是心理健康的充分体现，是健康的最高境界

国内外心理学家在研究和探索过程中提出了一系列心理健康标准。综合国内外专家学者的研究，我们提出以下心理健康的一般标准及大学生心理健康的标准。

1. 心理健康的一般标准

我们从人的心理过程和个性心理，即知、情、意、个性四个方面来概括心理健康的一般标准。我们认为，心理健康的人应该具有比较正确的认知、良好的情绪情感、坚强的意志品质与健康的个性心理。

（1）比较正确的认知。人们的认知包括客观认知和主观认知。客观认知又包括对自然

的认知、对社会的认知。心理健康的人要正确地认识自然和社会，就必须智力正常，这是最基本的要求。主观认知包括对各种思想观点的认知和对自我的认知。只有确立了科学的世界观和方法论，才可能对各种思想观点进行正确的分析，使主观与客观相统一。心理健康的人还要求有良好的自我意识。良好的自我意识首先表现在"自知"，就是要能正确认识自己，然后要能"自尊、自爱"，再次是在"自知、自尊、自爱"的基础上能自我调控自己，并具有充分的、真实的自信心。

（2）良好的情绪情感。稳定愉快的情绪和丰富深刻的情感是心理健康的重要标志。而要保持良好的情绪情感就必须有良好的应对方式。人的一生始终处于不断追求、不断选择、不断失意、不断受挫之中，因而人们可能常常感到焦虑和痛苦，于是会自觉或不自觉地采用各种方式方法来应对这些痛苦。一个心理健康的人应该有健康合理的并适合于自己的有效的应对方法，以减轻、排解或解除痛苦，始终保持乐观向上的生活态度，并有幸福感。

（3）坚强的意志品质。意志的自觉性、果断性、坚持性和自制性是良好意志品质的基本特征。每个人都要锤炼良好的意志品质，提高个人的社会功能。社会功能是指一个人在社会上生存和发展的能力。首先，人际交往是最基本的社会功能。再次，一定的创造力是知识经济社会生存和发展不可缺少的一种社会功能。

（4）健康的个性心理。首先，良好的人生态度很重要。一个人良好的人生态度首先来自于健康向上的人生观、价值观，这是人生的航标。只有树立了健康向上的人生观、价值观，才能明确人生的目标和方向，人生才有动力，人才能拥有良好的人生态度。其次，要有完整统一的人格，要将自己的需要、愿望、理想、目标与自己的行为统一起来，人格才完整，若二者分离，将导致人格分裂。再次，应具有优良的意志品质，自主性和协作意识，这样才能克服人生困难，与人和谐相处，与社会协调发展，永葆乐观向上的人生态度。

2. 大学生心理健康标准

参照心理健康的一般标准，结合现代社会对人才素质的要求以及我国现阶段大学生身心发展的实际，我们认为大学生心理健康标准可以概括为以下方面。

（1）智力正常。智力正常是大学生进行正常的学习、工作和生活的最基本的心理条件，是衡量心理健康的最重要的方面。从智力测验的角度来看，智力正常的标准应当是智力商数在70以上，低于70为智力落后。我国的大学生一般都是经过高考录取入学的，智力基本上在中等水平以上，极少有落后的情况。

（2）情绪情感积极稳定。情绪是衡量心理健康与否的一个显著标志。心理健康的大学生积极的情绪远多于消极的情绪，主导心境是愉悦、乐观和平静的，且能正确地、恰如其分地表达情绪。情感是和人的社会需要相联系的一种较高级而稳定的体验。心理健康的大学生有较强烈的社会责任感和集体荣誉感，并能珍惜友谊，探索和追求真理，欣赏并向往美好事物，在学习、工作和生活中积极创造美，并有幸福感。

（3）意志、行为健全协调。意志健全主要表现在意志品质上。心理健康的大学生意志的自觉性、果断性、坚持性和自制性都获得了协调的发展。他们学习、生活的目的明确，能根据现实的需要调整行动的目标，能尊重、听取别人的意见，但又能独立思考，不盲目服从；能果断地做出决定并执行决定；能专注于学习或其他活动，并在活动中勇于克服各种困难，坚持不懈地为实现目标而奋斗，能为实现目标而自觉地约束自己，抑制自己不合理的欲望，抵制各种外部诱惑。行为协调主要表现在行动的计划性、一贯性、统一性以及言谈的逻辑性等方面。

（4）自我意识良好，个性完整统一。心理健康的大学生有积极向上的人生观、价值观和世界观，有理想、抱负和坚定的信念。他们能把需要、动机、态度、理想、目标和行为统一起来，做到态度与行为相一致，不为眼前利益而放弃远大目标，不为私欲而背弃良心。同时，心理健康的大学生对自己的能力、性格以及优缺点都能做出比较客观的评价。能把"理想的我"与"现实的我"有机地统一起来，而且"理想的我"总能在"现实的我"中得到体现，能根据自己的认识和评价来调控自己的行为，使自己与环境保持平衡。

（5）社会适应良好。心理健康的大学生能正确客观地认识、评价自己所生活的环境，能坦然面对并接受现实。他们明确自己所处的位置，怀有高于现实的理想和愿望，又不沉湎于不切实际的幻想和奢望。在环境不利时，既不逃避，也不怨天尤人和自暴自弃，而是通过自己的努力主动去适应环境，积极改造环境。心理健康的大学生的言行基本符合社会规范。当他们发现个人的行为偏离了社会的要求时能够及时纠正，同社会要求趋向一致。心理健康的大学生有积极的交往态度，能掌握一定的交往方法和技巧，在交往中做到诚实守信、和善友爱、宽容尊重、关心合作，能与大多数人都建立良好的人际关系。

（6）心理活动特点符合年龄、性别和角色特征，并无心因性生理异常现象。心理健康的人，其一般心理特点应该与其所属年龄阶段的特征一致，与其性别及在不同环境所扮演的角色相符合。心理健康的大学生充满青春活力、朝气蓬勃、积极向上、敢想敢干、勤学好问、探索创新。在性别特点方面：男性大学生表现相对主动勇敢、刚强果断、爽直大方，而女性大学生则相对温柔细致、富于同情心等。在角色特征方面，能够根据自己所处的场合，正确把握自己所扮演的角色。心理健康的大学生还应该没有诸如头痛、失眠、注意力不集中、强迫行为等生理异常现象，因为健康的生理是健康心理的基础。

3. 标准使用的注意事项

值得注意的是，心理健康的标准是相对的。我们在理解和运用心理健康的标准时，应把握以下几点。

（1）心理健康与否与心理活动和行为表现不能等同。心理不健康是指一种持续的不良状态，我们不能仅根据一人、一时、一事而简单地给自己或他人下心理不健康的结论。一个人偶尔出现一些偏离正常的心理活动或行为表现，并不意味着这个人就一定是心理不健康，应具体问题具体分析。例如，一个平时活泼可爱的女生，近来突然变得郁郁寡欢，有时半夜啼哭，你认为她的表现是心理不健康吗？如果知道她的亲人刚去世了，或者她最近失恋了，你又会怎么想？

（2）心理健康与否不是泾渭分明的，而是一种连续或交叉的状态。人的心理健康水平可以分为不同等级，如图1-2所示，从严重的精神疾病到轻度的心理障碍、心理冲突，再到心理健康状况良好，这是一个连续的过程。在许多情况下，异常心理与正常心理、变态心理与常态心理这两极之间只有相对标准，没有绝对的界限。

模块一 积极适应，健康心灵——高职新生适应与健康

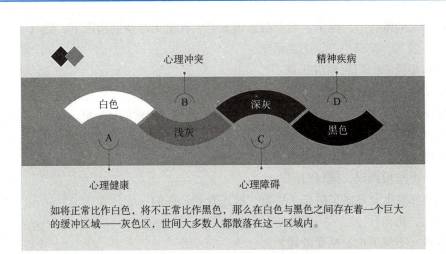

图 1-2 心理健康水平等级示意

（3）心理健康状态具有动态性。心理健康的状态并非静止的、固定的，而是动态的变化过程。如果人们不注意心理保健，经常处于焦虑、抑郁的心理状态，其心理健康水平就会下降，甚至出现心理变态或患上心理疾病；反过来，如果出现心理失衡，能及时进行自我调整和寻求心理咨询的帮助，就会很快恢复到心理健康的状态。随着自身的成长，经验的积累，环境的改变，心理健康状况也会有所改变。

（4）心理健康的标准是一种理想的尺度。它不仅为我们提供了衡量心理是否健康的标准，而且为我们指明了提高心理健康水平的方向。心理健康说到底是一种人生态度。心理健康的人，一般都能以积极的眼光看待世界，看待周围事物，富有利他精神，能在付出、发展自己的过程中增强自我价值感。他们追求高尚的生活目标，但又没有做"完人""超人"等超出其自身能力的念头。

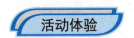

【心理活动体验四：你的心理素质如何】

一、活动目的

帮助学生了解自己的心理素质，正确认识心理素质。

二、具体操作

以下有 8 道心理素质测试题，每题只能有一个选择，选择完之后，请根据计分方法将分数累加起来，看看总分是多少，就能大致了解自己的心理素质（计分方法：选 A＝0 分，选 B＝5 分，选 C＝2 分）。

1. 你骑车闯红灯，被警察叫住，后者知道你急着要赶路，却故意拖延时间，这时你（ ）

 A. 急得满头大汗，不知怎么办才好

 B. 十分友好地、平静地向警察道歉

 C. 听之任之，不作任何解释

2. 在朋友的婚礼上，你未料到会被邀请发言，在毫无准备的情况下，你（　　）

A. 双手发抖，结结巴巴说不出话来

B. 感到很荣幸，简短地讲几句

C. 很平淡地谢绝了

3. 你在餐馆刚用过餐，服务员来结账，你忽然发现身上带的钱不够，此刻，你会（　　）

A. 感到很窘迫，脸发红

B. 自嘲一下，马上对服务员实话实说

C. 在身上东摸西摸，拖延时间

4. 假如你乘坐公共汽车时忘了买票，被人查到，你的反应是（　　）

A. 尴尬，出冷汗

B. 冷静，不慌不忙，接受处理

C. 强作微笑

5. 你独自一人被关在电梯内出不来，你会（　　）

A. 脸色发白，恐慌不安

B. 想方设法自己出去

C. 耐心地等待救援

6. 有人像老朋友似的向你打招呼，但你一点也记不起他（她）是谁，此时你（　　）

A. 装作没听见似的不搭理

B. 直率地承认自己记不起来了

C. 朝他（她）瞪瞪眼，一言不发

7. 你从超市里走出来，忽然意识到你拿着忘记付款的商品，此时一个很像保安人员的人朝你走过来，你会怎么办？（　　）

A. 心怦怦跳，惊慌失措

B. 诚实、友好地主动向他解释

C. 迅速转身去补付款

8. 假设你从国外回来，行李中携带了超过规定的烟酒数量，海关官员要求你打开行李检查，这时你会（　　）

A. 感到害怕，两手发抖

B. 泰然自若，听凭检查

C. 与海关官员争辩，拒绝检查

三、结果解释

0~25 分：你承受压力的心理素质比较差，很容易失去心理平衡，变得局促不安，甚至惊慌失措；

25~32 分：你的心理素质比较强，性情还算比较稳定，遇事一般不会十分惊慌，但有时往往采取消极应付的态度；

32~40 分：你的心理素质很好，几乎没有令你感到尴尬的事，尽管偶尔会失去控制，但总的来说，你的应变能力很强，是一个能保持镇静、从容不迫的人。

模块一　积极适应，健康心灵——高职新生适应与健康

活动评价

活动评价表见表1-5。

表1-5　活动评价表

评价内容		评价标准	是/否
活动完成情况	活动四	能了解自己的心理素质现状	
		能正确认识心理素质、增强提升心理素质的意识	

任务五　积极维护高职大学生心理健康

情景导入

小玉是大三的学生，前一段时间小玉的男朋友提出分手，小玉因此一直闷闷不乐，情绪低落。最近同学们发现小玉的行为有些异常，不参加集体活动，一个人在宿舍待着，还经常哭泣，早上起来很晚，经常和同学说"活着没意思"之类的话。同学们将小玉的情况反映给辅导员和心理中心的咨询老师，经过心理咨询老师初步评估，小玉可能患抑郁症，有一定的危险性。于是辅导员将情况如实告诉了小玉及其父母，希望她的父母能带小玉就医，但小玉的父母却认为她没病，"我们家小玉身体好好的，怎么可能得抑郁症，失恋没什么大不了，她就是太娇气了，从小太顺利，没经受过挫折和打击，过段时间自然就会好了，不用去医院。"

小玉的父母认为小玉情绪低落的原因是太娇气，过段时间就会好，并且他们认为只要身体健康就没什么问题了。在生活中，我们是不是对健康也有像小玉父母那样的误解？人们通常会关注身体健康，但是却很容易忽略心理健康，实际上心灵也会"感冒"。因此，我们需要关注心理健康，并且维护心理健康，保持一种积极向上健康心态。

知识准备

总体来说，大学生均具有良好的心理品质和阳光心态。只要他们树立科学的健康观，自觉维护和增进自身的心理健康，学会积极寻求外界帮助，他们就有能力调节和处理成长过程中所遇到的各种压力和问题，成为社会和时代所需要的复合型人才。那么如何积极维护大学生的心理健康呢？

1-3 积极维护大学生心理健康

23

一、掌握一定的心理卫生知识

(1) 阅读心理卫生相关的书籍、报刊，浏览相关网络信息等。

(2) 认真学习"大学生心理健康教育"课程，积极参加主题讨论。通过课程可以帮助大学生树立科学的健康观念，增强心理健康意识，提升心理调适能力，提高心理健康素质，促进心理健康发展。

(3) 参加校内外各种心理健康方面的实践活动，如心理沙龙、心理健康主题班会、心理剧表演、心理知识竞赛、"5·25"大学生心理健康节教育月活动、"10·10"世界精神卫生日宣传教育活动、心理素质拓展、团体心理辅导及心理健康普查等。

二、对自我进行积极调整

1. 树立符合实际的奋斗目标

大学生要摆脱心理上的困惑，就要为自己设定一个远大的目标。当然，目标并非越大越好，如果目标大到做不到，目标本身就失去了价值和意义。对这个目标，大学生既要有能达到的把握，又要有适度的风险意识；既能通过自己的努力得以实现，又能在实现后使自己有成就感。

2. 了解自我，悦纳自我

(1) 学会多方面、多途径了解自己，不盲目自信，也不妄自菲薄。

(2) 学会从周围获悉对自我的真实反馈。如果大学生对于从周围同伴获取的有关自我的信息不能进行正确的分析，就会造成自我认识误差，不能客观、正确地了解自我。

(3) 学会从社会生活经验中了解自我。积极参加各种社会实践活动，在实践中锻炼自己的能力，并扩大自己的社会接触面，积累经验，增加自我了解。

(4) 学会热爱生活。五彩缤纷的生活是快乐的源泉，大学生不要用不切实际的标准来奢求生活，而要用合理的标准来对待生活、看待自己，做到"知足常乐"，唯有如此，才能始终保持心情的舒畅和精神的振奋。

(5) 避免用唯一标准来衡量自己。"金无足赤，人无完人"，每个人都不是十全十美、白璧无瑕的。要正确对待得与失，以免引起不必要的自卑和自我拒绝情绪。

3. 学会管理和调整情绪

(1) 培养乐观主义精神。积极乐观的精神能促使人保持良好的情绪状态，从而轻松、从容地应对生活。

(2) 学会合理宣泄。合理宣泄的方法很多，如向朋友、亲人或老师倾诉，伤心难过时不妨痛哭一场，如果不愿意找人诉说，也可以用文字发泄。当然，也可以参加运动，在运动中调节自己的情绪，疏导自己的压力与不快。

(3) 培养自己的各种兴趣爱好。在大学阶段，学生可以根据自己的性格特点和条件，培养一些兴趣和业余爱好，积极参与有益活动，扩大自己的生活领域，丰富自己的精神生活，培养自己开阔的胸怀。

4. 建立良好的人际关系

（1）培养优秀的个性品质。在了解自己的性格特征后，发展乐观、热情、诚实、宽容等良好的性格特征，努力克服和改造不良的性格特征。

（2）与人交往时对他人期望不要过高，不要处处盲目与人竞争。坚持诚实、宽容和谅解的原则，学会包容别人。

5. 养成良好的生活习惯

健康的心理与健康的身体密不可分，良好的生活习惯是一个人身心健康的重要保障。一般来说，一个良好习惯多、不良习惯少的人，往往是心理健康的人。良好的生活习惯使人精力充沛，而不良的生活习惯对人的身心健康则会造成危害。对大学生而言，健康的生活方式主要有：生活有规律、膳食平衡、用脑科学、积极参加体育锻炼等。世界卫生组织认为，有害健康的不良生活方式主要有：吸烟、饮酒过量、体育运动不够或突然运动量过大、吃热量过高和多盐的食物及饮食没有节制、破坏人体生物节奏和精神节奏、对社会压力产生适应不良的反应等。

三、寻求心理帮助

当你在生活中遇到困扰、挫折与打击，感到压抑、焦虑、绝望时，当你的心理压力过大无法自我调节时，接受心理咨询和心理治疗是最好的选择。

1-4 心理咨询预约

1. 什么是心理咨询

心理咨询是心理咨询师协助求助者解决各类心理问题的过程。心理咨询的完整概念为：心理咨询师运用心理学的原理和方法，帮助求助者发现自身的问题和根源，从而挖掘求助者本身潜在的能力，来改变原有的认知结构和行为模式，以提高对生活的适应性和调节周围环境的能力。

2. 心理咨询适应的人群

心理咨询的主要对象可分为两大类：一是心理正常，但遇到了与心理有关的现实问题并请求帮助的人群，或者是希望在某一方面做得更好的人群；二是有心理问题，但是并非精神异常的人群。

心理咨询最常见、最主要的对象是健康人群，或者是不具存在心理问题的亚健康人群，而不是人们误认为的"病态人群"，这包括精神分裂症、抑郁症等患者，他们是精神科医生的工作对象。

3. 哪些问题可以通过心理咨询解决

健康人群会面对诸如婚姻家庭、择业、亲子关系、子女教育、人际关系、学习、恋爱与性心理、自我发展、情绪管理、压力应对等问题，他们会期待做出理想的选择，顺利度过人生的各个阶段，求得内心平衡，以及自身能力的最大限度发挥和寻求良好的生活质量。这时，他们就可以寻求心理咨询。

个体碰到的问题分为两种：发展性问题和障碍性问题。

（1）发展性问题，指在某一发展阶段遇到的问题。如果不能顺利完成这个发展阶段的任务，就可能会出现问题，这些问题是常人都可能会遇到的。每个人都需要适应发展阶段的任务，增进身心健康，提高生活质量，实现自我价值，这是心理咨询的宗旨。生涯规划、恋爱关系、新生入学适应、人际关系等，这些都属于发展性问题。

（2）障碍性问题，指人们在生活、学习、工作及各种人际关系中，出现的困难和烦恼，心理难以适应，导致较严重的心理障碍问题。

心理咨询主要解决的是发展性问题。心理咨询帮助来访者了解自己处在什么样的发展阶段，需要发展哪些心理品质，以及怎样发展这些心理品质，以便顺利地发展自己，以取得更大成功。重点在帮助来访者更好地认识自己和社会，增强社会适应能力，充分开发潜能，促进人的全面发展，促进早日成功和成才。

4. 对心理咨询的误解

（1）"心理咨询就是聊天，不如找朋友聊"。咨询不是简单的聊天，而是有技术含量的"聊天"。咨询师的任务不是说服你，而是助人自助。

（2）"心理咨询就是浪费时间，没用"。所谓磨刀不误砍柴工，有时候打破了心结，做事效率会高很多。

（3）"心理脆弱的人才会寻求心理咨询"。求助是强者的行为，成功人士往往都懂得求助。

（4）"有问题扛一扛就过去了，不用寻求心理咨询"。关注今天的心理健康就是为明天的健康买保险，不要等到问题严重了才去解决它。

（5）"去找心理咨询师的人都是不正常的人"。心理咨询师面对的大部分工作对象是正常人，是那些希望获得更多成长，或在某方面表现得更好的人，这部分工作对象和疾病一点儿关系都没有。

（6）"一个人有心理问题就完蛋了，要躲他远远的"。关注他人的心理健康就是为建设和谐生存环境做贡献，对他人伸出援助的手，接纳和尊重他人，就是在为自己的和谐生存环境做贡献。

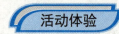

【心理活动体验五：案例分析"黄洋投毒案"】

一、活动目的

了解大学生心理健康的重要性，增进心理健康意识，自觉维护心理健康。

二、具体操作

1. 请同学观看复旦大学"黄洋投毒案"的视频或阅读相关的文字材料。
2. 引导学生小组讨论：怎样看待这一事件？为什么会出现这样的事情？如果是你，你会怎样做？
3. 小组内交流自己的思考，大组分享。

三、教师总结

起初其实都是同学之间的生活琐事和小摩擦，可是后来竟发展到不可收拾的地步，投毒者林森浩把自己的犯罪根源归结为自己的性格不完善，专家认为林森浩性格偏执。因此，大学生要增进心理健康意识，自觉维护心理健康，培养良好的自我意识，塑造健全的人格。

活动评价表见表1-6。

表1-6　活动评价表

评价内容		评价标准	是/否
活动完成情况	活动五	能积极参与案例分析并发表自己的看法	
		能说出大学生心理健康的标准	
		能列出自我维护心理健康的方法	

自主测试

心理适应能力自测问卷

下面的问题能帮助你进行心理适应能力的自我判别。请认真阅读，并根据与你实际情况的符合程度，从答案中选出1个最符合的选项。

1. 每到一个新环境，我总要经过很长一段时间才能适应。
   A. 是　　　　　B. 无法肯定　　　C. 不是
2. 每到一个新地方我很容易同别人接近。
   A. 是　　　　　B. 无法肯定　　　C. 不是
3. 在陌生人面前，我常无话可说，以致感到尴尬。
   A. 是　　　　　B. 无法肯定　　　C. 不是
4. 我最喜欢学习新知识或新学科，它给我一种新鲜感，能调动我的积极性。
   A. 是　　　　　B. 无法肯定　　　C. 不是
5. 每到一个新地方，我第一天总是睡不好。即使在家里，只要换一张床，有时也会失眠。
   A. 是　　　　　B. 无法肯定　　　C. 不是
6. 不管生活条件有多大变化，我也能很快习惯。
   A. 是　　　　　B. 无法肯定　　　C. 不是
7. 越是人多的地方，我越感到紧张。
   A. 是　　　　　B. 无法肯定　　　C. 不是
8. 我的成绩多半不会比平时练习差。
   A. 是　　　　　B. 无法肯定　　　C. 不是
9. 全班同学都看着我，心都快跳出来了。
   A. 是　　　　　B. 无法肯定　　　C. 不是
10. 对他（她）有看法，我仍能同他（她）交往。
    A. 是　　　　　B. 无法肯定　　　C. 不是

11. 我做事情总有些不自在。

    A. 是　　　　　B. 无法肯定　　　　C. 不是

12. 我很少固执己见，常常乐于采纳别人的意见。

    A. 是　　　　　B. 无法肯定　　　　C. 不是

13. 同别人争论时，我常常感到语塞，事后才想起该怎样反驳对方，可惜已经太迟了。

    A. 是　　　　　B. 无法肯定　　　　C. 不是

14. 我对生活条件要求不高，即使生活条件很艰苦，我也能过得很愉快。

    A. 是　　　　　B. 无法肯定　　　　C. 不是

15. 有时自己明明把课文背得滚瓜烂熟，可在课堂上背的时候，还是会出错。

    A. 是　　　　　B. 无法肯定　　　　C. 不是

16. 在决定胜负成败的关键时刻，我虽然很紧张，但总能很快使自己镇定下来。

    A. 是　　　　　B. 无法肯定　　　　C. 不是

17. 我不喜欢的东西，不管怎么学也学不会。

    A. 是　　　　　B. 无法肯定　　　　C. 不是

18. 在嘈杂混乱的环境里，我仍然能集中精力学习，并且效率较高。

    A. 是　　　　　B. 无法肯定　　　　C. 不是

19. 我不喜欢陌生人来家里做客，每逢这种情况我就有意回避。

    A. 是　　　　　B. 无法肯定　　　　C. 不是

20. 我很喜欢参加社交活动，我感到这是交朋友的好机会。

    A. 是　　　　　B. 无法肯定　　　　C. 不是

【评分规则】

1. 凡是单数号题（1、3、5、7……）选"是"得-2分，选"无法肯定"得0分，选"不是"得2分。

2. 凡是双数号题（2、4、6、8……）选"是"得2分，选"无法肯定"得0分，选"不是"得-2分。

3. 将各题的得分相加，即得总分。

【结果解释】

35~40分：心理适应能力很强。能很快地适应新的学习、生活环境，与人交往轻松、大方，给人的印象极好，无论进入什么样的环境，都能应付自如。

29~34分：心理适应能力良好。

17~28分：心理适应能力一般，进入一个新的环境后，经过一段时间的努力，基本能适应。

6~16分：心理适应能力较差，依赖于较好的学习与生活环境，一旦遇到困难则易怨天尤人，甚至消沉。

5分以下：心理适应能力很差。在各种新环境中，即使经过相当长一段时间的努力，也不一定能够适应，常常感到困惑，因与周围事物格格不入而十分苦恼。在与他人的交往中，显得拘谨、羞怯、手足无措。

如果你在这个测查中得分较高,说明你的心理适应能力较强。但是,如果你得分较低,也不必忧心忡忡,因为一个人的心理适应能力是随着年龄的增长、知识经验的丰富而不断增强的。只要你充满信心、刻苦学习、虚心求教、加强锻炼,你的心理适应能力一定会增强。

复盘

积极适应,健康心灵——高职新生适应与健康复盘表见表1-7。

表1-7 积极适应,健康心灵——高职新生适应与健康复盘表

任务类别:□个人任务 □小组任务			
个人姓名		班级	
小组成员		班级	
复盘:总结本模块任务完成情况,掌握了哪些知识和技能,锻炼了哪些能力,活动体验中获得哪些感悟			

课外拓展

打卡学校的心理健康教育中心及二级学院成长辅导站。

模块二 自知者明，自胜者强——高职大学生自我意识培养

学习目标

知识目标

- 理解自我意识的内涵和结构
- 明晰自我意识中常见的问题
- 掌握提升自我意识的方法

能力目标

- 敢于表达自我，明晰自我形象
- 懂得扬长避短，学会悦纳自我
- 增强感受能力，加强自我调控

素质目标

- 愉悦自我，肯定自我
- 培养积极心态，不断自我超越

任务一 了解自我意识

情景导入

"认识自我"这句镌刻在古希腊德尔斐神庙里唯一的碑铭，犹如一把千年不熄的火炬，表达了人类与生俱来的内在要求和至高无上的思考命题。当我们避开外界的喧嚣，静下心来，常常会发现令我们困惑最多的不是别人而是自己。也许你会在宁静的夜晚仰望着深邃的天空，扪心自问："我究竟是一个怎样的人？""在大社会里、小环境中我究竟处在什么样的位置？""我到底行不行？""别人怎样看待我呢？""我应当成为怎样一个人呢？""我怎样改变现状，成为理想中的那种人呢？"其实，这些都属于自我意识。本章将带着你认识什么是自我意识，了解高职大学生自我意识的发展特点，通过对自我意识的调适来塑造自我，完善自我。

模块二　自知者明，自胜者强——高职大学生自我意识培养

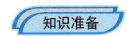

知识准备

一、自我意识及其心理健康意义

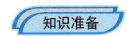
2-1 自我意识的
概念与结构

1. 自我意识的含义

1890年美国心理学家威廉·詹姆斯（Wiliam James）在《心理学原理》中最早把自我意识（self-consciousness）引入了心理学领域，并把它安排在了最重要的位置——"自我是人类心理宇宙的中心"。他还最先认识到自我的二元性，并建议使用不同的术语"主我"（I，指作为环境中主动行为的我）和"宾我"（me，指作为经验客体的我）来区分自我的两个方面。

詹姆斯将经验自我又分为物质自我、社会自我、精神自我三类，直接对应于今天我们所讲的自我意识的内容：生理自我、社会自我、心理自我。

自我意识是一个结构复杂的心理活动系统，从形式上来看，自我意识又具有认知、情绪和意志三种心理要素。一是自我认识，属于认知范畴，主要涉及"我是一个什么样的人""我为什么是这样的人"等问题，包括自我感觉、自我观念、自我分析、自我批评等。二是自我体验，属于情绪范畴，它以情绪体验的形式表现出人对自己的态度，主要涉及"我是否接受自己""我是否满意自己""我是否悦纳自己"等问题，包括自尊自爱、自卑、自弃、自恃、自傲、责任感、义务感、优越感等。三是自我控制，属于对自我的意志控制，涉及"我怎样克制自己""我如何改变自己""我如何成为那种人"等问题，表现为自主、自立、自强、自制、自律、自卫等。以上三者之间的和谐程度以及与客观现实的吻合程度，决定了个体自我意识的健康状况。自我意识的内容与结构如表2-1所示。

表2-1　自我意识的内容与结构

	自我认识	自我体验	自我控制
生理自我	对自己身高、体重、性别、外貌衣着、痛苦、饥饿、疲倦等认识	占有感、支配感、爱护感等	追求身体的外表，物质欲望的满足等
社会自我	对自己的名望、地位、角色、义务、责任、力量等认识	责任感、义务感、优越感、成就感、自我效能感等	追求名誉地位，与他人竞争争取得到他人的好感或认可等
心理自我	对自己的智力、性格、气质、兴趣、理想、能力、记忆、思维等认识	自信、自豪、自尊、自恃、自傲或自卑、自责、自贱、自弃等	追求信仰，注意行为符合社会规范，要求智慧与能力的发展等

如果说，自我意识是个体对自己的心理倾向、人格特征、能力以及自身社会价值的自我认识与评价，那么这只是对自我意识狭义的理解，相当于"自我意识"内容的"自我认识"部分。广义上而言，自我意识是指一个人对自己的属性、状态、行为、意识活动的认识和体验，

31

以及对自身的情感意志活动和行为进行调节、控制的过程，这是对自我意识结构的完整诠释。

2. 自我意识的心理健康意义

自我意识是人对自身以及对自己同客观世界关系的意识，是一种多维度、多层次的心理系统，是人格调控系统的核心。自我意识是人格的重要组成部分，是使人格各部分整合和统一起来的核心力量。同时，一切社会环境因素对人发生影响，都必须通过自我意识的中介而发挥作用，它在人格的形成和发展中起着不可缺少的重要作用。一方面，自我意识制约着人格的形成发展；另一方面，它在人格的优化中发挥着强大的动力功能。健全的自我意识具有促进人格发展、保持心理健康的多重意义。

精神分析理论的代表人物爱利克·埃里克森（Erik H Erikson）关于人格形成与发展的理论，实质上就是自我意识形成与发展的理论。埃里克森认为，人的自我意识发展持续一生，在人格发展的过程中，逐步形成的自我意识在个人及周围环境的交互作用中起着主导和整合的作用。人在发展的过程中都体验着生物的、生理的和社会的事件发展顺序，按一定的成熟程度分阶段进行发展。在每一个心理发展阶段中，解决了核心问题之后所产生的人格特质都包括了积极与消极两方面的品质，如果各个阶段都保持向积极品质发展，就算完成了这阶段的任务，逐渐实现了健全的人格；否则就会产生心理危机，出现情绪障碍，形成不健全的人格。阿尔伯特（G. W. Alport）在健康的人格特征中也强调了自我意识的重要性。

无论是东方还是西方的心理学家，在界定心理健康的标准时，都不约而同地将良好的自我认知作为心理健康的重要指标。例如，心理学家马斯洛（A. H. Maslow）就把有充分的自我安全感、能充分了解自己和恰当估计自己的能力作为重要的心理健康标准；阿尔伯特认为健全人格应具备的特点包括扩展的自我、自我接纳与安全感；理查德·施沃茨（Richard Schwartz）博士在总结归纳前人大量关于心理健康的研究之后，提出心理健康的九条标准，其中三分之一以上都是关于自我意识的。我国学者林崇德也把"了解自我、悦纳自我"作为心理健康的首要指标。

大学生自我认识、自我评价、自我控制的能力高低，直接影响着大学生的社会适应、身心健康、成长与发展。因此，大学生具备良好的心理素质最重要的标志之一就是对自我的接受和认可，即有成熟的自我意识和健康的自我形象。研究发现，自我意识越成熟、越完善的大学生，其自我认识、自我体验和自我控制就越能够协调一致地发挥作用，他们会更加客观地认知学习与生活中遇到的挫折；会更加自我肯定、自我欣赏并能积极地进行自我协调与控制。也就是说，他们表现出较强的自我调节能力，能维持良好的心理健康状况。相反，自我意识不成熟的大学生，由于对自身片面的认识，无法客观地分析评价自己以及生活中遇到的负面事件，往往会出现情绪反应过激、缺乏行动的动机等问题，因而他们的心理素质较差，心理健康水平也较低。

二、自我意识的形成与发展

1. 自我意识的形成与发展过程

个体的自我意识并不是生而有之，而是在个体发展与社会环境的交互作用中持续形成和完善的。研究表明，个体自我意识从发生、发展到相对稳定和成熟，需要 20 余年时间。我国心理学家在前人研究的基础上，认为自我意识是从生理自我到社会自我再到心理自我逐渐发展而来的。

（1）自我意识的萌芽（1 至 3 岁，生理自我发展的开始）。生理自我是自我意识最初的阶段。儿童在 1 岁左右，就开始清晰地意识到自己是行为的主体，把自己和自己的动作、动作的对象区分开来。3 岁左右，儿童的生理自我基本形成，但依然会随着个生理的逐步发展和成熟不断变化。这个阶段的标志性事件是儿童学会用"我"来指代自己，行为主动性不断增强，许多事情都要求"我自己来"。这一阶段，儿童按照自己的想法去解释外部世界，并把自己的想法、情感投射到外部世界中，行为和意识的中心是"自我"，因此也被称为"自我中心期"。

（2）自我意识的形成（3 岁至青春前期，社会自我的形成）。从 3 岁到青春前期（3 至 14 岁）是个体接受社会文化影响最深的时期，也是学习角色的时期。个体在家庭、学校中游戏、学习、劳动，通过模仿、练习等方式，慢慢认识到自己是社会的一分子，意识到自己在人际关系和社会关系中的作用和地位，逐渐形成各种角色观念，如性别角色、家庭角色、学生角色等，并学会调整自己的行为来适应社会的要求，社会规则、社会文化、社会期待不断内化，社会自我逐渐发展起来。在这个阶段，个体最为关注的是外部世界，因此也被称为"客观化时期"。

（3）自我意识的发展（15 至 25 岁，心理自我的成熟）。从青春期开始，个体开始进入生理和心理的急剧变化期，性意识开始觉醒，抽象思维能力显著提高。青少年开始逐渐脱离对成人的依赖，从成人的管制、监护下独立出来，呈现出自我意识的主动性和独立性，强调自我的价值与理想，并试图建立自我认同（selfidentity）。他们开始严肃地思考"我是谁""我从哪里来""我要往何处去"这样的命题，心理自我逐渐形成。人的心理经历过上述发展时期，自我意识经过分化、统一，趋于成熟，个体开始清晰地意识到自己的内心世界，开始有明确的价值探索和追求，强烈要求独立，产生了自我塑造、自我教育的紧迫感和实现自我目标的驱动力。可以说，青少年的世界观、人生观、价值观的形成与确立正是心理自我成熟的标志。个体在此阶段更加关注自己内心的体验、感受和想法，因此也被称为"主观化时期"。

在生理自我、社会自我和心理自我的发展过程中，三者互相联系，有机组合，完整统一，发展成一个人完善的自我意识，即自我同一性形成，主我和宾我、理想我和现实我整合统一。然而，对自我本质的意识，不是意识到个体的生理特性，而是意识到个体的社会特性，意识到个体的社会角色，意识到个体在一定的社会关系和人际关系中的地位和作用，这是自我意识发展成熟的重要标志。

2. 影响个体自我意识发展的因素

自我意识是神经系统的高度发展和个体与外界的相互作用、相互结合的产物。自我意识的形成、发展与生理的发展密切相关，然而，生理的成熟和发展只是形成自我意识的前提，自我意识的形成和发展还有赖于个体参与社会生活、与他人相互作用。影响自我意识形成与发展的社会因素有社会经济地位、社会文化环境、家庭、他人的评价、参照群体等。可见，自我意识的形成受到个人的成长经历、生活环境、自我态度、他人评价等诸多因素的影响。

并且自我意识并不是一成不变的，是随着个体的经验和心理发展而不断发生变化的。自我意识发展的信息来源，可以分为以下三个方面。

（1）物理世界：物理世界为我们了解自身提供了手段。如果你想知道自己有多高、有多重，能跑多快，长得怎么样，你都可以运用物理世界中的线索来获得相关的知识。来自物理世界的信息，对于生理自我的形成和发展尤其重要。

（2）社会世界：个体若想了解自己是一个什么样的人，常常需要同其他人进行比较，这个过程被称为社会比较。一般来说，我们倾向于和自己相似的人进行比较，这样所获得的信息是最为可靠的。获得自我认识的另一种重要方式是观察其他人对我们的反应，这种过程被称为反射性评价。可以想象一下，当一个同学在台上进行演讲的时候，他注意到台下的其他同学都在聚精会神地听，他就有理由推断出自己是一个有吸引力的人。

（3）心理世界：除了从外界寻求认识自我的线索以外，我们也可以向内部寻求答案。我们可以通过回忆自己在各种不同场合的情感体验，来了解自己是一个情感丰富的人还是一个冷静理智的人。这种直接考虑自己的态度、情感和动机的过程，被称为内省。但有心理学家认为，我们并不是总能够意识到自己为什么这么做、这么想。有时候，我们和其他人没有什么不同，只是自己行为的观察者，需要通过逻辑性的分析来解释为什么我们的行为会发生，这个过程被称为自我知觉或归因。比如，我为什么坚持在课余时间去图书馆学习？是因为我喜欢阅读。我为什么这次考试成绩不太理想？是因为我这次不够努力。

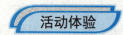

【心理活动体验一：父母眼中的我、好朋友眼中的我、自己眼中的我、自己理想中的我】

请根据自己的感觉，在表2-2中写出"父母眼中的我""好朋友眼中的我"，最后写出"自己眼中的我""自己理想中的我"。比较一下，周围的人对你的认识一致吗？别人对你的认识与你对自己的认识一致吗？是否每个人对你的评价都是客观的？你怎样综合大家的看法和自己的认识，形成一个较为客观和完整的认识呢？

表2-2 不同人眼中的我

项目	内容
父母眼中的我	
好朋友眼中的我	
自己眼中的我	
自己理想中的我	

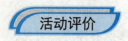

活动评价表见表2-3。

表 2-3　活动评价表

评价内容		评价标准	是/否
活动完成情况	活动一	能从多个角度认识自己，全面认识自我	
		能对自己形成一个客观的自我概念	

任务二　认识高职大学生自我意识的发展与问题

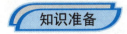

大伟刚上大学时，各方面表现都不错，他努力学习，性格开朗，为人热情。大一时大伟参加学校和系里学生干部、干事的竞选，没想到都失败了。长这么大，大伟第一次受到如此沉重的打击，一向好胜的他陷入了自我否认的泥潭。大二时大伟参加班干部竞选，因一票之差落选，这让他再度陷入失败的折磨中。有一次，大伟在寝室门外无意中听到同学们议论他："争强好胜，能力不怎么样，还总觉得谁都不如他……"从那以后大伟变得不爱说话了，不爱和人交往，对每个室友都充满敌意。每当看到别人高兴地在一起玩或者学习时，大伟内心充满了孤独感，晚上常做噩梦，睡眠出现问题，精神状态不佳，没有胃口，常常不知道自己为什么发脾气，也很难控制自己的消极情绪，变成了同学眼中的另类。

大学阶段是大学生自我意识迅速发展并趋向成熟的关键时期，这个阶段正在经历着一个特别典型的矛盾和整合过程，会表现出：强烈的矛盾性、情绪易起伏、自我中心倾向等特点，通过对"自我"的不断探索，大学生会经历从"旧我"的破碎到"新我"的重建过程。

知识准备

一、高职大学生自我意识的发展

2-2　无自律不自由

确立自我认同感是青年期大学生的主要发展任务。大学生在自我意识发展过程中的问题是其阶段性特点所决定的，埃里克森在自我同一性理论中关于"自我意识形成过程中的规律和特点"的观点，对于引导和教育大学生正确处理心理矛盾和冲突，最终实现自我、完善自我、超越自我提供了实践指导。

1. 青年期大学生自我意识的发展变化

青年期一般指个体从十七八岁到三十五岁。这一时期的自我意识开始成熟，进入心理自我，个性逐渐形成。高职大学阶段是自我意识发展的重要时期，其自我意识的发展、变化主要表现在以下三个方面。

（1）生理的自我。这一阶段的自我意识，是以身体需要为基础的。随着年龄增大、身体发育、阅历提高以及社会地位的变化，大学生形成了"成人化"的自我意识。"我的容貌、身材、风度是否优美？是否具有某种魅力？"大多数人会在这种意识的支配下，朝着美和健康的方向努力。但也有一些人，尤其是那些先天或后天落下残疾或留有某种缺憾的人、则会感到烦恼与自卑。

（2）社会的自我。高职大学生自我实现的需要和愿望会越来越强烈。"我聪明能干吗？""我是个高尚、有道德的人吗？""我到底怎样做才能成为一个有用的人？"这些有关自己智力、能力和才干方面的探究，以及对人格与品质的思考，是这一阶段大学生的显著特点。

（3）心理的自我。高职大学生随着想象力的丰富、性生理的成熟、逻辑思维能力的发展等，促使他们的自我意识趋于主观化，并形成自己在社会生活中的地位与威信等自我意识。到了大学的高年级，他们会对自己在整个世界和社会中所处的时空位置进行探究，从而寻找到自己的理想位置，探讨人生的意义和价值，形成一定的世界观和人生观。

这些变化渗透在生活的各个方面，会造成自我概念的混乱和不稳定，埃里克森用"同一性危机"（identity crisis）这个概念来描绘青年人在这期间所经历的挑战。他们必须在过去、现在和未来的自我之间寻找连接点，将关于自己的各种想法（比如新的社会角色、来自各种渠道的矛盾信息）整合到统一和稳定的自我概念当中去，并决定他们是谁以及他们想要成为什么样的人。埃里克森认为，当青年人在职业、意识形态、性取向这三个主要的领域做出决定和承诺，他们就获得了"自我同一性"（selfidentity）。对于当代中国的大学生来说，"自我同一性"的形成，是在高考结束后面临的第一个重要挑战。

高职大学生自我意识的形成，是经过青年期的分化、整合过程之后得以最终实现的。自我意识的整合过程，是从"自我"明显地分化为"客体我"和"主体我"开始的。这种分化本身意味着高职大学生自我矛盾的加剧，造成对自我认识的接纳和排斥、肯定和否定的矛盾和冲突。"客体我"和"主体我"的矛盾冲突一旦激发，将导致高职大学生难以确立自我形象，也无法形成恰当的自我意识，从而引起自我评价能力低下，自我情感急剧波动和不能适当地自我接纳或自我排斥，并导致心理的不适应。而通过自我接纳和自我排斥的过程，可以使大学生确定自己的存在价值、心理适应状况以及自我意识的发展水平。

2. 青年期大学生自我意识发展的任务

埃里克森提出，自我同一性的确立和防止社会角色的混乱是青年期的发展任务。自我同一性是关于"个体是谁、个体的价值和个体的理想是什么"的一种稳定的意识。每个人在青年时期都在探索并尝试去建立稳定的自我同一感，即自我认同感。埃里克森认为青年期自我同一感的确立是自我分化和整合统一的过程。

自我分化是把"整体的我"分化为"主体我"与"客体我"，其目的是为了达到"主体我"与"客体我"的统一。"自我"经过一段时期的矛盾冲突，"主体我"和"客体我"便在新的水平上协调一致，即自我的整合和统一。新的整合和统一主要是通过自我接纳和自我排斥的过程实现的。

自我接纳是对自我积极肯定的心理倾向。自我接纳是以积极的态度正确对待自己的优点和缺点，接受自己的长处和短处，以平常心面对自我现实，能根据自己的能力和条件，确定自己的理想目标。自我排斥是对自我消极否定的心理倾向，即否定自己，拒绝接纳自己的心理倾向。自我排斥与自我接纳一样，是自我意识发展过程中不可缺少的心理过程，是个体形成良好的心理品质所必需的心理过程。

青年期经过自我分化，再通过自我接纳和自我排斥等过程之后，自我的发展便得到进一步深化和提高，在新的水平上达到整合统一，形成自我同一感。大多数青年人都能形成并确立自我同一感。

如果"客体我"和"主体我"之间的矛盾难以协调，青年人便难以确立自我形象，也无法形成完善的自我意识。于是，他们在这个过程中会表现出明显的内心冲突，甚至引起自我情感的激烈变化，引发现实的"我"与理想的"我"之间的矛盾冲突，从而导致自我同一性扩散或社会角色混乱，并造成自我同一性危机。

在现实生活中，正是自我意识的分化与矛盾所带来的痛苦不断促进高职大学生寻求解决方法，以求得自我意识的统一，即自我同一性。自我同一性主要指"主体我"和"客体我"的统一、自我与环境的统一、理想我与现实我的统一，也表现为自我认识、自我体验、自我控制的和谐统一。按照心理健康的标准，不管以哪种途径完成自我同一性，只要统一后的自我是完整的、协调的、充实的、有力的，就是积极和健康的自我意识。

二、高职大学生自我意识发展中的问题

在自我意识的发展成熟期，高职大学生通过积极的自我观察、自我探索和自我思考对自己有了更深刻的认识，他们开始从多角度审视自我、调整自我，并向理想自我靠近，建立"自我同一性"。虽然大学生不断进行着自我意识的调整、整合，但他们在处理各种自我矛盾时，由于身心尚未发展成熟，往往面临着因自我意识偏差而产生的诸多情绪和行为问题。

1. 过度的自信（自负）与过强的自卑

大学生的自我评价存在的主要问题是走极端，要么评价过高（自负），要么评价过低（自卑）。自信是大学生的优秀品质，有助于大学生的自我实现。但自信过度就会导致自负，缺乏自信就会产生自卑。自负是一种虚假的自信，即相信自己是天才而不再努力。自负是一种自我欺骗，是自卑的另一种表现形式。自卑与自负二者的平衡点是自信，即一个在自信的上线、一个在自信的下线。过度的自信（自负）与过强的自卑都会影响高职大学生心理的健全和完善，是不容忽视的自我意识问题。

自负的大学生过高地估计自己的价值与能力，表现出很强的优越感，自命不凡，骄傲自大，看不起别人，听不进师长的教诲和同学的意见，回避或否认自己的缺点，人际交往模式和生活态度属于"我好，你不好"型，较难与他人达成妥协和谅解，最终会陷入孤独和郁闷。与自负相反，有的大学生过度自卑。自卑是由于自我认识偏差等原因形成的自我轻视和自我否定的情绪体验。过度自卑的大学生一般有以下心理缺陷：缺乏稳定的自我形象，喜欢封闭自己，伪装自己；特别敏感，特别容易产生挫折感；缺乏社会活动的积极性，有严重的孤独感；缺乏竞争意识，回避那些必须领导他人或服从他人领导以及竞争性强的工作等。

自信心来源于积极的自我肯定和自我悦纳，它不是自欺欺人，而是实事求是。自信心包

括个人对于周围环境的价值感、成功感和归属感，也是平衡自我心态的突出表现。

提高自信心，本质上就是使人通过改变对不利环境的认识来增强自我的良好感觉。

心理学家阿德勒认为心理治疗的目的是给人提出目标定向，这种目标就是追求优越。超越自卑是推动个人追求优越、获取成就的主要推动力。一个人正是感到自卑，才会千方百计地去寻求补偿，否则他就会得心理疾病，甚至失去生活的勇气。因此，羡慕别人、胜过或超过别人、征服别人等都是这种追求优越的人格体现。

不过，追求优越的结果却有两重性。它既可以激励人追求更大的成就，使人的心理得到积极的成长，也会因为追求个人优越而忽视社会和他人的需要，从而产生"自尊情结"，使人变得缺乏社会兴趣，妄自尊大。

2. 过分的自我中心与盲目的从众行为

高职大学生自我意识发展中的第二大问题是自我意识过强与自我意识太弱所表现出来的过分自我中心与盲目从众行为。

人在生理的自我意识阶段就出现了自我中心。新生儿一切以生理自我为中心，为的是获得生理需要的满足。高职大学生自我意识发展进入心理自我发展高级阶段，若仍然停留在生理自我中心的水平上，就已经是心理问题。当大学生的自我中心倾向与个人主义、自私自利等不健康思想和过强的自尊心、唯我独尊等心理特征结合时，就会强化自我中心，变成过分注重和强调自己，忽视他人以及与他人关系，形成只顾自己不顾别人的自我意识缺陷。以自我为中心的高职大学生在追求自我完善、自我实现的自我意识发展中，往往只注重个人价值的追求和实现，可能忽视社会意义。与高职大学生过分的以自我为中心相反的另一种自我意识问题是盲目的从众行为。从众是个体在群体的影响和压力下，放弃自己的意见而采取与大多数人保持一致的自我保护行动，是一种普遍的社会心理和行为现象。比如，学习从众、消费从众、恋爱从众，以及赌博从众、入党从众、择业从众等在大学校园相当普遍。缺乏分析、不独立思考的一概服从多数，随大流，是消极的"盲目从众"。盲目的从众行为反映了部分高职大学生自我意识弱化，独立性较差，缺乏个体倾向性的世界观、人生观、价值观。具有过强的从众心理的高职大学生有害怕孤独、缺乏自信等不良心理特征，加之传统的"听话""服从"的教育，会导致在现实生活中丧失自我，缺乏主见，遇到问题束手无策，影响心理健康发展。

3. 行为上低自制力与情绪上迷茫焦虑

自我控制是自我意识的关键环节，是对自己行为、思想和言语的控制，以达到自我期望的目标。良好的自制力意味着既善于激励自己勇敢地去执行采取的决定，又善于抑制那些不符合既定目的的愿望、动机、行为和情绪，需要个体将"知"与"行"有机结合。而心智正处于发展阶段的高职大学生往往缺乏坚强的意志力，自我控制的能力比较低。很多同学虽然深知"我应该做什么""我应该成为怎样的人""我可以选择如何去做"等自我控制的核心内容，但却无法成功地激励自己果断地付出行动，无法有效地抑制违背理想的行为或情绪。高职大学生的低自制力主要表现在：无法按照自己制订的学期计划安排规律的作息和自修，往往坚持了一个星期就放弃自我约束和自我监督；无法鞭策自己为阶段目标付出持久的努力，比如，想提高英语听说能力，但做不到每天进行早读和听力训练；无法抵御外界的诱惑，被室友怂恿打网游；无法控制和调适自己的情绪波动，对挫折产生强烈的自卑感等。

随着自我意识的发展，高职大学生的"自我"理论也在确立和整合中。在这一过程中，对于自我理论中的一些核心概念，如"什么是我最重要的特质""什么是我未来的目标"等问题，大学生并没有明确的答案，他们尚未发掘出自己最大的优势，也没来得及进行长远而可行的人生或职业规划。在空闲的时间里，他们思考过自己的未来，但往往思而无获。因为大多数大学生心中并没有长期的计划，人生目标也没有完全确定。他们觉得自己即将迎来的职业生涯充满了太多变数和不确定，因为他们并没有看到自己超过他人的特质和优势。这样的思考和顾虑充斥在自我意识发展的过程中，让大学生感到不安、迷茫和焦虑，对未来没把握，对自己也没有信心。

从以上的分析可以看到，高职大学生自我意识发展过程中出现的失误、偏差是心理还不成熟的表现，这是由其身心发展状况和成长背景决定的，并不是某个人的缺点，而是所有大学生或多或少都要亲身经历的，是整个年龄阶段的特征，因而是普遍的、正常的，但也是必须调整的。只有认识到这一点，才有可能去面对它、正视它，并争取解决它，以达到自我真正的统一、强大和健康。

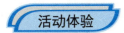

【心理活动体验二： 天生我才】

一、活动目的

通过自我欣赏和聆听他人的自我欣赏，发现自己与他人的优点，增强自信和对人的信任。

二、具体操作

1. 请填写以下未完成的语句

我最欣赏自己的外表是：_____。

我最欣赏自己对朋友的态度是：_____。

我最欣赏自己对求学的态度是：_____。

我最欣赏自己对家人的态度是：_____。

我最欣赏自己做事的态度是：_____。

我最欣赏自己的性格是：_____。

我最欣赏自己的一次成功是：_____。

我最欣赏自己的是：_____。

2. 小组讨论分享

你是否认为每个人都有长处？理由是什么？

当你做了一件事，如帮助一位盲人安全过马路或考试成绩很理想时，你会欣赏自己的行为吗？当你做了一件事，如一次重要的约会你迟到了或考试时你不会回答问题，你会怎样看待自己？会责怪自己吗？为什么？

3. 教师总结

每个人都有长处，都有值得自己或别人欣赏的地方。对于优点应该欣赏、珍惜和继续发扬，对于缺点应该了解并加以改善。这个团体活动的目的是希望同学们在认识自我、悦纳自我、与人沟通和交往方面有显著改善，同时更乐于关怀他人，更有责任感。

心灵呵护与成长

活动评价

活动评价表见表2-4。

表2-4 活动评价表

评价内容		评价标准	是/否
活动完成情况	活动二	能找到自己身上的优点和长处，欣赏自己	
		能够正确评价自我，悦纳自我，更加自信	

任务三　培养健全的自我意识

情景导入

某高职女生因用卑鄙的手段盗取同学银行卡上的钱而进了监狱。可这个女生声称她并不难过，因为她是有意这样做的，目的是让自己对未来彻底绝望。她之前一直都认为自己是一个非常不错的人，无论是外表还是能力，她都认为自己是周围人中的佼佼者，心存抱负。可进大学后，面对众多的竞争对手，她的梦想一次次被击碎：干部竞选中受挫、各类比赛失利、人际关系紧张，她不想"大材小用"。小事不想做，大事做不了，总是抱怨自己运气不好，怀疑身边那些"远不如她"的人是用了卑劣的手段取得成功的。她不是努力缩小理想自我与现实自我的距离，而是自我放弃，经常逃课。最后，她成了全院成绩最差的学生，无法正常毕业。盗窃是因为痛恨那个她认为各方面都不如她但却比她"混"得好的同学，于是，她以自我毁灭的方式结束了痛苦的挣扎。

一位哲人曾经说过：一个自我意识尚未觉醒的人，不是一个完整意义上的人；一个自我意识不成熟的人，不是一个真正健全的人。那么，进入大学如何才能从"觉醒"到"成熟"，不断提升自我意识，做到"自知者明，自胜者强"？我们可以通过自我认识、自我体验和自我控制三个方面的自我教育来形成良好的"自我"。

知识准备

一、正确认识自我

"人贵有自知之明"，全面而正确的自我认识是培养健全自我意识的基础。印度哲学家吉杜·克里希那穆提说："你可能很聪明，可能博览群书，并且很会引用他人的说辞但如果你不认识自己，你永远不可能超越肤浅的层

2-3 倡议书

次。"印度谚语还说:"认识你自己,就能认识整个世界。"正确认识自己的途径通常有以下几种。

1. 比较法

比较法是指通过与他人比较而认识自我。他人是自己的镜子,与他人交往是个人获得自我观念的主要来源。在与他人比较中认识自己的优势和不足,从而能够吸取他人所长以补自己所短,缩短主观自我与客观自我的差距。比较法虽然是认识自己的重要方法,但是应该注意确立一个合理的参照体系,明确一个合理的立足点。如果比较参照体系不恰当,可能还会产生消极的结果。比如,来自农村的大学生,如果认为自己条件不如别人,一开始就置自己于次等地位,自然影响心态和情绪,应在大学毕业后看行动后的成绩才有意义。还有的大学生和人比较时关注的是身材、家世等不能改变的条件,这其实是没有实际意义的。

2. 内省法

"吾日三省吾身",内省法是通过反省分析来了解自己的方法。反省的"镜子"有三面:一是自己眼中的我,个人实际观察到的客观的我,包括身体、容貌、职业、性格、能力等。二是别人眼中的我,1902年,心理学家库利提出了"镜中我"的概念(即通过他人对自己的评价来了解自我),"镜中我"是一个隐喻,说的是社会好似一面镜子,人们可以从这面镜子中看到自己。在这面镜子面前,我们尽可能地以别人的眼光来审视自己行为的合体性与合理性。三是自己心中的我,对自己的期许,即理想的我。

3. 实践检验法

社会实践是人的自我意识产生和发展的重要条件,通过活动的效果来了解自己。一是通过自己的成功经验了解自己。通过自己所取得的成果、成就,从做事的经验中了解自己,也是一种学习。二是通过自己的失败经历认识自我。对聪明又善用智慧的人来说,成功或失败的经验都可以促使他再成功,因为他们了解自己,有坚强的人格特征,善于学习,因而可以避免重蹈失败的覆辙。三是在自己的成败经验中获得的自我意识。不经一事,不长一智。成败得失,其经验的价值也因人而异。因此,如果一个人能够从自己的成败经验中获得自我意识,并对所获得的自我意识细加分析和甄别,那么,他就有成功的希望。

在正确认识自我的基础上,高职大学生还应学会客观评价自己,运用辩证唯物论的思维方式,坚持一分为二地看待自己;善于发现自己的优点和潜力,正视自己的缺点和不足;多多听取师长和朋辈的评价意见等。

二、积极悦纳自我

提升自我意识的第二个途径是提升自我体验的水准,重点在于做到积极悦纳真实的自我。积极悦纳自我是无条件地接受自己的一切,包括自己满意的、不满意的,优势和劣势等方面,笃信"天生我材必有用"。具体包括三方面:第一,接受自己的全部,无论是优点还是缺点,无论成功还是失败;第二,无条件地接受自己,接受自己的程度不以自己是否做错事而有所改变;第三,喜欢自己,欣赏自己,体会自我的独特性,在此基础上体验价值感、幸福感、愉快感与满足感。最终达到相信自己存在的价值,认可自己的能力,并在行为上表现出一种与环境和他人积极互动的心理定式。积极悦纳自我有以下几种实现途径。

1. 正确剖析自我，增强自信

要学会做自己的朋友，以诚实的态度列出自己的优点和缺点，理智与客观地对待自己的长处与不足，冷静地看待得与失。承认自己的不完美，不加任何条件地接受自己的全部缺点和优点，既努力扬长，又注意补短，相信自己是有价值的人。

2. 确立能力为本的奋斗目标

能力提高了才有自信的本钱，才能真正自强起来。当前人才的需求标准已由"学历本位"让位于"能力本位"。因此大学生在设计自我发展的方向时，首先要考虑的是自己如何才能被社会承认和接受，求得生存和发展。为此大学生在校期间一方面要努力学习文化知识，同时更要尽可能地参加各种活动，培养自己的能力，这样自信才不会是空中楼阁。

3. 进行内省或归因训练、增强自信

一般来说，把成功归因于能力和努力等可控的因素可以增强自信，信心来源于实力。把失败归因于自我努力不够，以后积极努力便可避免失败，增强自信，最终才可能取得成功，进而积极悦纳自我。

每个人身上都有着无数的闪光点，重点在于寻找你自己的闪光点并将其构成亮丽的人生风景线。

三、有效控制自我

自我控制是个人主动改变自己的心理品质、特征及行为的心理过程，是高职学生健全自我意识、完善自我的根本途径。很多高职学生对自我抱有很高的期望，但因为没有足够的自制能力和意志力，经受不住挫折和打击，无法实现自我理想。而那些自卑自怨、自暴自弃的学生更是因为自己无法控制不良情绪，使自己偏离了健全自我意识的轨道。高职学生应根据自己的实际情况和社会需要，确立合适的抱负水平，通过自我奋斗，最终达到自我实现和自我成功。

2-4 精神分裂症

四、不断超越自我

每个高职大学生都有远大的抱负，但就像古人说，要"齐家治国、平天下"须从"修身、养性"开始，即从点滴小事开始，从积极行动开始，行知合一。要想运动健身，就坚持练习自己喜欢的体育活动；要想开阔思路就多读书、多听讲座。在行动时，无论对人对事，均全力以赴，使自己的能力品性得到最大限度的发挥。行动之后再反省得失原因，再度投入行动，吸取教训作为经验，一旦有成果，便再反省总结。如此往复进行，对自我的认识便一步一步地得到扩展和深化，自我的境界也就自然而然地得到开拓与提升。

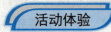

【心理活动体验三：背后留言】

一、活动目的

通过他人的评价来整合和完善自我意识。

二、具体操作

时间：25 分钟。

道具：16 开白纸每个成员一张、大头针若干、背景音乐。

操作：在 16 开纸最上面写下自己的姓名和对留言者说的一句话，大家相互帮助用大头针把纸固定到自己的后背衣服上；每个成员在同学的后背上写留言（约 10 分钟时间）；大家围坐在一起，拆开背后的纸条，看看其他人对自己的评价。

三、分享

1. 人们因什么而欣赏你？因什么而不欣赏你？你对别人的反馈认同吗？
2. 哪些评价让你感到新颖、好笑而又符合自己？
3. 你有没有看到自己潜在的优势或特长，可能你从未注意，而在别人的眼中可能是那么的明显？

四、教师总结

活动评价

活动评价表见表 2-5。

表 2-5 活动评价表

评价内容		评价标准	是/否
活动完成情况	活动三	能积极参与分析、讨论	
		能自我悦纳、自我调控，培养良好的自我意识	

自主测试

一、多选题

1. 自我意识包含的内容有（　　　）。
   A. 生理自我　　B. 心理自我　　C. 社会自我　　D. 以上都不是
2. 自我意识的结构包括以下哪些（　　　）。
   A. 自我认知　　B. 自我评价　　C. 自我体验　　D. 自我控制
3. 积极悦纳自我包括（　　　）。
   A. 无条件接受自己的一切　　　B. 接纳自己的优点、缺点
   C. 放纵自己不受约束　　　　　D. 坦承自己的不足
4. 大学生自我意识提升的方法有（　　　）。
   A. 正确认识自我　　　　　　　B. 积极悦纳自我
   C. 合理调控自我　　　　　　　D. 不断超越自我

二、请从下列缺点中找出各自的优点，并填写在横线上。

例：做事拖拉—做事谨慎

不会讲话—_____

没心没肺——_____

做事急躁——_____

成绩差——_____

复盘

自知者明，自胜者强——大学生自我意识培养复盘表见表 2-6。

表 2-6　自知者明，自胜者强——大学生自我意识培养复盘表

任务类别：□个人任务　　□小组任务			
个人姓名		班级	
小组成员		班级	
复盘：总结本模块任务完成情况，掌握了哪些知识和技能，锻炼了哪些能力，活动体验中获得哪些感悟			

课后巩固

1. 课后拓展

（1）假如让你写下 20 个"我是……"，你会写下什么？可以尝试写一下，随便写什么都行。

（2）将内容做以下归类：生理自我、社会自我、心理自我，并在最后面加上正号（+）或负号（-），（+）表达了你对自己肯定满意的态度；（-）表达了你对自己不满意否定的态度。

（3）看看你的正号与负号的数量各是多少。如果负号很多，思考一下你是否过低地评价了自己？是什么原因使你成为这样的？有没有改善的可能？认识自我表如表 2-7 所示。

表 2-7　认识自我表

我是……	属于哪种自我	+/-
1		
2		
3		
4		
5		
6		
7		
8		
9		
10		

续表

我是……	属于哪种自我	+/-
11		
12		
13		
14		
15		
16		
17		
18		
19		
20		

2. 课后作业

联系自己实际,谈谈当前自我意识存在哪些问题。你准备如何解决呢?

模块三 倾听自我，健全人格——高职大学生人格塑造

学习目标

知识目标

- 掌握人格的含义、特征及相关影响因素
- 了解塑造健康人格的途径和方法
- 熟悉大学生常见人格偏差特征及调适

能力目标

- 学会觉察大学生常见的人格发展缺陷
- 了解大学生人格偏差的矫正策略
- 掌握大学生人格完善的途径与方法

素质目标

- 了解自己的气质类型、性格特点，扬长避短，发挥性格优势
- 抓住大学阶段"人格发展重要期"，不断完善自己的人格

任务一 认识人格及高职大学生的人格特点

情景导入

人格的形成比知识学习以及智力发展要早。在幼儿期，我们就已逐渐形成人格的雏形；到了学龄期，人格的可塑性逐渐减少，但仍处于不断变更之中；青年期是"人格再造"期，我们面临着许多细微转变。作为高职高专学生，了解人格形成的基础，健全人格的特征、影响因素、标准，以及塑造健全人格的方法，对提高心理健康水平具有重要意义。

培根在《习惯论》中说道："思想决定行为，行为决定习惯，习惯决定性格，性格决定命运"，意思就是"人的行为是由思想支配的，行为的积累养成习惯，习惯的根深蒂固改变性格，性格又会左右自己的思维和行为方式，自然潜移默化的决定了命运"。由此可见，性格对人的发展有非常重要的影响。培根在这里所说的性格的更深层次含义就是指人格。高职

模块三　倾听自我，健全人格——高职大学生人格塑造

大学生的诸多心理问题其实是因为人格出现了偏差所导致的，因此了解人格形成的基础、人格偏差的类型、培养健全人格，对高职大学生的发展有着非同寻常的意义。下面我们一起来探讨与人格相关的知识。

知识准备

一、人格的概述

3-1 人格概述

1. 人格的含义

"人格"在我们日常生活中包含了多重含义，如"他侮辱了我的人格"，是法律层面的含义；"他的人格很高尚"，是道德层面的含义。那么在心理学中，人格的准确含义又是什么呢？

"人格"一词来源于拉丁文persona，原意为戏剧演员所戴的"面具"，用以表现剧中人物的角色和身份。用"面具"指义人格，实际上说明人既有表现于外的特点，也有些外部未表现的东西。在有些著述中，人格又称为"个性"，但实际上二者是有区别的，"人格"包含了个体中所具有的共性和个性的方面，"个性"则主要指人格中个体突出的特征或个别明显的方面。

通俗地说，人格就是个体所具有的气质、稳定的态度和行为模式的统一体。其中有与群体相一致的部分，也有个体特有的部分。人格是共同性与差别性的统一，即个体人格与社会人格（个体人格的社会性因素）的统一。如果说某人"个性很强"，就是指个体特有的那部分人格特点很突出或是很特别。

总之，心理学中的人格，是指一个人的气质特征、稳定的态度和行为模式等心理特征的总和。这个"总和"不一定是均等地表现出来，可能某一方面的表现很突出，就成为个体的"个性特征"。作为一名高职大学生，了解和把握人格的特性是非常重要的。

2. 人格的特性

（1）独特性。个体人格是在遗传、环境、教育及个体经历等因素的交互作用下形成的。人与人没有完全一样的人格特点。所谓"人心不同，各有其面"，这就是人格的独特性。但是，人格的独特性并不意味着人与人之间的个性毫无相同之处。在人格形成与发展中，也有社会因素的作用，包括人与人之间在心理、行为上相同的方面，如每个民族、阶层和集团的人都有其共同的心理特点。从这个方面而言，它是个体人格与社会人格的统一体。

（2）稳定性。个体偶然表现出来的心理倾向和心理特征并不能表现他的人格。俗话说，"江山易改，本性难移"，这里的"本性"就是指人格。当然，随着生理成熟和环境变化，人格也有可能产生或多或少的变化，这是人格可塑性的一面，正因为人格具有可塑性，才能培养和发展人格。人格是稳定性与可塑性的统一。

（3）统合性。人格是由多种成分构成的一个有机整体，具有内在统一的一致性，它受自我意识的调控，人格统合性是心理健康的最重要指标。当一个人的人格结构在各方面彼此和谐统一时，他的人格就是健全的。否则，可能会出现适应困难，形成人格偏差甚至人格障碍。

（4）功能性。人格决定一个人的生活方式，甚至决定一个人的命运，因而是人生成败

的根源之一。当面对挫折与失败时，坚强者能发愤拼搏，懦弱者会一蹶不振，这就是人格功能的表现。

据此，我们可以认为人格是个体在适应环境的过程中所表现出来的系统的、独特的反应方式，它由个人在其遗传、环境、经历和学习等因素交互作用下形成，并具有很大的稳定性。

二、气质、性格与行为模式

气质指人的心理活动的动力特征。气质是遗传的，是神经系统的生理功能。它主要表现在心理过程的强度、速度、稳定性、灵活性及指向性等方面。个体情绪体验的强弱、意志力的强弱，感知或思维的快慢、注意力集中时间的长短及转移的难易，以及心理活动是倾向于外部事物还是倾向于自身内部等，都是气质的表现。

性格是人对现实的态度和行为方式中比较稳定的心理特征，是后天形成的。诸如诚实或虚伪、勤劳或懒惰、自豪或自卑、勇敢或怯懦、果断或优柔寡断等都属于性格特征。每一个人都有这样或那样的性格特征，有些是和他人相似的，有些是个人独有的，有些是积极的，有些是消极的。一个人的个性特征交织在一起就构成了他的性格。

行为模式是个体行为活动发生、进行和完成的某种固有方式。稳定的行为模式叫作习惯，性格往往通过行为模式来表现。人的外貌也是行为模式的一部分，长相和穿着打扮，成为个体人格最表面的成分。在当代社会，人们越来越注重自己的外貌。手术整容、讲究穿着打扮几乎成为时尚，各种各样的"潮人"可以说是层出不穷，但如果只追求人的外在表现而忽视人格的内在修炼，则难免会舍本逐末。

1. 气质是性格的基础

气质与性格是紧密相连的。气质是性格的基础，是遗传的，是很稳定且难以改变的。性格是后天形成的，是稳定的，但相对气质而言则容易改变一些，但改变的难度仍然较大。

3-2 气质类型

在现实生活中我们常会看到，有的人生来好动，有的人生来好静；有的人脾气温和，有的人性情暴躁；有的人动作麻利，有的人行动缓慢，这都是心理学所称的气质区别。

（1）气质的特点。现代心理学把气质定义为：气质是表现在人们心理活动和行为方面的典型的、稳定的动力特征。气质有以下几个特点。

第一，气质是个体心理活动和行为的外部动力特点，主要表现在心理活动的速度、强度、稳定性、指向性方面。

第二，气质作为人的心理活动的动力特征，它与人的心理活动的内容、动机无关，即气质特点一般不受个人活动的目的、动机和内容的影响，具有较强的稳定性。

第三，气质受先天生物学因素影响较大，即先天因素占主要地位。气质较多地受神经系统类型的影响。

第四，气质具有相对的可塑性。气质虽然具有先天性，但并不意味着它完全不发生变化。在生活环境和教育条件的影响下，在性格的掩盖下，气质可以得到某种程度的改造。

（2）气质的分类。人的气质是有明显差异的，这些差异属于气质类型的差异。对气质类型的划分，有不同的见解，因而形成不同的气质理论。最早对气质加以分类并被后人广泛应用的是希波克拉底对气质的分类。古希腊医生希波克拉底最早提出气质概念并把人的气质分为四类：胆汁质、黏液质、抑郁质、多血质，这四种基本气质类型在情绪和行为方式以及心理活动方面有不同的典型表现。

①胆汁质。这类人反应速度快，情感和行为产生迅速、强烈，有很明显的外部表现。性情开朗、热情、坦率，但脾气暴躁，好争论。情感冲动但不持久。精力旺盛，经常以极大的热情从事工作，但时常缺乏耐心。思维具有一定的灵活性，但对问题的理解具有粗枝大叶、不求甚解的倾向。意志坚强、果断勇敢，注意力稳定而集中，但难于转移。行动利落敏捷，说话速度快且声音洪亮。

②黏液质。这类人反应性低，情感和行为迟缓、稳定，缺乏灵活性。情绪不易发生也不易外露，很少产生激情，遇到不愉快的事也不动声色。注意力稳定持久，但难以转移。思维灵活性较差，但比较细致，喜欢沉思。在意志力方面具有耐性，对自己的行为有较大的自制力。态度持重，好沉默寡言，办事谨慎细致，不鲁莽，但行为和情绪都表现出内倾性。

③抑郁质。这类人有高感受性，情感和行为都缓慢柔弱，体验深刻，隐晦而不外露，易多愁善感。富于想象，聪明且观察力敏锐，善于观察他人观察不到的细微事物，敏感性高，思维深刻。在意志方面常表现为胆小怕事、优柔寡断，受到挫折后常心神不安，但对力所能及的工作表现出坚韧的精神。具有明显的内倾性特点。

④多血质。这类人行动具有高反应性，情感和行为发生、变化快，但较为温和，易于产生情感，但体验不深，善于结交朋友，容易适应新的环境。语言表达力和感染力较强，表现活泼，表情生动，有明显的外倾性特点。机智灵敏，思维灵活，但常表现出对问题不求甚解。注意力与兴趣易于转移，不稳定。在意志力方面缺乏忍耐性，毅力不强。

其他对气质的分类还有德国精神病学家克雷奇默提出的"体型说"、美国生理学柏尔曼提出的"激素说"、日本学者古川竹二等人提出的"血型说"、美国心理学家巴斯提出的"活动特性说"及苏联生理学家巴甫洛夫提出的"高级神经活动类型说"等，对此有兴趣的同学可以自己查阅了解。

（3）气质对人的影响。气质对人的影响在个体心理发展早期阶段表现明显，虽然随年龄的增长而略有变化，但基本上是稳定的。气质贯穿在心理活动和行为方式中，对人的各种活动都有一定的影响。

气质对人的发展影响有以下几个方面。

第一，气质本身没有好坏之分。它表现了人的神经系统的某种特性，且只表明一个人心理活动的动力特征，不涉及心理活动的方向和内容。每种气质类型都有积极的和消极的方面。个体在任何一种气质的基础上，既可以发展良好的性格特征和优异的才能，也可能发展不良的性格特征和限制才能的发展。

第二，气质不决定个体活动的社会价值和成就的高低。气质虽然对性格与能力等有一定的影响作用，但不能决定人的社会价值与成就的高低。事实上，在社会活动家、科学家、作家等卓越的人物中，都可见各种气质类型的典型代表。任何一种气质类型的人都有可能发挥自己的才能，对社会做出贡献。

第三，气质影响人的活动方式与效率。在实践领域中，气质虽不起决定作用。但它对人的工作方式有影响，并在一定程度上影响人的工作效率，因此在职业的选择上，考虑气质因素是十分必要的。

气质特征为一个人从事某种工作或职业提供了可能性和有利条件。气质与职业活动的关系表现在两个方面：一方面要使自己的气质特征适应工作的客观要求；另一方面组织在选择人才和安排工作时，要考虑个人的气质特点。

(4) 性格与气质的区别。这主要表现在以下三个方面。

第一，从起源上看，气质是先天的，一般对个体发展的早期阶段有直接影响，主要表现为神经类型的自然表现。性格是后天的，是人在实践活动中与社会环境相互作用的产物，反映了人的社会性。

第二，从可塑性来看，气质的变化较慢，可塑性小。性格的可塑性较大，环境对性格的塑造作用是明显的，性格的改变相对较易。

第三，气质是人行为的动力特征，与行为内容无关，因而气质无好坏善恶之分。性格主要是人行为的内容，表现为个体与社会环境的关系，因而性格有好坏善恶之分。

(5) 性格与气质相互影响。主要表现为以下几点。

气质对性格的影响。气质赋予不同个体活动不同的呈现方式，例如同样是"骄傲"的性格特点，胆汁质的人可能直接说大话，甚至口出狂言，让人一听就知道他骄傲；而多血质的人很可能先把别人表扬一通，最后表达的观点会略比别人高明一点，骄傲得很婉转；黏液质的人骄傲起来则可能不露声色。

(6) 性格对气质的影响。性格在一定条件下可以改造某些气质特征。譬如，胆汁质和多血质的人适于当外科医生，但前者易轻率，后者缺耐心。如果经过专业的学习与训练，他们都能成为合格的外科医生。在实际工作中，这两种不同气质特征都可能经过意志努力而改变。所以，在气质基础上形成什么样的性格特征，在很大程度上取决于性格当中的意志作用。

2. 性格是人稳定的态度和行为模式

性格是人对现实的态度和行为方式中比较稳定的心理特征的总和。性格是个体在社会实践活动中所形成的对人、对事、对自己的态度以及与之相适应的习惯化的行为方式。性格一词从来就有道德评价的意义。因为，一个人的为人，他做什么和怎么做，必然要直接或间接地影响到他人，所以也必然会得到一定的道德评价。

性格表现为个体对现实的态度和在一定场合下采取的行动，也是最能表现个性差异的心理特征。所以说，性格是人格或个性中具有核心意义的部分。

(1) 性格的特征。性格具有非常复杂的结构，它包含许多特征，这些特征大体可以概括为以下四个方面。

第一，性格的态度特征。包括对他人、集体和社会，对劳动和工作以及对自己的态度的特征，如忠实、坦率、勤劳、谦逊、自私、狡诈、自信、自满、自豪或自卑等。

第二，性格的意志特征。包括对行为目标明确程度、对行为自觉控制水平的特征，以及在紧急或困难的情况下表现出来的意志特征等，如目的性、纪律性、主动性以及镇定、果断、勇敢等。

第三，性格的情绪特征。包括情绪对人的行为活动的感染程度和支配程度，以及情绪受意志控制的程度，如有的人热情，有的人冷漠等；也包括情绪的稳定性、持久性方面的特征，如情绪的稳定或起伏波动等；还包括主导心境方面的特征，如有的人经常精神饱满、欢乐愉快，是乐观主义者，有的人抑郁消沉、多愁善感，是悲观主义者等。

第四，性格的理智特征。表现在感知方面的特征，如倾向于采取用整体或分析的观察方式，感知的速度和精确性等；表现在思维方面的性格特征，如思维的敏捷性、独创性、深刻性和逻辑性等。

尽管人们的性格各不相同，但许多心理学家在长期研究的基础上力图给性格进行分类。瑞士心理学家荣格根据人活力倾向于自身或外部环境的特点，把性格分成两大类：外倾和内倾。具体可分为八种类型，即外倾思维型、内倾思维型、外倾情感型、内倾情感型、外倾感觉型、内倾感觉型、外倾直觉型、内倾直觉型。

人的性格是后天形成的。个体在自己性格的形成过程中不是消极被动的，随着年龄的增长，逐渐扩大了与社会的交往，在社会的影响下，青年人会对不同的性格有所评价，并从模仿逐渐过渡到某种程度的追求。为了适应日益广泛的社会生活，高职大学生需要而且确实也能更深刻地对自己的性格有所认识，并主动改变自己的某些性格特征。培养优良的性格是教育的一个重要组成部分，具有重大的社会意义。

（2）性格与行为模式的关系。一般来说，性格与行为模式是相对应的关系，即怎样的性格就表现为怎样的行为模式，但在人的社会生活中却不一定都是这样的。如果个体生活的环境与他的性格相冲突，有的人很可能选择表现为环境要求的行为模式，从而把自己的性格隐藏起来或因此而改变自己的性格，如有些肩负特殊使命或特殊目的的人。如果个体的行为模式与环境要求差距过大，就会产生适应不良的问题。在这种情况下，是改变自己，还是改变环境，是个体不得不面临的痛苦的选择，因为习惯的力量是十分强大的。而这正是许多人经常感到十分纠结的问题，尤其是社会经验不足的高职大学生群体。

3. 性格与人的发展

性格主要受后天环境的影响而形成与发展，带有价值观的成分。性格一旦形成，就具有相对的稳定性，并在很大程度上影响着一个人的命运。正是由于性格对命运的重要影响，所以要改善自己的生存状态，成功地规划好自己的人生，不仅仅要提高自己的实力，如学历、专业能力，更重要的是完善自己的性格。因为要改变现状，就得改变自己；要改变自己，先得改变我们看待外界的观念。观念是态度与行为的根本，观念决定行为，行为形成习惯，而习惯左右着我们的成败。成功其实是习惯使然。人本主义心理学家马斯洛说：你的心若改变，态度就会改变，态度改变则习惯改变，习惯改变则性格改变，性格改变则人生改变。

3-3 抑郁症

每个人都形成了各自的行为模式或者说习惯，习惯从本质上反映了一个人的内涵和素质，而成功者恰恰就是在人生的历程中，不断反思自己，不断摒弃个人习惯中的一个个坏毛病，不断总结提高自身水平，才能一步一步走向成功。

美国心理学家特尔曼从1921年开始对1 528名智力超常儿童进行追踪研究，经过几十年的研究，结果表明：性格与成就的关系大于智力与成就的关系。特尔曼对在800个男性中成就最大的20%与成就最小的20%进行了比较研究，发现这两组人在智力方面没有什么差异，而最显著的差异在于他们的性格。成就最大的这组人的性格特征是：有理想、谨慎、有进取心、自信和不屈不挠，在最后完成任务的坚持性等方面，都明显高于成就最小的那一组人。

有专家分析国内100名优秀企业家发现，无论是创业型企业家，还是守业型企业家，在性格上，都倾向于坚强、果断、坚毅、开朗，而懦弱、犹豫、封闭的性格较少。坚强的性格能使企业家经受住挫折和打击；果断的性格增强了企业家决策的胆略和魄力；坚毅的性格保证了企业家实现既定目标的坚韧性；开朗的性格扩展了企业家的感染力。因此，坚强、果断、坚毅、开朗是企业家的性格，只有具备了这些性格的人，才有可能成为真正的企业家。

行为科学研究得出结论：习惯构成性格。一个人一天的行为中大约只有5%是属于非习惯性的，而95%的行为都是习惯性的。即便是创新，最终也可以演变成习惯性的创新。由此，足见习惯的力量。一切的想法、做法，最终都必须归结为一种习惯，这样才会对人的成功产生持续的力量。另一个研究结论是：对于一般行为来说，21天以上的重复会形成习惯，90天的重复会形成稳定的习惯。即同一个动作，重复21天就会形成习惯性动作。同理，同一个想法，重复21天，或重复验证21次，就会变成习惯性的想法。所以，一个观念如果被验证了21次以上，它十有八九已经变成了你的信念。

三、个体人格与社会人格

个体人格与社会人格这二者在个体身上是不能分割的，是个体在人格结构中的两个侧面。具体说，社会人格就是个体人格中所具有的社会性，是与大多数人相似的为他人所认可和接纳的人格特质；而个体人格是个体所表现的独特的人格特质，或称之为"这个人"的"个性特征"。一言以蔽之，个体人格与社会人格就是一个人的人格"个性"与"共性"（社会性）的两个侧面。

心理学家卡特尔提出人格可以分为"个别特质"和"共同特质"，即人格特质具有个体性和社会性。哲学家、心理学家弗洛姆对人格的社会性有经典的表述："团体的每一个分子都共有的一些人格结构为'社会人格'。个人人格是指个人所具有的全部特征。而社会人格则仅包括一部分特征，这些特征是一个团体中多数分子的人格结构之基本核心。在指定的社会秩序中，如何诱导人类的精力，使其成为一种有生产性的力量。那么我们便得研究社会人格了。"由此可见，社会人格对个体和社会的双重发展是多么重要，高职大学生的人格培养要同时注重人格这两个方面的协调发展。

1. 个体人格与心理健康

（1）健全人格的特点。国内外的研究表明，健全人格是各种人格特征的完美结合，表现为以下几方面的特点。

①内部心理和谐发展。人格健全者的需要和动机、兴趣和爱好、智慧和才能、人生观和价值观、理想和信念、性格和气质都向健康的方向发展。他们的内心协调一致、言行统一，能正确认识和评价自己的所作所为是否符合客观需求，是否符合社会道德准则，能否及时调整个体与外部世界的关系。如果一个人失去他的人格内在统一性，就会出现认知扭曲、情绪失控、行为变态等问题。

②能够正确处理人际关系，发展友谊。这样的人在人际交往中显示出自尊和他尊、理解和信任、同情等优良品质。那些嫉妒心很强的人，很难想象他们能在互惠的基础上与人合作；傲慢自大的人也绝不会虚心地倾听别人的意见。人格健全者在日常交往中既不随波逐流，也不孤芳自赏，能够使自己的行为与朋友、同事、同学协调一致。

③能把自己的智慧和能力有效地运用到能获得成功的工作和事业上去。他们在学习、工

作中被强烈的创造动机和热情所推动，并且与他们的能力有效地结合起来，从而使他们勇于创造，善于创造，经常有所发现、有所发明、有所建树。成功又为他们带来满足和喜悦，并形成新的动机和兴趣，使他们能够得到良性发展。

（2）"五因素人格"。人格健全或心理健康的标准众多，影响最为广泛的有奥尔伯特的"成熟者"模型、马斯洛的"自我实现者"模型和"五因素人格"模型。这里简单介绍"五因素人格"模型，各维度的描述性特质归纳如下。

①外倾性：正面表现为健谈，好表现，面部表情丰富，并喜欢做出各种姿势；果断，好交友，活泼，富有幽默感；容易激动，好刺激，趋向于好动，乐观。负面表现为沉默寡言，呆滞。

②宜人性：正面表现为善于为别人着想，似乎总是在与别人互动；富于同情心，直率，体贴人。负面表现为充满敌对情绪，不友好，给人不信任感，缺乏同情心。

③责任感：正面表现为行为规范，可靠，有能力，有责任心；似乎总是能把事情做好，处处让人感到满意。负面表现为行为不规范，粗心，做事效率低，不可靠。

④情绪性：正面表现为情绪理性化，冷静，脾气温和，有满足感，与人相处愉快。负面表现为自我防卫，担忧，情绪容易波动，易产生负面情绪及非理性的想法，难以控制冲动，在压力状况下抗压效果比他人差。

⑤开放性：正面表现为对新鲜事物感兴趣，尤其是对知识、各种艺术形式和非传统观念的赞赏；勤于思考，善于想象，知识丰富，富于创造性。负面表现为自我封闭，循规蹈矩，喜欢固定的生活和工作方式，不善于创造性思考。

2. 社会人格与人的发展

个体人格特质中要有机地融入社会人格的要素，要有明确的社会人格意识，高职大学生需要注意以下几点。

（1）在高职大学生个体人格的培育过程中，有一种普遍的现象，即大多数人只是从自我人格出发，忽视了与社会人格要求的有机联系。这种"闭门思过"或"闭门造车"式的"人格修养"的结果是不适应社会发展对个体人格的要求的。人格是个体的人与社会互动的产物，是人在社会生活实践过程中对自我人格心理的反思结果。个体人格必须与社会人格常模经常对照，根据社会要求对自己的人格缺陷或人格偏差不断加以改进和矫正，才具有真正意义上的健全人格。不然，自认为自己的人格是正常的，走入社会后，就会发现矛盾重重。许多高职大学生的人格心理矛盾就是这种主观与客观的差距造成的。在心理健康教育过程中，必须自始至终强调社会人格的观念，经常分析社会人格常模，然后将个体人格与其进行比较分析。

（2）社会人格是发展变化的。在20世纪下半叶尤其是改革开放以来，我国社会人格发生了巨大变化，我们在把个体人格与社会人格进行联系比较的过程中，也必须"与时俱进"，才能紧扣社会人格的主脉络。

（3）社会是复杂的，社会人格也是复杂的。社会进步了，但历史上不良社会人格残余仍会积淀于现实社会之中。高职大学生由于社会实际经验还很有限，如果不加以仔细甄别，那么在个体人格与社会人格的"接轨"过程中，其效果可能会与理想人格相反。这点要引起高职大学生高度注意。

四、当代高职大学生的人格特点

高职大学生处于人格的"再造期"或"夹生饭"阶段,是人格发展的一个非常重要的时期,虽然高职大学生中人格障碍者所占比例极小,但是,作为一个正在成长中的特殊青年群体,高职大学生在人格上还是有一些明显偏差的。了解这一时期高职大学生的人格特征,是非常必要的。

3-4 焦虑症

1. 当代高职大学生的人格优势特征

高职大学生的人格优势特征是相对而言的,即其中有着矛盾的方面,对这些人格特征,教育者应该是引导而不是压制甚至扭曲,这是高校的教育工作者需要特别注意的问题。

(1)乐于表现自我,自我意识很强。大多数当代高职大学生是独生子女,成长过程中的心理定式使他们有着以自为中心,乐于表现自己、证明自己,愿意展示自己的才华和才能,甚至有些"自私"行为模式。由于这种心理定式,他们习惯于把自己当成"中心",而较少考虑到环境和他人对自己的要求。

(2)思想开放独立,人格高扬且"叛逆"。当代高职大学生有着强烈的独立意识,新时代的他们眼界开阔,敢问、敢说、敢闯。社会经济和资讯的高速发展使得他们发育得更早,显得更早熟,知道得更多,对事物都有独立的看法和想法。他们觉得自己已经具备了独立自主的能力和初步的社会处事能力,不希望父母、老师来为自己包办一切。同前辈们相比,他们有着自我人格高扬的特点,同时也明显表现出新时代高职大学生"叛逆"的人格特征。

(3)追求自我设计,注重心理发展。社会改革需要当代高职大学生自我设计发展方向和前途,这使得他们把追求自我成就放在了非常重要的位置,他们需要认真考虑自己有关个体发展的各个方面,能够深入全面地了解自我的长处与不足。因此,他们关注自己的心理发展和人格健全,主动积极地要求专业人员的心理辅导,努力发掘自己的心理潜能,以便能使自我得到最佳发展。这已经成为各类高校非常普遍的现象,也使心理学近些年来在高校普遍地兴盛起来,心理辅导开展得如火如荼,但仍然不能满足高职大学生的需求。

2. 当代高职大学生的人格缺陷与不足

由于当代高职大学生的人格优势特征本身表现出的双面性,他们的人格也存在着某些方面的缺陷与不足。

(1)人格独立性较差。我国的高职大学生,不管生活在城市或农村,大多数人从小学直到大学毕业,经济上大多都依赖家庭,且由于客观上需要长期适应"应试教育"的生活模式,所以虽然他们表面上表现得人格高扬,但实际上他们的人格独立性仍然是较差的。近年来伴随观念的转变,越来越多的高职大学生通过"打工""家教""勤工助学"等活动在经济上逐渐达到一定程度的独立,导致人格独立性有所提升,这是一个可喜的发展变化。

(2)社会人格发展滞后。十几年的校园学习生活,使高职大学生无法较深入地融入社会,因而对社会的认识与感受比较肤浅。相比起来,一些农村青年或家庭生活困难的青年较早地融入社会,外出打工,感受到了生活的艰辛与不易,因而社会人格发展较早、较好。这就是近些年来用人单位在招聘时要求有两年以上工作经验的原因。

(3)在社会改革进程中困惑较多。我国的高职大学生由于改革开放所带来的各种变化,如文化的多元化、价值观念的多元化、较多的选择机会,因而也就有了较多的困惑。

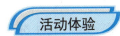

【心理活动体验一：气质类型猜一猜】

一、活动目的

掌握四种典型气质类型的特点，同时通过观察他人的情绪和行为反应，能准确识别四种典型气质类型。

二、具体操作

1. 活动准备：老师根据气质类型测验的结果，提前在班上找出四位气质类型较为典型的学生，为活动的开展做好准备。
2. 活动情境：某剧场的杂技表演已经开始10分钟了，门口来了四个迟到的观众。由于演出已经开始，为了保证演出人员的安全，迟到的观众不允许入场。所以检票员阻止了四位迟到的观众，我们来看看这四位迟到的观众都会有什么样的情绪和行为反应？
3. 请四位相应气质类型的同学上台扮演四位迟到的观众。
4. 表演结束后请同学们猜一猜他们扮演的是什么气质类型的人。

三、教师总结

人的气质只给人的实际能力和实际行为提供了神经系统的基本条件，给人的行为染上不同的色彩，纯属于某一气质类型的人不多，大部分为混合型。决定行为的是性格，性格可以后天形成，可以调整完善，扬长避短将使我们更能有所作为。

【心理活动体验二：健康人格小测试】

一、活动目的

通过健康人格测试，了解自己的人格特点，针对不同人格特点找优缺点。

二、具体操作

健康人格有时可从小动作中表现，请你做一做下面的小测试：

（1）当你站立时，为了舒服，总爱把胳膊放在椅背上吗？
（2）你有咬手指和指甲的习惯吗？
（3）当你与人交谈和倾听别人谈话时，会不停用手指击打桌面吗？
（4）当你站立时，喜欢双臂抱肩吗？
（5）上课时，你总是不断改变姿势，以求坐得更舒服些吗？
（6）当你谈话时：
①你感到抑扬顿挫，眉飞色舞，手舞足蹈；
②你感到有些紧张；
③你把手自然下垂，偶尔有点手势。
（7）聚会时，不论你想不想吸烟，你总爱点上一支吗？
（8）参加宴会时，你总是把眼睛盯在一盘或附近几样菜上吗？

(9) 看到别人把大拇指藏在手心拳头紧握时，你害怕吗？

评分：第 (6) 题回答①得 2 分，②得 1 分，③得 0 分。其余 8 题，答"是"得 1 分，"不是"得 0 分。

结果：

0~3 分：人格健康，不论在什么情况下，都能沉着、坚定、稳重，你的举止表明你是一个沉着老练，遇事不慌，自信、自强，分寸得当，自制力强的人。这种自我控制能力是健康人格的重要特点。

4~7 分：人格健康的状况欠佳。表面上看，你很平静，但常失去平衡。高兴时，信口开河、夸夸其谈；不高兴时，冷眼相看、袖手旁观，情绪变化大。对你来说，至关重要的是学会自我控制，从而达到人格结构的稳定和健全。

8~10 分：人格健康问题严重。你很不沉着，如果不学会自我控制、坚定信心，你在哪里都无法安定，总会感到不舒服。也许你自己还不以为然，可在别人看来却很刺眼。关键问题是达到内心的平衡、和谐和安定，同时注意与周围环境相适应。

活动评价

活动评价表见表 3-1。

表 3-1　活动评价表

评价内容		评价标准	是/否
活动完成情况	活动一	能辨别不同气质类型	
		能清楚不同气质的优缺点，扬长避短	
	活动二	能了解自己和他人的人格现状	
		能客观看待人格测试结果，并对人格缺点进行完善	

任务二　认识人格偏差的类型与表现

情景导入

小雯是一个长相乖巧、成绩优异、积极向上的女生，是老师眼中的好学生。但小雯自视甚高，看不起周围的同学，觉得大家都不如她聪明漂亮，认为同学给她的帮助都是理所应当的，有时甚至还有些盛气凌人。后来同学们都开始有意疏远小雯，不愿意和她相处，小雯也慢慢变得形单影只，可是她自己还不明白发生了什么。

大家觉得小雯的人际关系出现问题的原因是什么？

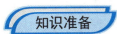
知识准备

心理健康与人格障碍或人格偏差的关系是复杂的，焦虑症、抑郁症、强迫症、恐惧症等神经症对心理健康的影响是非常明显而直接的，其直接原因是神经症是"自知的"，当事人具有强烈的求医求治的要求。但人格偏差大多是"不自知的"，即使别人指出问题，往往自己也不愿承认，且人格偏差矫正的难度也很大。所以，人格偏差对心理健康的影响对于高职大学生来说是一个非常重要的问题，值得每一个高职大学生认真对待。

一、高职大学生常见的人格偏差

处于青年早期的高职大学生，有些人出现人格偏差是"正常"的，但必须要高度重视，如果对人格偏差熟视无睹，最终形成人格障碍的可能性就会大大增强，也会对高职大学生的未来发展造成不可估量的损失。

1. 人格偏差的含义

人格偏差指个体的人格适应有问题，但还未定型，只要加强认识，是很有可能成为正常人格的。这样看待高职大学生的人格问题，对高职大学生的人格培育是有益的。由于高职大学生刚20岁出头，处在"人格再造期"，且其人格问题也没有医学标准的人格障碍那么典型，因此把高职大学生的人格问题视为人格偏差较为妥当。当然，那些极少数典型的人格障碍者除外。

俗话说："金无足赤，人无完人。"几乎所有的人都存在着某种程度的人格偏差，但这种"偏差"只要不影响其生活、工作和社会交往，都可以看成是人格正常的。高职大学生要认定自己是否有人格偏差，至少要满足这几个条件。

（1）在思维、情绪或行为模式方面，至少在某一方面与群体有显著差异，这种差异是经常可见的。

（2）在人际关系上明显不和谐，且经常发生冲突或是异常冷淡。

（3）认为自己的学习、生活或发展受到"莫名"的影响，经常有令人不愉快的感受但又没有明显的事由。

2. 高职大学生主要的人格偏差及表现

（1）自卑引起的人格退缩或自负引起的人格膨胀，前者表现为：对自己有不满、鄙视、否定的情感，总觉得自己不行，把弱点无限放大。怀疑别人看不起自己，在任何场合都不敢表现，做什么事总是瞻前顾后，生怕出现坏的结果。胆小不敢与人交往，自我意识弱化，感觉自己越来越弱，对社会有莫名的恐惧感。后者表现为：总觉得自己相当不错，才华横溢、才能出众或是太靓太帅，周围的人都崇拜倾慕自己。盛气凌人，总是指望他人为自己服务，而自己又不愿意付出。感觉自己鹤立鸡群，高傲看不起人。人际关系恶劣，但总认为是别人对自己羡慕嫉妒恨。自我中心突出，自恋情结明显。

3-5 强迫症

（2）社会疏离与"过度社会化"，前者表现为：性情孤僻，有的是想与人交往，但由于胆怯而不敢交往；有的是主观上不愿意与人交往，在公共场合中有恐惧心理，总担忧别人关注自己而自己的表现又让人看不起。忧郁、紧张、恐惧的心境总是挥之不去，心境恶劣是常态。后者表现为：年纪轻轻就以"过来人"自居，有玩世不恭的态度，认为人生苦短不如及早行乐。生活方式上总想开风气之先，装扮新潮，社会交往过度。对社会上的新怪东西趋之若鹜，追逐心态强烈。在学校违纪违规成为常态，对批评教育甚至处罚毫不在乎。

（3）过度焦虑或"看破红尘"，前者表现为：对人对事心理警觉度高，总是处于担忧和紧张之中。休息睡眠少，质量差。对前途总是处于莫名的担忧之中，对社会、对自我的感觉都不好。心理敏感度高，好幻想，易做白日梦。容易纠缠于琐事与细节，心胸难以开阔，忧愁心境是常态。后者表现为：对人生有悲观态度或是宿命论观念，觉得人生几十年"就那么回事"。严重者悲观厌世，无拼搏奋斗之志，有得过且过之意。有的人幻想命中能巧遇"贵人"福从天降，不劳而获。对人对事情感冷淡，缺乏热情，更无激情。

（4）自我中心或过分依赖，前者表现为：凡事只为自己着想，从不考虑别人或集体利益。精于计算，表现自私自利，总是用自己的标准去衡量别人，以己之心度人之腹。有的人自视甚高且防范心重，没有知心朋友甚至根本没有朋友，人际关系冷淡，总觉得别人根本不了解自己。从没有感恩之心，苦恼愤懑的心境是常态。后者表现为：无主见，让别人为自己做大多数的重要决定。无独立性，很难单独进行自己的计划或做自己该做的事。人际交往或做事情总是很被动，自我评价较低。害怕孤独，总想依附"强者"，而当这种关系终结时，就会感到很悲伤，因而易受伤害，总感觉"伤不起"。

（5）冲动暴躁或麻木不仁，前者表现为：遇到冲突就爆粗口甚至亮拳头，不考虑后果。思维狭隘，很少考虑过程和全局。处事简单，不瞻前顾后，容易出问题。人际关系一般，缺乏知心朋友。后者表现为：由于从小的环境因素或生活经历，缺乏情感表达的途径和形式，社会情感尤其缺乏。对人对事冷漠，面部毫无表情甚至让周围的人感到害怕。内心也想与人交往，但总感觉别人都在排斥和看不起自己，长期苦恼。独来独往，形影相吊。

（6）急躁马虎与拖沓延误，前者表现为：遇到任务或事情，图快不图质量，甚至马虎敷衍。心里放不得事，性子急。说话不经脑子思考，甚至信口开河。表面看似热心、积极，实则责任心不强，做事无计划，反思能力差。后者表现为：面对生活或工作中必须做的事情、必须解决的问题，心理上总是有意无意地回避，不主动及时地去处理事情，不果断地去解决问题，成为一种牢固的心理习惯和行为习惯。每做一件事就拖延，而且在拖延中有心理负担，感到痛苦和着急。曾有高校做过相关调查，发现半数以上的高职大学生认为自己"存在拖延的症状"。

还有其他的人格偏差，不在此一一列举。

人格偏差可能是单一存在，也可能是交叉的或混合的，如"人格退缩+社会疏离""自我中心+人格膨胀"等；或是某种偏差表现多一些，某种偏差表现少一些，要具体分析其表现特征。

矫正人格偏差没有固定的良方，因为每个同学的经历、家庭、教育环境和所受的社会影响都有差异，原因可能是各种各样的。因此，认为自己疑似人格偏差的同学，除了自我对照分析之外，找心理咨询老师寻求专业的帮助，是大有裨益的。

二、高职大学生人格偏差的成因

人格偏差的成因是多方面的，是由生物、心理、社会文化或主观能动性诸多因素共同作用形成的。了解高职大学生人格偏差产生的原因，有利于人格偏差的矫正。

（1）遗传因素和脑发育因素。有一些证据表明，正常人格部分是遗传的，但对人格问题还没有取得满意的遗传证据。这方面因素对高职大学生而言，主要表现为冲动型人格偏差，重者需要到医院进行生理检查。

（2）心理因素。在人格发育过程中，儿童早期的家庭环境和教育方式被认为是非常重要的因素，如单亲家庭儿童、父母过分放纵或过分严厉的家庭，对儿童人格的发展均有直接的不良影响，父母的不良人格会在儿童发育过程中起到负面作用。此外，特别是在学校受教育期间教育环境是否正常，对人格能否正常发展有着关键的意义，在大学的心理咨询中发现，相当多的人格偏差是在中小学期间开始形成的。

（3）社会文化因素。社会文化因素对人格形成的影响越来越受到人们的重视。如家庭在社会中的地位、家庭的经济状况、个人生活成长的社会文化环境、所接受的大众传媒的影响以及受教育的机会与条件等。

（4）个体主观因素。高职大学生在分析人格偏差形成过程中，特别要注意：外部归因与内部归因都是人格偏差的形成条件，不能只着眼于外部归因，把责任推给社会或家庭，应着重于内部归因，主要从自我方面挖掘根源，才能找到解决人格偏差的"钥匙"。

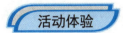
活动体验

【心理活动体验三：案例分析——回避型人格的成因与矫正】

一、活动目的

通过回避型人格的表现分析其成因及矫正方法，主动培养自己的健全人格意识。

二、具体操作

（1）案例：

小敏，某高职学校一年级学生。入校后便对自己有不满、鄙视、否定的情绪，总觉得自己不行，把弱点无限放大。怀疑别人看不起自己，在公共场合不敢自我表现。做事总是瞻前顾后，生怕出现坏的结果。不敢主动与人交往，经常独来独往。

（2）学生小组讨论：你觉得小敏同学的人格缺陷是什么原因造成的？我们应该如何来看待这些问题？如何帮助小敏纠正人格偏差？

（3）小组内交流自己的想法，然后在大组内分享。

三、教师总结

回避型人格形成最主要原因是自卑心理。当事人因为无能、生理或心理缺陷等而产生轻视自己，认为自己在某些方面不如他人的心理。这种心理如果长期得不到妥善处理，就会形成回避型人格，造成行为的退缩和遇事回避的态度。建议：正确认识自己，提高自我评价，多给自己积极的自我暗示，自我鼓励，相信事在人为。常常对自己说："我一定能成功，一定行的。"

活动评价

活动评价表见表3-2。

表3-2 活动评价表

评价内容	评价标准	是/否
活动完成情况	能积极参与案例分析、讨论，表达自己的观点	
	能认识回避型人格的表现及影响，掌握矫正方法	

任务三 掌握高职大学生人格培养的途径和方法

情景导入

新能源汽车专业大一学生小齐认为自己人格方面有一些缺点，容易自卑，总认为自己不如别人。他进入大学后，不敢去尝试新事物，故步自封，遇到事情总想着回避。他觉得这样的状态不行，但是又不知道该怎么办，感到非常苦恼。

高职大学生正处于"人格再造期"，要抓住这个有利时期，在正确的理论指导下，深入全面地理解自我，了解社会，把握自我与社会适应要求的差距，不断改进自己的人格，使自己的人格适应社会要求。升华价值观是培养健全人格的基础和核心，改进思维方式是培养健全人格的必要途径，而积极行动并持之以恒才能真正收到实效。

知识准备

一、基本思路与方法

1. 诊断注意事项

对"人格问题"诊断必须十分审慎，切勿轻率，要特别注重以下几点。

（1）不能让自己用医学标准的人格障碍来贴标签对号入座，一般不要认定为典型的人格障碍，可命名为人格偏差或性格偏差。而人格偏差是大多数人或多或少都会有的。

（2）高职大学生的人格偏差是发展过程中的问题，是可以矫正的，不宜刻板看待。人格偏差或性格偏差可追溯少儿时代，追根溯源有利于人格问题的解决。

（3）所谓人格偏差是相对的，只要未影响正常的学习、工作和生活，就不宜归为"人格问题"，而是追求人格进一步完善的问题。

（4）不宜把由认知方面的问题如道德观、价值观和人生观产生的心理冲突统统归结为人格问题，也不能把人格问题反过来统统归结为认知问题，尽管几乎所有的人格偏差都与主体的认知密切相关。

2. 矫正的基本方法

对高职大学生人格偏差矫正的基本方法有以下五种。

（1）要认识到自己的人格有偏差。但人格问题往往是不自知的，所以这一点最难。

（2）深入分析人格偏差的形成过程，找准问题的根源。

（3）从人格的个体性和社会性两方面进行人格的全面分析，看哪方面是主要问题。从这些年的情况来看，高职大学生的社会性人格严重缺乏是最典型的人格偏差。当然，个体之间有差异，所以应具体情况具体分析。

（4）解决问题要从态度和行为两方面同时入手。目前，在心理学领域和职场用人中，五因素人格模式是经常采用的，它具有个体人格和社会人格的主要要素。高职大学生人格偏差的行为矫正可按照五因素人格模式的要素进行操作。

（5）需要特别强调的是，人格偏差的形成有一个相当长的时期，所以人格的矫正也需要较长的时间。只要有长期坚持的信心和坚韧的毅力，是可以达到预期的目标的。

二、升华价值观

对于价值观与心理健康的关系，在心理咨询领域，国内目前有两种不同的观点，一派主张在心理咨询过程中要"保持价值观中立"，另一派则主张"价值观介入"。在高职大学生的心理健康教育过程中，需要价值观介入，而且要通过价值观的升华来培养高职大学生的健全人格，这应是工作的重心。道理很简单，高职大学生的心理健康教育是人的全面发展教育的一部分，它与医学心理咨询的工作是有一定区别的。在当今多元价值观并存的社会中，高职大学生的价值观出现摇摆不定、模糊不清的现象是经常可见的。所以，心理健康教育工作不能对价值观问题"袖手旁观"，关键是采用什么样的方式与方法来正确引导和升华高职大学生的价值观。

1. 了解升华价值观在培养健全人格中的意义

判断一个高职大学生人格是否正常，主要是看他是否已经成长为一个具有成熟的社会意识、社会观点、社会态度和道德立场的社会的人，他的性格是否符合大多数人的行为模式。我们可以从以下几方面了解升华价值观在培养健全人格中的意义。

（1）价值观是健全人格的核心因素。人格的核心是性格，性格的核心是态度，态度的核心是价值观。因此，升华价值观在培养健全人格中的作用，其重要性怎么强调都不过分。

（2）价值观的确立与稳定是人格健全的基本标志。只有当一个人形成和确立了稳定的价值观，并在此基础上确定了明确的社会和道德定向时，才能说他的人格是较为健全的。

（3）个体表现出来的稳定的行为模式是性格的最明显标志。价值观的确立与稳定的行为模式是人格健全的外部表现，个体的行为模式或生活方式最能体现他的人格特质。个人已确立和稳定了的价值观决定他做什么或不做什么、追求什么或不追求什么，因而直接支配和调节着他的行为模式。可以这样说，一个人有什么样的价值观，就会有什么样的行为模式。正是由于个体价值观的形成与确立，才能更好地调整自己的行为模式，使之更加完善和稳固。

（4）个体价值观的确立与稳定是人格成熟的重要标志。人格的发展在一个人的整个生命历程中持续进行，它是一个不断完善的过程。价值观不仅在人格的形成过程中有重要意义，而且在人格的继续发展和完善中也有重要作用。

2. 检查价值观在人格培养中的各项功能

（1）检查个体价值观的定向功能。价值观规定了一个人的行为取向和追求目标，也决定了他的发展方向。人们总是追求符合自己价值观的东西，摒弃违背自己价值观的东西，也总是做自己认为有价值的事，不做自己认为无价值的事，因此检查自己的价值观是否符合社会的主流价值观就显得尤为重要。

（2）检查个体价值观的解释功能。价值观是对外部世界的一种内在解释系统。个体在认识、评价事物和关系时，不仅要从外界事物本身的属性出发，往往还要从自己的价值观出发，受其指导和调节。一个人的认识和思想也许不符合外界事物的规律，但往往符合他的价值观。有时候，人还会仅仅从自己的价值观出发，有意无意地歪曲客观事实和外部规律。一个人对事物的认识和理解是否正确，与他的价值观是否正确有很大关系。所以检查自己价值观的解释功能是一项经常要做的事情。

（3）检查个体价值观的过滤功能。个体在现实生活中无时无刻不在面临着选择，以确定接受什么样的影响。在人的选择活动中，价值观起着重要的过滤作用。符合个体价值观的外部影响容易为他接受，而违背其价值观的外部影响则较难被他接受，甚至会遭到抵制和反抗。价值观就好像人的心理体系中的一个过滤器，现实生活的各种影响都要经过它的筛选和过滤，才能对人发生作用，它保证了人的选择性。

（4）检查个体价值观的调节功能。价值观作为人的本质的稳定的态度体系，并不一定都能为个人所意识到，有的人能够以一整套理论表明他的价值观，并自觉地依之去行动，但不少人并不能够向人们表明他的价值观，或者根本就不知道自己有什么样的价值观，他们总是不自觉地按自己的价值观去行动，他们的行为实际上就说明了他们的价值观。因此不管是有意识的，还是无意识的，人的行为和活动总是受其价值观调节的，所以检查自己价值观的调节功能是否处于觉醒状态、是否真正有效也是不可忽视的。

（5）检查个体价值观的操作功能。高职大学生的价值观要具体化。高职大学生还没有正式走入社会，也没有正式进入职场，所以价值观就有可能空洞或不切实际。要升华自己的价值观，就一定要明确社会要求高职大学生具备哪些方面的能力，自己将从事的职业有什么社会价值和个人价值，这就是价值观的具体化或操作功能。只有做到了价值观的具体化和可操作性，才能说真正实现了价值观的升华。

（6）检查和防范个体价值观的反向功能。人有什么样的价值观，就会倾向于把自己塑造成什么样的人格。如果从极端个人主义出发，一味地强调个人的自由和利益，单纯从个人的利益、自由出发进行价值选择，就会发展成不健康的、软弱无力的、低劣的人格品质，甚至误入歧途。历史上和现实生活中这样的例子并不少见。所以防范个体价值观的反向功能也是一项不得不经常要进行的艰巨任务。

三、改进思维方式

高职大学生的思维方式与其人格偏差是有紧密关联的，如偏执型人格退缩、人格膨胀；被动攻击型过度焦虑、"看破红尘"；依赖型和心境恶劣型自我中心等人格偏差，就与当事人的思维方式有着紧密联系。改进思维方式和心理策略，有利于高职大学生形成健全的人格。

人格障碍或人格偏差的矫正，迄今为止仍然是心理学研究方面的难题。其根本问题就是神经症是自知的，有躯体症状，当事人有求治要求；而人格障碍或人格偏差没有躯体症状，是不自知的，对此如果没有深入的认识就谈不上主动进行矫正。一般来说，通过学习心理卫生知识并进行认真分析，是可以达到自知程度的。高职大学生通过对自己人格的全面分析，可以知晓个体人格心理哪些方面是好的，应该继续发扬；哪些方面是不好的，应该设法加以改进。对高职大学生长期心理健康教育的实践经验表明，通过改进思维方式和心理策略来矫治人格偏差，收效快，效果好。那么，高职大学生如何改进自己的思维方式和心理策略呢？

1. 正确认识自己

想要正确认识自己，首先思路得改，思路决定出路。高职大学生要勇于解剖自己。大多数人有一个非常坏的习惯就是自我感觉良好（或相反），不考虑如何改变自己。不断地"否定"（扬弃）自己才是自信的表现，是一种优秀的人格品格，也是人格健全培养的必备品格。高职大学生要认识到自己并不是"天之骄子"，每个人都是平常而平凡的人。从日常生活中的大量观察可知，凡自认为不平凡的人就会有不正常的表现。相对而言，自卑的人也会不正常。自负与自卑形成了人格偏差两极的不同表现特征。每个人都有自己的长处，也有自己的短处，要善于发挥所长而补其所短。不因所长而自负，不因所短而自卑，就会充满自信，人格也就会较为正常。

2. 客观面对现实

现实社会异常复杂，真善美与假丑恶、公平公正与诸多不合理的现象同在。如果纯粹用理想的观点来看待社会现实，就会充满烦恼、沮丧和愤懑，就会怨天尤人，就会在日常生活中表现出许多变态反应。对社会认识过度理想化或持敌对态度的人易产生人格偏差，因为这些人的思维方式与社会大多数人是不一样的。高职大学生的思想观念仍处于理想化时期，面对社会百态，既要坚持正义，又要实事求是。持比较客观的态度，才会心理平衡，自然会人格正常。

3. 增强事业心和责任感

抱负水平高的人的人格一般比较正常。因为这些人整天忙于学习和工作，没有时间去关注别人对自己的评价与态度，因而也就没有时间去"自寻烦恼"。而那些抱负水平低的人由于心理能量过剩，自然而然会关注很多无关信息，对别人关于自己的评价和态度异常敏感，久而久之就会对外部刺激做出过度反应，最终形成人格偏差。人生、事业与成就都必须经历一个较长的过程，正常人会把大部分精力投入这个过程之中，但有些人完全不是这样，他们不注重过程，只关注结果，还自以为"看破红尘"，既懒于奋进，又愤愤不平。那些"看透社会"或"看破红尘"的人常与社会格格不入，必然导致人格变态。高职大学生应把主要精力放在学习和对未来事业追求的过程之中，那么对每一小步前进都会感到由衷的喜悦，就会不断有成就感。努力奋进，顺其自然，人格自然会趋于健全。

4. 避免过分计较和过度分析

过分计较利害得失的人易导致变态，此类人纯粹是以自我为中心的，因此高职大学生不可患得患失，要有拿得起、放得下的宽阔胸襟和气魄，自然就会心态平和，人格正常。过多地进行自我心理分析的人也易心理不正常。普通人的专业心理知识非常有限，如果过多地进行自我心理分析，只会导致钻牛角尖，往往空耗时间而于事无补。正确的方法是一旦认定方向、确定策略之后，就要付诸行动并持之以恒。

总之，有抱负、有追求、热爱生活、热爱社会并且积极行动的人，其人格都比较正常。

四、培养良好习惯

改变行为模式、培养良好习惯是培养健全人格最为直接的路线。培养良好的行为习惯要注重以下几个方面。

1. 有解剖自己的勇气

许多高职大学生心理咨询案例表明，想要健全自己的人格，必须要有一个端正的态度，在专家指导下敢于分析自我，善于分析自我。敢于直面自我人格的真实面目，由于人格问题往往是"不自知"的，那就需要多观察多比较，多方面听取别人对自己的评价，逐渐加深对自我的认识，才能了解自己人格的"真面目"，为培育健全的人格创造前提条件。

2. 有社会适应的观念

高职大学生在校期间要通过各种途径了解社会。社会是复杂多变的，适应方式也应当复杂多变。适应方式的贫乏与反应的单一性，"以不变应万变"，自作主张，行为完全自控而不受他控，自我调节能力又差，这些表现正是人格偏差的一种特色。社会本身有健康、健全与合理的一面，也有其病态与不合理的一面。社会本身是五颜六色的，社会不制造人格偏差，只为人格的形成与发展提供可选择的行为方式与生活方式。因此可以说，一个人是要人格健全还是要人格障碍或人格偏差，实际上是人的发展的一种选择。社会适应的观念会使高职大学生较快地培养自己良好的社会人格特质。

3. 有坚持不懈的精神

正确认识自己的人格问题之后，就要有坚强的意志力来克服和矫正自己的人格偏差。健全人格的养成需要一个较长期的过程，坚持不懈，必有喜人的收获；浅尝辄止，可能收效甚微，甚至落入周而复始的"人格怪圈"。

高职大学生的人格改进，重在实践中探索，必须使自己行动起来，在社会互动中发现自己的人格偏差或人格缺陷，在社会互动中检验人格改进的成效，在社会互动中使自己的人格逐步走向健全。

拓展阅读

据研究，大脑构筑一条新的神经通道需要21天时间。所以，人的行为暗示经21天以上的重复会形成习惯，而90天以上的重复会形成稳定的习惯。习惯的形成大致分为以下三个阶段。

第一阶段是1~7天，这个阶段的特征是"刻意、不自然"。你需要十分刻意地提醒自己去改变，你会觉得有些不自然、不舒服，你应该努力克服这些情况。

第二个阶段是8~14天，这一阶段的特征是"刻意、自然"，你已经觉得比较自然，比较舒服了，但是一不留意，你还会恢复到以前，因此，你还需要刻意地提醒自己改变。

第三个阶段是 15~21 天，这个阶段的特征是"不刻意、自然"，其实这就是习惯，这一阶段被称为"习惯性的稳定期"。一旦跨入这个阶段，你就已经完成了自我改造，这个习惯已成为你生命中的组成部分，它会自然而然地不停为你"效劳"。

21 天只是一个大概的概念，养成的习惯不同，所需要的天数也会有些差别，但总之，时间越长，习惯就越牢固。

活动体验

【心理活动体验四：了解价值观——火光熊熊】

一、活动目的

明确自己的价值观，尊重他人的价值观。

二、具体操作

（1）学生分小组坐好。

（2）引导小组学生进入情境并进行思考：现在你的宿舍（或家里）正被烈火吞噬，情况危急，时间只够你冲进火海取出三样东西，你会选择哪三样？先后顺序是怎样的？它们对你有什么价值？还有没有重要的物品不在抢救之列？为什么？

（3）在小组内交流，告诉其他人你选择的原因，在做出选择时你的心理感受如何，你平时在生活中如何被价值观引导并做出选择。

三、教师总结

感受内心真实看重的东西，从而更好地看清自己。当我们拥有时，可能不会去珍惜；而当我们失去时，才感受到它的价值所在，从而能更好地澄清自己的价值体系，并认清价值体系如何引导我们做出选择。

活动评价

活动评价表见表 3-3。

表 3-3　活动评价表

评价内容		评价标准	是/否
活动完成情况	活动五	能说出自己最看重的东西，明确自己的价值观	
		能讲出是什么价值观引导自己做出选择，用良好的价值观塑造健全人格	

自主测试

学习完模块三之后，请完成以下选择题（不定项）。

1. 高职大学生人格培养的途径和方法（　　）。
   A. 升华价值观　　　　　　　　B. 改进思维方式
   C. 养成良好习惯　　　　　　　D. 我行我素
2. 人格的形成和发展受多个因素的影响，以下不属于影响人格形成和发展的因素的是（　　）。
   A. 遗传因素　　B. 智力因素　　C. 环境因素　　D. 个人经历
3. 某学生活泼、好动、乐观、灵活，喜欢交朋友，爱好广泛，稳定性差，缺少毅力见异思迁。他的气质类型属于（　　）。
   A. 黏液质　　　B. 抑郁质　　　C. 多血质　　　D. 胆汁质
4. 下列属于人格基本特点的是（　　）。
   A. 功能性　　　B. 独特性　　　C. 整体性　　　D. 稳定性
5. 高职大学生健全人格的内涵应包括（　　）。
   A. 正确的自我意识　　　　　　B. 乐观的生活态度
   C. 良好的情绪控制能力　　　　D. 和谐的人际关系
6. 抑郁质和抑郁症一样，都是有心理问题的（　　）。
   A. 对　　　　　　　　　　　　B. 错

复盘

倾听自我，健全人格——高职大学生人格塑造复盘表见表3-4。

表3-4　倾听自我，健全人格——高职大学生人格塑造复盘表

任务类别：□个人任务　□小组任务			
个人姓名		班级	
小组成员		班级	
复盘：总结本模块任务完成情况，掌握了哪些知识和技能，锻炼了哪些能力，活动体验中获得哪些感悟			

课后巩固

1. 课后拓展

21天积极人格训练

人格的塑造在于日常积累。表3-5是一个积极人格训练表，每天对照检查自己一下，做得到的打"√"，没做到打"×"，并写出改进的方法。坚持21天，看看自己发生了哪些变化。

表 3-5 积极人格训练表

	周一	周二	周三	周四	周五	周六	周日	改进措施
勤奋								
进取								
积极								
认真								
好学								
坚持								
及时								
诚信								
负责								
宽容								
热忱								
谦虚								
适度								
整洁								

2. 课后作业

结合本模块所学内容，谈谈如何矫正人格偏差，培养健全人格。

模块四　持知识之匙，开智慧之门——高职大学生学习与创造

学习目标

知识目标
- 了解大学生学习特点
- 了解影响学习的非智力因素

能力目标
- 掌握出现学习心理障碍时的调适方法
- 掌握大学生学习能力的培养方法

素质目标
- 能认识大学学习方式、特点的不同
- 消除学习上的心理障碍，能有效应对考试焦虑、提高学习动机
- 能养成自主学习、终身学习的习惯，并在学习中进行创造

任务一　了解学习与高职大学生的学习特点

情景导入

刚刚进入大学的小新对未来三年的生活充满了期待，他希望告别过去那个没有好好努力的自己，在大学重新开始，做一个全新的自己，成为尖子生，让别人钦佩他。然而，过了一段时间以后，他渐渐地发现自己明明很认真，但在课堂上、在实训时却会跟不上老师的讲解，而少部分同学看上去不怎么认真，却总能回答出老师的问题。他感到一种挫败感，有时他会变得愤怒，抱怨、指责学校太差。有时他又觉得自己不适合这个专业，甚至想要退学或转专业。他不敢也不愿和同学或老师沟通自己的困惑，他认为这样别人会觉得自己不太聪明。在这种屡屡受挫的处境中，他渐渐地变得麻木，失去了学习的兴趣和动力，开始和宿舍的同学一样，靠打游戏和玩手机度日。他的成绩从第一学期的全班第十名一路下滑到了第二学期的班级倒数。

小新在学习上的迷茫与困惑，同学们或多或少都有遇到过，什么是学习？有哪些影响学

习的心理学因素？如何有效的学习？我们一起来认识学习吧！

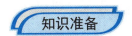

一、学习的含义

学习是伴随人类生活始终的一项活动，它是我们实现自身成长和进步的关键。作为一名高职大学生，不仅需要努力学习，更重要的是要学会学习，并且学会高效率地学习。

4-1 认识大学的学习

目前，理论界对学习的界定没有统一的标准，一般来说，学习是个体获得经验、引起行为变化的过程。理解学习应注意把握以下要点：

（1）个体行为有变化才是学习的体现。

（2）这种变化是后天习得的，不包括成熟和先天反应所引起的变化。

（3）这种变化不是药物、疲劳等引起的，因而是相对持久的。

学习可以分为广义学习和狭义学习两类。广义学习包括人类和动物在生存过程中凭借经验产生的行为或行为潜能相对持久的变化。狭义学习则特指学生在学校中进行的学习活动。学生的学习是人类学习的一种特殊形式，它在教师的指导下，有目的、有计划、有组织地进行的。学生的学习旨在在相对集中的时间内系统地掌握科学知识和技能，促进智力的发展，培养个性，形成一定的世界观和道德品质。

二、高职大学生的学习特点

大学教育是基于普通教育的基础上进行的专业教育，旨在培养各类专业人才，他们将直接进入社会各个职业领域从事专门的工作。大学教育的学习对象通常是18岁以上的年轻人，他们的身心发展已经趋于成熟，经历过基础教育的基本培养，同时也积累了一定的社会经验。他们热衷于独立思考和讨论一些理论或实践问题。因此，大学学习具有与其他学习阶段不同的特点和要求。

高职学生的学习与本科学生的学习相比，既有相同之处，又有独特之处。本科学生主要是系统的理论学习，而高职学生既要学习一定的专业理论知识，还要学习一定的专业技能，根据社会对技能型人才综合素质的要求，学生按照自身的特点和兴趣选择相应的学习内容，采用多种学习方式构建自己的知识与技能体系，以适应社会的需要。总体来说，高职教育主要有如下六个特点。

1. 职业性

职业性是指高职院校学生的学习有一定的职业定向性与专业指向性。这种职业性是随着社会对本专业要求的变化和发展而不断深入的，知识不断更新，知识面也越来越宽，技能要求越来越高，以适应当代社会发展的既高等分化又高度综合的特点。确立更具体、更细致的专业目标是高职学习的显著特点。

2. 自主性

培养高职院校学生"学会学习"是现代教育的主流思想，它要求学生既善于从课堂学到知识，又能充分利用学校的实验实训条件、场地仪器设备、图书资料、学习环境、网络等手段积极主动地学习，有意识地培养自己多方面的才能，学会自我学习，掌握学习方法和提高学习能力。大学期间必须学会自学的本领，因为自学能力已成为决定高职院校学生学习效果的主要因素，是适应大学学习自主性的一个重要方面。同时，高职大学生在校期间通过自主学习、总结、摸索一套适合自身特点的自学方法，毕业后才能不断地吸取新知识，进行创造性的工作。

3. 广泛性

广泛性反映了高职院校学习的多层面、多角度的特点，表现为高职院校学生在学习过程中不仅可以通过各种途径和渠道吸收知识，而且可以依据广泛的兴趣去探求课程之外的知识。除了上课时间之外，学生有较多的时间自由支配，既可以在学校图书馆、阅览室查阅资料，通过参加学术报告、知识讲座、专题讨论、社会调查等活动获取知识和信息，也可以通过实验、实训、社会实践获得技能。众多学习形式为学生从不同层次、不同角度学习知识创造了条件。

4. 选择性

选择性是指学生对学习内容具有一定程度的自由选择权。虽然学生入学后重新选择专业的机会不多，但是学校为学生开设了大量的选修课程，学生可以依据自己的兴趣特长，在学科方向和课程内容方面进行灵活选择。

5. 实用性

高职院校的人才培养目标是为社会提供应用型、技能型人才，并且高职教育更侧重实用性。高职院校学生通过几年的在校学习，不仅要学习较为系统的专业理论，更重要的是要掌握相关专业的基本技能，如获得与本专业相关的技能等级证书。一般来说，高职院校的学习更加契合我国现阶段对技能型人才的要求。

6. 探索性

高职院校的学生不仅要掌握专业知识技能，而且随着对专业的不断深入了解，还应对本专业的各个领域进行探索，对一些问题提出自己的新观点、新见解和新方法。

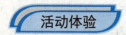

活动体验

【心理活动体验一： 认识学习——分享成功的"学习经历"】

一、活动目的

帮助学生进一步认识学习，了解学习的过程及学习的促进因素与阻碍因素，观察个人学习特点。

二、具体操作

1. 小组每位成员根据对学习的界定，回忆从小到大一次成功的"学习"经历，包括花了多长时间？经历了哪些过程？有哪些人、事或情绪促进了学习过程？又有哪些人、事或情绪阻碍了学习过程？

2. 在小组内交流自己的学习经历。
3. 每个小组派一名代表总结成功的学习经验，分享小组活动成果。

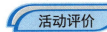活动评价

活动评价表见表 4-1。

表 4-1 活动评价表

评价内容		评价标准	是/否
活动完成情况	活动一	能说出什么是学习，认识学习	
		能自主思考学习	

任务二　掌握高职大学生常见的学习心理问题与调适方法

情景导入

小王，女，在高中时是个遵守纪律、学习成绩优异的好学生。刚上大学时，她有雄心壮志，对自己要求严格，立志努力学习。她原来憧憬的大学课堂，是充满知识、智慧和艺术的，教材博大精深、新颖独特，教师才华横溢、幽默风趣。而现在，她发现不少教材陈旧乏味，有的老师讲课方式呆板、内容枯燥、毫无激情，更谈不上睿智深刻，课堂上冷冷清清，有不少同学逃课。有的人即使在教室，也是看课外书、玩手机、打瞌睡。她很无奈，自己喜欢的专业竟是这个样子，她深感茫然，学习没有动力，生活没有目标，上课打不起精神，她不知道该追求什么。

对高职大学生来说，学习是天职，是大学校园永恒的中心话题。学会学习，必须学会调适学习心理问题。下面针对高职大学生中常见的学习心理问题进行分析和探讨，并提出有针对性的建议，让高职大学生能做到"我的学习我做主"。

知识准备

一、学习动力缺乏与调适

1. 学习动力缺乏的表现

（1）厌倦学习、逃避学习。上大学前 12 年甚至更长时间的高强度学习让学生进入大学后有一种"船到码头车到站"的感觉，个别学生厌倦学习，没有动力。不愿上课，千方百

4-2 你也可以很会学习

计逃课；上课无精打采，下课生龙活虎；作业拖拉，考试投机取巧甚至舞弊。

(2) 成就欲望低，无抱负和理想。个别学生无求知欲和上进心，没有压力，没有紧迫感。很多高职大学生入学前的学习与生活都是由老师与父母所掌控的，自己不用规划，进入大学宽松的环境中，就容易无所适从，无所事事。

(3) 学习动机功利化。读大学仅仅为了未来有一份好工作和高薪水，功利目的在高职大学生的学习动机中盛行。

(4) 无明确学习目标。有些学生以考上一所大学为追求目标，进入大学后就没有了人生方向。学习无计划，过一天是一天。

2. 学习动力缺乏的原因

(1) "高考后遗症"。在基础教育阶段，无论是学校还是家长，基本以高考作为指挥棒来评价教育的效果。"书山有路勤为径，学海无涯苦作舟"，学生长时间浸泡在题海、作业之中，很少有学生能发自内心地体会到学习的乐趣。他们在中小学阶段所有的坚守都是为了一个目标：进入一所令自己满意的大学。一旦进入大学，很多高职大学生会产生"船到码头车到站"的心理，觉得自己已经学得非常疲惫了，目的达到了，该休息、娱乐了，因此缺乏深远的学习动力。

(2) 目标定位不清。很多高职大学生不明白"我是谁"，不清楚在大学期间"我需要什么"，缺乏大学规划与生涯规划。另外，学习动机不正确，社会责任感不强，自我意识不成熟，自我效能感缺乏，学习方法不当，态度不端正，毅力不够，对专业不感兴趣等。

(3) 新的"读书无用论"影响。全社会尚未真正形成尊重知识、尊重知识分子的良好氛围，知识分子的社会地位和经济地位尚未彻底改善；高职大学生择业机制尚不健全，就业中不合理、不公平现象依然在一定程度上存在。因此部分家长和高职大学生轻视大学学业，认为读了大学跟中学毕业早日打工挣钱没有实质性差别，新的"读书无用论"导致他们缺乏深远的学习动力。

(4) 学校原因。学校没有尽早给学生进行专业规划、专业发展方向教育，使学生不了解所学专业、更不了解所学专业以后的发展前景。此外，专业设置过细，口径过窄，一定程度上脱离社会需要，导致择业困难，学用脱节，用非所学，课程设置不合理，教学内容陈旧，方法刻板、单一，教学效果不佳；教学管理不严，教学条件不佳，也使高职大学生学习动力不足。

3. 有效激发学习动力

(1) 明确大学学习目标。高职大学生首先需要自问一个问题："我为什么上大学？"在过去，我们或多或少是在父母和老师的期望下考入大学。然而，进入大学后，我们应该为自己的人生和未来奠定坚实的专业基础。只有明确地知道"这是我的大学"和"我需要这样的大学"，我们才能保持正确的学习方向和持续的动力。当然，学习目标的设定也要恰当，过低或过高都不可取。过高的目标无法达到，会让人丧失信心，而过低的目标则缺乏挑战，无法激发动力。为了保持学习的积极性，为自己设定适当的学习目标至关重要。通常来说，具体、可在短期内实现且具有适度难度的目标可以有效激发学习的积极性。我们可以有长期或总体的学习目标，但在具体的学习过程中，可以将长期或总体目标分解为多个具体或近期的子目标。每当完成一个子目标时，我们都会感到成就感或成功感，不断累积，自信心也会

模块四　持知识之匙，开智慧之门——高职大学生学习与创造

提高，从而激发并保持学习的积极性。

（2）培养学习兴趣。"知之者不如好之者，好之者不如乐之者。"这意味着培养学习兴趣是非常重要的。高职大学生需要通过多读、多听、多看、多动手、多参与等方式来培养学习兴趣。以下是一些建议。

①多读与专业相关的书籍、报纸、杂志：通过阅读专业相关的文献和资料，可以深入了解学科领域的知识和发展动态，不断更新自己的学术素养。

②多听学术报告会：参加学术报告会可以了解学科领域当前的最新研究成果和学术动态，与专家学者进行交流和互动，激发对学术研究的兴趣。

③多看学术成就展览：参观学术成就展览可以让你了解到前沿科学研究的成果和突破，激发你对学术研究的热情和追求。

④多动手参加实验活动：亲自动手操作可以将理论知识与实际操作相结合，增强对知识的理解和掌握，并培养实践能力和技能。

⑤积极参加学校的科技文化活动：参与各种科技文化活动，如发明创造活动，可以锻炼你的创新能力和动手能力，培养科技思维和实践能力。

⑥参与教师的科研项目：如果有机会，可以积极参与教师的科研项目，与教师一起进行研究和探索，提升科研能力和学术素养。

高职大学生应该以对科学知识和技术的学习、研究和创新为基础，以对真理的追求和对知识的好奇等内在动机为驱动，而不是仅仅追求获得学历证书或奖励等外在动机。只有这样，学习才能具有持久而深远的动力。

（3）进行积极归因。归因理论告诉我们，对于高职大学生来说，将成功归因于自己的努力、将失败归因于自己努力不够，而不是归因于自己的聪明才智或运气，可以让他们认识到学习的成败掌握在自己手中，学习的好坏取决于他们的努力程度。为了帮助学生培养这种归因方式，美国人格心理学家、社会心理学家和发展心理学家德韦克曾进行了归因训练的研究。

在训练中，学生被要求解答数学题，当他们成功时，被告知这是由于他们的努力；而当他们失败时，被告知这是因为他们的努力不够。通过一段时间的训练，学生不仅学会了努力，还增强了学习的自信心，提高了成绩。

此外，美国教育学家香克的研究发现，在归因训练中，学生既要意识到自己的努力不够，将失败的原因归结为努力因素，又要及时获得关于他们努力结果的反馈。这种方式可以让学生从无助感中解脱出来，通过坚持不懈的努力取得学业上的成就。

高职大学生能够进入大学表明他们具备一定的智力水平和学习能力，因此当学生在学习上遇到困难时，引导他们从努力程度、学习方法和学习态度等方面寻找原因，并有针对性地进行改进。通过训练，学生能够意识到学习的成败在于自己，从而将学习的掌控权牢牢把握在自己手中。

（4）增强自我效能感。自我效能感是指一个人对自己能够胜任和有效完成任务的主观感受。在学习中，学习者的自我效能感是对自己能否成功完成特定任务的能力进行主观评估的结果。这种评估会随着学习者在学习过程中获得成功的概率增加而增强。如果一个学习者从简单的任务开始，逐步积累小的成功经验，并逐渐增加任务的难度，他们对自己能力的评估也会提高。

当学习者的自我效能感增强并且拥有充分的自信心时，即使面对一些具有挑战性的任务或遭遇暂时的失败或挫折，他们也能够保持积极主动的学习态度。此外，自我效能感具有迁移性，即在某一学科中获得的自我效能感的增强，在其他学科中也可以得到应用和迁移。

通过逐步取得成功经验，学习者可以建立起对自己能力的积极评价，并在面对新的学习任务时保持积极进取的心态。这种积极的自我效能感不仅有助于学习者应对挑战和克服困难，还为其在学习中持续取得好成绩提供坚实的基础。

二、学习效率低下与调适

1. 学习效率低下的表现

学习效率低下的最重要表现是学习疲劳。学习疲劳是指学习者由于学习过度或学习方法不当而产生的学习效率逐渐降低，并伴有渴望停止学习的现象。学习疲劳包括生理疲劳和心理疲劳，一般来说，生理疲劳相对心理疲劳要容易恢复一些。高职大学生的学习疲劳以心理疲劳最为常见。

4-3 阅读——
人生美丽的瞬间

（1）生理疲劳。生理疲劳是指生理机能上的失调，包括肌肉疲劳和神经疲劳。极度的生理疲劳可能造成肌体受损及神经功能紊乱。

（2）心理疲劳。心理疲劳是指学习者主观上感觉疲劳，表现为对学习感觉疲倦，情绪紧张、不安、烦闷、易怒，精神涣散、注意力不集中，导致学习积极性和学习效率大大减退，甚至造成学习困难。

2. 学习效率低下的原因

（1）自学能力欠缺。中学单纯应试的学习模式，使相当一部分学生习惯了在老师和家长的安排下按部就班地学习，其自主学习能力没有得到有效提升。当他们进入大学后，大学强调的不只是知识学习，更强调思维训练、强调学习的自主性和自学能力，这让他们感觉束手无策而产生焦虑，只好以多年来形成的苦读习惯应对大学的学习任务，这显然是力所不及的，也导致疲劳战术和学习效率低下。

（2）时间管理能力有限。大学的学习科目涉及公共课和专业课，还涉及知识学习、技能训练和综合能力培养，所以妥善、高效地管理好时间是提高学习效率、避免学习疲劳的重要前提。有些高职大学生在这方面的独立性和管理能力非常有限，导致学习效率低下。

（3）用脑方法不当。学习疲劳的存在并不完全是一件坏事，它实际上是大脑皮层的一种保护性抑制机制。这种疲劳抑制有助于保护我们的大脑免受过多的外界信息刺激。当我们感到疲劳时，这种抑制机制帮助我们避免过度劳累，从而保护我们的大脑健康。如果我们忽视疲劳信号，不及时休息使身体得到恢复，继续使大脑维持兴奋状态，就可能导致大脑兴奋和抑制过程失衡，甚至引发神经衰弱等问题。

面对学习疲劳，我们可以采取一些有效的调节方法。首先，要引起注意，意识到自己的疲劳状态。其次，适度休息是非常重要的，可以选择进行放松活动，参加体育运动，以帮助身心恢复。此外，合理安排学习时间，避免过度疲劳，也是解决学习疲劳问题的关键。

综上所述，学习疲劳并非完全不可取，它是大脑保护机制的一部分。关键在于我们如何正确对待和处理学习疲劳，通过适当的休息和调节，来维持身心的健康和学习的有效性。

3. 改善学习效率低下的问题

（1）学会科学用脑。有些高职大学生在学习过程中没有了解到科学用脑的原则，导致大脑过度疲劳或过于松懈，从而严重影响了他们的学习效率。因此，对于高职大学生来说，科学用脑是非常重要的，以提高学习的效率。

4-4 学习小妙招

人脑拥有特殊的多元网络结构，由 140 亿~160 亿个脑细胞组成。这些脑细胞通过生物电连接，形成了数以亿计的节点，这些节点可以储存信息，一个人一生中大约可以储存约 1 000 亿个信息单位，相当于大约 5 亿本图书的信息总量。

其次，大脑的两个半球具有不同的功能。左半球与逻辑思维相关，主要负责计算、语言逻辑、分析、书写和类似的活动；右半球与形象思维相关，主要负责想象、色彩、音乐、幻想等活动。如果高职大学生在学习过程中长时间只使用一个半球，很容易导致疲劳。因此，根据大脑两半球的分工，交替使用大脑可以有效延缓大脑的疲劳。

此外，大脑的功能兴奋和抑制是交替进行的。由于人脑的结构限制，决定了人类高级神经系统活动的基本规律是兴奋和抑制的相互转换。大脑在兴奋时会消耗能量，导致大脑皮质抑制，进入一种"休息"状态，需要补充和储备能量，为下一个兴奋状态做准备。这一规律要求高职大学生科学用脑，使学习过程有张有弛、有节有序，从而更加高效地学习。

（2）进行有效的时间管理。时间管理对每个人都是重要的，特别是对高职大学生来说。在高职大学生活中，学习和其他活动都很繁忙，如果不能有效地安排时间，就容易陷入顾此失彼的境地，导致被动，同时也会感到焦虑。因此，学会有效地管理时间对高职大学生至关重要。那么，如何更好地管理时间呢？

一种方法是使用时间馅饼图，这可以帮助我们了解自己的时间分配情况，并在此基础上合理安排学习时间。时间馅饼图是一种图形化的工具，用于展示每个活动所占据的时间比例。首先，列出你通常会参与的各种活动，例如上课、学习、社交、运动、休息等。然后，对每个活动估计所占据的时间比例，并将其绘制在一个圆形图中，形成时间馅饼图。通过观察时间馅饼图，你可以清楚地看到自己每个活动所占据的时间比例，从而有助于识别时间分配上的不平衡和优化的空间。

在制订时间管理计划时，可以根据时间馅饼图的结果，设定合理的学习时间。确保给学习分配足够的时间，并合理安排其他活动的时间。同时，要注意给自己留出一些休息和放松的时间，以保持身心的平衡。

除了使用时间馅饼图外，还可以采取其他时间管理的方法，例如绘制优先级列表、设定清晰的目标、合理规划每天的任务和使用时间管理工具等。重要的是要建立良好的时间管理习惯，并不断进行调整和优化，以适应不同阶段和不同的需求。

总之，时间管理对高职大学生非常重要。通过使用时间馅饼图等工具，合理安排学习时间，并养成良好的时间管理习惯，可以提高效率、减少焦虑，更好地平衡学业和其他活动。

三、考试焦虑与调适

1. 考试焦虑及其表现

考试焦虑是一种由考试情景引起的特殊神经紧张状态，表现为对考试的恐惧和担忧。它包含两个成分，一为忧虑性，一为情绪性。忧虑性主要涉及认知方面，而情绪性则指与之相关的情绪体验和身体反应。

根据心理学研究，考试焦虑反应是后天习得的，并与个体早期经验相关。过去的经历和体验以不良情感记忆的形式保存下来，并通过认知过程的定式思维加工，引发应试者情绪的波动。这种波动的直接结果是注意力分散和记忆力减退，严重干扰逻辑思维过程。这种心理上的紊乱使应试者无法集中注意力于考试内容，整个考试情境变得充满威胁，应试者不得不将注意力转移到基本情感的保护上。在这种被动防御状态下，人的知觉变得狭窄，思维混乱，无法连贯地分析问题，容易出现极端的念头。所有这些最终体现为对自我评价的过度消极、自我怀疑和自卑感，夸大自身的无能和失败，从而形成严重的考试焦虑症。

考试焦虑通常在情绪、认知、身体和行为方面有以下一些表现。

（1）情绪方面：担忧、焦虑、烦躁不安。

（2）认知方面：注意力不集中，记忆力下降，学习效率低下，思维僵化。

（3）身体方面：头痛、食欲下降、恶心、失眠、疲劳、思维迟缓、身体器官疼痛、腹泻等。

（4）行为方面：坐立不安，手足无措，或过度抽烟饮酒、沉迷网络、不停诉说、过度进食和睡眠，甚至出现强迫症状（如强迫性检查和分析）等。

在高度考试焦虑的学生中，考前会出现明显的生理和心理反应，例如过度担忧、恐惧、失眠、健忘、食欲减退、腹泻等症状。临近考试时，会出现心慌气短、呼吸急促、手足出汗、发抖、频繁上厕所、思维肤浅、判断力下降和大脑一片空白等情况。此外，一些学生在考场上可能出现视觉障碍，如无法清晰看到题目、误读题目、动作僵硬、手不听使唤、出现笔误等现象。

考试焦虑对学生的影响非常显著，不仅会干扰学习和考试过程，还可能对心理和身体健康造成负面影响。因此，学生需要寻找有效的应对策略来缓解考试焦虑。

2. 考试焦虑形成的原因

（1）客观因素。这主要是指来自教师、家长和社会的压力，还有考试的重要性、难易程度、竞争程度等。

（2）主观因素。主要包括以下几点。

①个性：神经类型属于弱型的人，如敏感，易焦虑，过于内向，缺乏安全感和自信心者，做事追求完美等，易产生考试焦虑。

②经历：如果把考试失败经历归结为自己不聪明、能力差，就会对自己失去信心，面临考试时就会紧张焦虑。

③复习准备情况：复习准备不足，对考试没有把握。80%的人考试焦虑是由复习准备不充分引起的。

④对考试的看法：成绩不好等于不聪明、没优势、没本事；等于被人看不起，对不起父母；考试好是改写人生命运的唯一途径，这样的信念很容易带来考试压力。

3. 考试焦虑的调控策略

考试焦虑是可以克服的，我们可以通过认知矫正、行为矫正和运用恰当的应试策略来克服考试焦虑。

（1）认知矫正。通过理智分析的方式找到导致考试焦虑的核心思维来予以认知和改变，可在一定程度上减轻或控制焦虑，这种方法叫作理智战胜情绪疗法。

理智战胜情绪法的关键在于，首先能对自己的情绪有较好的认知，其次要能找到影响自己情绪的最核心的棘手思维，然后在找证据时能尽量穷尽导致棘手思维、负面情绪的支持性证据。你不断找寻不支持自己产生负面情绪的证据，也就是你不断找寻让自己快乐起来的证据时，心情就会在这个分析过程中得到很大的改善。在使用理智战胜情绪的疗法时，一定要用纸笔把内容写下来，因为如果只是借助头脑思考而不动笔，思维会混乱，负面情绪也会混乱，而当借用纸笔把它们写下来时，这个过程就是一个理智思维的过程。它有利于澄清混乱的情绪和混乱的思维，从而使理智战胜情绪。认知调整情绪的过程如表 4-2 所示。

表 4-2　认知调整情绪的过程

初始情绪	棘手思维	支持证据	不支持证据	调整后的情绪
紧张 90 分 抑郁 85 分 烦躁 80 分	我怕考不好，因为我会觉得很失败	A. 最近一个月我复习效率很低； B. 这次摸底考试我退步了 3 个名次； C. 我近来吃饭睡觉都不好	A. 我到目前为止已经把要考的科目全部复习了两遍，对考试较有把握； B. 我的基础较为扎实，以往考试一直发挥稳定； C. 我们复习考试的难度比实际考试难度偏大，我的得分仍较高； D. 我是一个有爆发力的人，离考试还有一些时间，我可以考前冲刺等	紧张 60 分 抑郁 45 分 烦躁 40 分

（2）行为矫正。当我们遭遇考试焦虑时，我们可以采用系统脱敏的方法来进行行为矫正以减轻焦虑。系统脱敏是将放松训练与条件反射原理结合运用的一种行为疗法。基本方法：当患者出现焦虑和恐怖反应时，同时引起一个与之对抗的肌肉放松反应，以使患者原来的不良反应强度减弱，即交互抑制。将交互抑制按等级排列，从弱到强，渐次实施，直至最终消除患者的不良反应，即系统脱敏。

进行考试焦虑的系统脱敏训练时，首先要对考试焦虑的程度做一个焦虑等级划分。治疗时，先让考试焦虑的同学做放松训练，待全部放松程序完成后，让他按假定焦虑等级依次想象，若不紧张，肌肉呈松弛状态，便可转入下一个情形。若感到紧张，就做一次放松训练。依此类推，直至不感到紧张为止。

（3）应试策略，主要包括以下三点。

第一，考前准备。首先是考前时间管理。要明白每个人的学习风格不一样，不要盲目与他人比较。应制订适合自己的复习计划，根据自己各科的基础和学习现状，确定相应的分数目标，进行有策略的复习。时间管理的心理意义在于一方面可以消除心理上的不确定性，人对确定的东西、掌握得住的东西才会有安全感，才不会慌乱；另一方面可以避免忙乱，事情多不是问题，乱才是问题。

其次是考前失眠问题。可运用森田疗法，顺其自然，为所当为。考前人人都会紧张、焦虑，而且相当多的人考前一晚都睡不好，有不少人考前失眠，甚至是通宵失眠，所以你并不是太与众不同。

再次是考前紧张不起来的处理。有个别学生在大考前怎么也紧张不起来，表现为神经兴奋抑制，头脑发木，激不起最后一搏的劲头。造成这种现象的最主要的原因是考生经过较长时期的苦读，在生理和心理上都疲惫不堪，大脑接收的信息过多和负荷过重，造成了一种保护性的抑制。这时要注意适度的休息和锻炼，调整复习的形式，避免单调机械的刺激产生的厌烦心理，还可进行心理承受能力的训练。

第二，考试中的应对策略。首先应微笑面对。进到考场时，无论你多么紧张，都要面带微笑，表现出一种自信。

其次应把握正确的答题原则。"四先四后，一快一慢"，即先做易题后做难题，先做熟悉题后做生疏题，先做有把握题后做没把握题，先做相同类型题后做相异类型题，审题要慢，做题要快。

再次应有效应对考场上的心理性噪音。有些学生总爱在考后抱怨说，监考老师的脚步声、周围同学的翻卷子声和叹气声，以及考场外发出的某种声音，干扰了他们的思路，其实这是一种心理性噪声。对心理性噪声，越注意它，就越受干扰，你就会越感到不安。

最后是考试时碰到不会的题或想不起的知识的应对。可运用酸葡萄心理效应（比如，"我不会是因为题目比较难，我不会别人也不会，这道题分值也不大要紧"）、线索联想、利用隐性记忆、接受事实并合理决策来应对。

第三，考后总结。首先应考完一门彻底了却一门，不对答案。其次应认识到自己以为考砸可能事实上未必如此。

考场上的自我调节方法

（1）平静心态法。端坐桌前，双脚平放，两眼微闭，注意力集中在起伏的腹部，平静心态。

（2）自我暗示法。深呼吸排除杂念，心中默念"我有信心、有把握考出我的最高水平"或"我已经平静了"，反复几遍即可。

（3）耳朵按摩法。双手对掌摩擦发热，按摩耳朵2分钟，使耳朵发热，从而达到缓解紧张的目的。

（4）双手勾拉法。双手弯成钩状互拉，拉紧放松，再拉紧再放松，如此反复几次，情绪就会逐渐放松。

模块四 持知识之匙，开智慧之门——高职大学生学习与创造

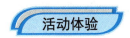

【心理活动体验二： 学习经验分享】

一、活动目的

交流学习方法，分享学习经验。

二、具体操作

1. 同学们每人写出自己学习中存在的一至两个问题和多条经验。

2. 每 6 位同学就近组成一个小组，每个同学在小组中交流自己的学习问题，共同分享经验，并讨论每个同学的问题的解决方法。

3. 每个小组派 1 名代表总结小组同学的学习经验、问题及解决问题的方法，在班上交流，大家共同分享团体活动成果。

三、教师总结

通过交流学习方法和学习经验，能够让学生找到更好的学习途径，解决学习中出现的问题，提高学习效率，增强自主学习能力。

【心理活动体验三： 绘制时间馅饼图】

一、活动目的

学会时间管理，提高学习效率。

二、具体操作

1. 请先绘制一张理想的"时间馅饼图"，如图 4-1（a）所示，而后尽量回忆在过去的一周中参加的各项活动、包括花在各项工作、学习、家庭、朋友身上的时间，参加各种进修、兴趣爱好、身体锻炼、休闲活动等，然后根据每项活动所投入时间的多少按照百分比绘制在图 4-1（b）中。

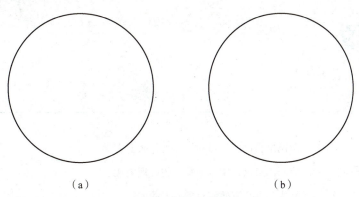

图 4-1 时间馅饼图
（a）理想的时间馅饼图；（b）实际的时间馅饼图

2. 小组讨论交流。完成时间馅饼图的绘制后，请思考下面的问题。
①对照一下自己"实际的时间馅饼图"，看看你是否将时间用来实现自己定下的大学目标。

②"理想的时间馅饼图"的分割与你目前实际的时间分配状况之间有何区别？是什么造成这种情况？能不能进行改变？如何进行改变？

③大组分享，作品展示。

三、教师总结

在进行时间管理时，要记住时间管理的一个重要原则：将时间耗费在某些事情的唯一理由就是为了实现自己的近期和长期目标。

学习的"黄金时间"

黄金时间是指人精力最充沛、注意力最集中、学习效率最高的时间。有研究表明，人脑在一天中有以下四种最佳用脑时间。

（1）早上起床后。此时无前摄抑制（先学习与记忆的材料对后学习与记忆材料的干扰）作用，记忆清晰，适合学习和记忆那些较难记的内容，如语言、定律、地名和时间等。

（2）8—10时。此时体内肾上腺素等激素分泌旺盛，人的精力充沛，大脑处于最易建立条件反射的中度兴奋状态，具有严谨的思考能力、快速的记忆能力和较强的信息处理能力，正是攻克难题的大好时机。

（3）18—20时。此时是一天中记忆效果最好的时间，适合用来回顾和复习全天学习过的知识。

（4）临睡前。此时无倒摄抑制（后学习与记忆的材料对先学习与记忆的材料的保持及回忆的干扰）作用，记忆效果较好。

如果能合理安排好学习时间，充分利用最佳用脑时间，常能事半功倍。需要注意的是，由于个体的差异，每个人的"黄金时间"不尽相同，高职大学生可以根据自身的特点安排学习时间。

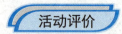

活动评价表见表4-3。

表4-3 活动评价表

评价内容		评价标准	是/否
活动完成情况	活动二	能说出自己的学习动机，为什么上大学	
		能列出自己在学习中常见的心理困扰	
		能找到方法有效应对学习上的困扰	
	活动三	能绘制自己的时间馅饼图，包括理想的和现实的	
		能更好地分配时间，提高学习效率	

模块四　持知识之匙，开智慧之门——高职大学生学习与创造

任务三　在学习中尝试创新

从高职学生到全国五一劳动奖章获得者

2021年4月27日，庆祝"五一"国际劳动节暨"建功'十四五'、奋进新征程"主题劳动和技能竞赛动员大会在北京人民大会堂隆重举行。威海职业学院机电学院校友张旭阳被授予全国五一劳动奖章。

2015年，老师带领张旭阳等同学参加山东省职业院校技能大赛数控装调与维修项目，获团体三等奖后，准备冲击全国职业技能大赛。为了这次大赛，张旭阳把自己"泡"在了实训室。但是大赛的赛项突然发生了重大调整，原本团队准备报名的数控装调与维修赛项被临时取消，老师们不愿看到团队几个月的努力准备付诸流水，他们研究发现飞机发动机装调与维修赛项与数控装调与维修的部分基础相似。但是学校从未有过飞机发动机类专业，如果调整参赛项目，意味着同学们要从零开始。老师们有些犹豫，当跟张旭阳沟通这个参赛方案时，没想到他一口应承下来，"老师，没问题，我可以。"为了了解飞机发动机的内部构造，老师联系了西安一家飞机制造公司，将张旭阳等人送入公司进行了两周集训。就这样，全国职业院校技能大赛的赛场上出现了一匹黑马。最终张旭阳等人力压众多专业对口的参赛队伍，荣获全国职业院校技能大赛三等奖。张旭阳被学校授予"专业技术能手"荣誉称号，并获得"2016年山东省优秀毕业生"荣誉称号。

创新必须具有创新思维，创新思维往往是能够突破常规和原有的思维定式，是一种新思维的变革，能够产生新的事物，带来新的变化。高职大学生应该怎样培养和训练自己的创新思维呢？

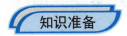

一、创新思维的含义

创新思维是指人们为解决某一问题，能动地综合运用各种思维方式进行思考。创新思维是进行创新实践活动的基础条件，是思维的高级形式。

创新思维的主要障碍是思维定式，思维定式也叫思维惯性，是指过去思维对当前思维的影响。人们把平时学习和实践中获得的知识、经验、观念和方法等要素进行积淀并固定于大脑中，构成了一定的思维方式。久而久之，在思维过程中就形成了固定的认识问题、分析问题和解决问题的模式，很难改变而成为定式。创新思维是改变思维定式，帮助人们能够驾轻就熟地迅速解决问题，内化知识，提升创新能力。

81

二、创新思维的方式

1. 形象思维

形象思维是人们对客观事物的外在特点和具体形象在头脑中的反映。它有三种表现形式：表象、想象和联想。它包括想象思维和联想思维。比如，当要研制一台机器时，头脑会想象出这台机器的形状、颜色等外部特征，想象出组成这台机器所需要的零件数量、形状及装配过程。这些思维活动就属于形象思维。形象思维具有形象性、直观性、灵活性的特点。它源于直观形象和既有经验，却又不受固定程序、规则和逻辑推理的约束，直接抓住事物的本质。

2. 想象思维

想象思维是人脑通过形象化的概括作用对脑内已有的表象进行加工或重组的思维方式。它是形象思维的一种基本形式和方法，是一种特殊的心理现象和非逻辑思维。创新想象是根据一定的任务和目的，对头脑中已有的表象进行加工创新，独立地创造出崭新形象的过程。比如，哥白尼在天文仪器极度落后的情况下提出"日心说"，卢瑟夫建立原子模型，魏格纳提出大陆漂移学说等都是想象的结果。

3. 联想思维

联想思维是在某种诱因作用下，人们将一种事物的形象和另一种事物的形象联系起来的思维方式。它也是形象思维的一种基本形式和方法。它的特点是可以在两个不相关的事物之间通过连续的联系而快速地形成联想链。想象思维和联想思维可以互为起点，即想象思维可以在联想到的事物之间展开，同时想象思维所获得的结果又可以引起新的联想。

4. 发散思维

发散思维又称辐射思维、扩散思维、多向思维及求异思维等。它是指人在思维过程中，思路由一点向四面八方展开，求出多种答案的一种立体多路思维形式。发散思维可以突破人们头脑中固有的逻辑框架，由一事想万事，从一物思万物，构成较大的思维空间，得到众多具有新意的答案。发散思维的特点是：从给定的信息中产生众多的信息输出，看到一样，想到多样；看到一样，想到异样；并由此促使思路的转移和跳跃前进，思维成果具有独特性和新颖性。

5. 横向思维

横向思维也称侧向思维或旁通思维，是指不按照思维逻辑去推理，而是转换思维视角，另辟蹊径的思维方法。横向思维与纵向思维的区别：纵向思维是从单一的概念出发，并沿着这个概念一直推进，直到找出最佳的方案或方法。但是，万一作为起点的概念选错了，就会找不到最佳方案。

6. 逆向思维

逆向思维也称反向思维，是指转换视角考虑问题的思维方法。世界上的事物都有正反两个方面，人们也应该从正反两个方面认识事物。但是长期的思维习惯往往使人们只看到其中的一面，使思维的过程和结果越来越雷同，没有新意。利用事物的另一面进行逆向思维可以获得意想不到的效果。比如,正面攻击敌人难以成功时,就改为背后偷袭,有时可出奇效;小孩掉进水里,把人从水中救起,是使人脱离水,司马光救人是打破缸,使水脱离人。

7. 收敛思维

收敛思维又称聚敛思维、辐集思维、集中思维和求同思维等,是一种寻求某种正确答案的思维方式。与发散思维相反,收敛思维在解决问题的过程中,总是尽可能地利用已有的知识和经验,将众多的思路和信息汇集于研究对象这个中心,通过比较、组合和论证,得出在现存条件下解决问题的最佳方案。发散思维是求异思维,广泛搜集创新设想和方案,为收敛思维提供加工对象;收敛思维是求同思维,对众多创新设想和方案认真整理、全面考察、精心加工成最优的创新成果。发散思维的关键是开放,收敛思维的关键是优化、二者对立统一、相辅相成。

8. 逻辑思维

逻辑思维又称抽象思维。通常所说的逻辑思维是指形式逻辑思维,它是以抽象的概念、判断和推理为形式的思维方式。概念是反映客观事物本质属性的思维形式;判断是对思考对象有所断定的思维形式;推理是由已知判断推出新判断的思维形式;逻辑最基本的结构就是三段论,又称直言三段论。三段论是一种间接推理,也是一种演绎推理。它以两个含有共同项的性质判断为前提,推导出另一性质判断作为结论。

9. 辩证思维

辩证思维是指按照辩证逻辑的规律,即遵循唯物辩证法的一般原理进行思维。辩证法是关于联系和发展的学说,它强调用事物普遍联系、发展变化和对立统一的观点看问题。客观性、全面性及深刻性是辩证逻辑的根本要求和基本特征。

三、高职大学生创新思维的培养

1. 要注重书本知识的积累

人的创新能力来源于创新思维,而创新思维是建立在合理的知识结构之上的。因此,培养创新能力,必须从构建良好的知识结构开始。没有扎实的知识基础,创新就成了无源之水、无本之木。扎实学好基础课程知识是高职大学生培养创新能力的基础。通过学习获得的知识和经验越丰富、越扎实,就越能观察和发现问题,越能开阔视野。思路越宽广,越易于产生灵感,找出解决问题的办法。

2. 要培养善于思考的习惯

高职大学生在平时的学习生活中,遇到了难题,要充分发挥创新思维能力,想出解决问题的办法,不能只想着一蹴而就,不动脑子就可以做出一道难题或者解决一件困难的事情。对于平时所开设的课程,应该予以重视,在学习中学会思考,展开想象,努力发现并保护自己的好奇心,激发求知欲,培养创新意识。

3. 要培养动手能力,勇于实践

"实践出真知"这句话是有道理的,书本上的知识是死的,思维是灵活的,遇到一些操作性的理论知识,只有动手去做,才能知道瓶颈在哪里,才能想出解决的办法,才可能实现创新，找到更加完美的解决方法。

4. 要善于借鉴他人的创新思维和成果

不管我们多么聪明，多么优秀，都会有自己的缺点和局限，往往自己想不到的，别人会很轻松地就能想出来，这就是思维的局限性。要借助别人的创新思维和成果，并与自己的成果相结合，这样就能快速创新。

5. 要从兴趣出发

任何人去做一件事情，如果根本不感兴趣，就更别说创新了，所以创新还是要从兴趣出发。在高职大学生改善自身问题、提高创新思维能力的同时，学校也应该重视学生创新思维能力的培养，多举办关于创新的比赛和项目。

6. 要善于从失败中总结经验

任何创新都不是立竿见影的，任何创新也不是一次就能成功的，失败是正常的事情，只要能从失败中总结经验，相信总会成功的。

7. 要尊重自然规律

不管做什么事情都应该尊重自然规律，创新也不例外，任何创新思维都要尊重自然规律，这样才能成功。

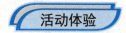

【心理活动体验四： 学会创造——创新思维能力训练】

一、活动目的

通过字、词的流畅性训练，培养创新思维。

二、具体操作

1. 在 10 个 "十" 字中，每个最多添加 3 笔，使其变成其他不重复的 10 个字。

十、十、十、十、十、十、十、十、十、十

2. 请写出 "申" 字中藏有多少个汉字？

3. 请不借助字典和其他工具在 "日" 字上、下、左、右、上下一起加笔画，写出 5 个以上的字。

4. 请不借助字典和其他工具在 "口" 字上、下、左、右加笔画，写出 5 个以上的字。

5. 下面有 8 个成语，请找出与它们同义的另外 8 个成语。

①见缝插针②平步青云③老调重弹④负荆请罪⑤画蛇添足⑥白璧微瑕⑦涂脂抹粉⑧病入膏肓

6. 请分别用 8 个字描述下面 8 个词组的意思。

①小而高的山②小而尖的山③尖而高的山④高而陡的山⑤高而险的山⑥高而大的山⑦土堆成的山⑧四周陡而顶端平的山

三、教师总结

学生在活动中体验创新的快乐，感受创新思维的独特魅力，从而能更好地将创新思维运用于学习。

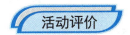

活动评价表见表 4-4。

表 4-4 活动评价表

评价内容		评价标准	是/否
活动完成情况	活动四	能正确认识创新思维	
		能描述创新思维对个人学习、生活的影响	
		能提升创新能力	
		能找到学习与创新思维有效结合的方法	

自主测试

一、多选题。

1. 高职大学生学习的特点，下列正确的是（　　）。

　A. 职业性　　　　B. 自主性　　　　C. 广泛性　　　　D. 选择性

2. 高职大学生学习动力缺乏的表现有（　　）。

　A. 厌倦学习　　　B. 逃避学习　　　C. 成就欲望低

　D. 学习动机功利化　E. 无明确学习目标

3. 高职大学生学习动力有效激发的方法有（　　）。

　A. 明确大学学习目标　　　　B. 培养学习兴趣

　C. 进行积极归因　　　　　　D. 增强自我效能感

　E. 无明确学习目标

4. 考试焦虑的调控策略有（　　）。

　A. 认知矫正　　　B. 行为矫正　　　C. 应试策略

5. 创新思维的方式有（　　）。

　A. 形象思维　　　B. 想象思维　　　C. 联想思维

　D. 发散思维　　　E. 逻辑思维　　　F. 辩证思维

二、创新思维训练，请在括号内填上适当的名称。

什么菜煮不熟？（　　　）　　什么菜洗不净？（　　　）

什么蛋不能吃？（　　　）　　什么饼不能吃？（　　　）

什么河没有水？（　　　）　　什么马不能骑？（　　　）

什么牛不耕田？（　　　）　　什么火不烧手？（　　　）

什么球不能踢？（　　　）　　什么珠不能摸？（　　　）

什么嘴不讲话？（　　　）　　什么药没处买？（　　　）

什么刀不能切菜？（　　　）　什么锅不能煮饭？（　　　）

复盘

持知识之钥，开智慧之门——高职大学生学习与创造复盘表见表4-5。

表4-5 持知识之钥，开智慧之门——高职大学生学习与创造复盘表

任务类别：□个人任务 □小组任务			
个人姓名		班级	
小组成员		班级	
复盘：总结本模块任务完成情况，掌握了哪些知识和技能，锻炼了哪些能力，活动体验中获得哪些感悟			

课后巩固

1. 课后拓展

树立学习目标，形成合理结构，促进全面发展。

纵向目标
- A 人生总目标 _____
- B 长期目标（10年以上）_____
- C 中期目标（5~10年）_____
- D 短期目标（1~5年）_____
- E 近期目标（1年内）_____
- F 日常计划（每周、每天）_____

横向目标
做人 _____
做事 _____
（也可以具体分为学习、品德、能力、工作、身体等方面）

2. 自助与助人

请思考如何帮助身边不想学习的同学，激发其学习动力。

模块五 解密情绪，调适心理——高职大学生情绪管理

学习目标

知识目标

- 掌握情绪的概念、情绪的构成、情绪的状态
- 掌握情绪健康的标准
- 了解大学生情绪管理的重要性

能力目标

- 觉察并接纳自己与他人情绪
- 积极寻求情绪调节对策并正向迁移到具体生活情境中

素质目标

- 重视情绪健康
- 形成积极觉察情绪的态度
- 养成情绪合理认知—积极探索—建设性处理的行为习惯

任务一 认识情绪

情景导入

大一新生小薇最近有点烦，原因是她进入大学后和宿舍同学关系处理不好。小薇总是不能控制自己的情绪，因为一点小事就乱发脾气，同学们都不敢惹她，也不愿和她交流，她感觉很孤独，也很苦恼，不知如何管理自己的情绪。于是，小薇找到学校心理中心预约心理咨询。

要认识和驾驭情绪，首先要了解情绪。

知识准备

一、情绪的含义与构成

什么是情绪？人的情绪是如何产生的？情绪又是由哪些因素构成的呢？

5-1 情绪概述

1. 情绪的含义

情绪是人对客观事物是否符合自己的需要而产生的主观态度的体验。情绪是由客观事物引起的，离开了具体的事物，人不可能自发地产生情绪。当客观事物或情境符合主体的需要和愿望时，就能引起积极的、肯定的情绪。比如，他乡遇故知会感到欣慰，遇到志趣相投的伴侣会感到幸福等。当客观事物或情境不符合主体的需要和愿望时，就会产生消极、否定的情绪。比如，失去至亲好友会引起悲痛，无端遭受攻击或指责会感到愤怒，考试失利会产生挫败感等。由此可见，情绪是人脑对客观事物的反映，但它反映的不是客观事物本身，而是客观事物与人的需要之间的关系。

2. 情绪的构成

情绪是由个人独特的主观体验、外部表现和生理唤醒组成的。

（1）主观体验，这指的是个体对不同情绪和情感状态的自我感受。每种情绪都有不同的主观体验，如在面对危险时，会感到恐惧害怕；在受到表扬时，会感到开心愉快；在通过努力赢得比赛时，感到由衷的满足和自豪等。面对同样的事物或情境，不同的个体产生的情绪体验也不尽相同，所以情绪还具有人的主观性。

（2）外部表现。外在表现即表情，是情绪的镜像，是在情绪和情感状态发生时身体各部分的动作量化形式，包括面部表情、身体姿态和语调表情。面部表情最直接地反映着人的情绪状态，是鉴别情绪的主要标志，如赢得比赛，会喜笑颜开；遭受挫折，会愁容满面。身体姿态同样反映着人的情绪状态，包括手势、肢体动作等，如高兴时手舞足蹈、成功时趾高气扬、恐惧时手足无措。言语表情是情绪发生时在声调、速度和节奏方面的变化，如难过时语速缓慢、语调低沉；兴奋时语速加快，语调高昂。一般来说，在上述三种表情形式中，面部表情在情绪交流中起主导作用，身体姿态和语调表情起辅助作用。

（3）生理唤醒，这是指伴随情绪与情感发生时的生理反应，即生理激活的状况，如心率加快、血压升高、瞳孔放大、皮肤温度上升等。个体在不同情绪状态下其生理反应模式会发生相应变化，如焦虑时，呼吸急促、心跳加快；恐惧时，脸色发白、瞳孔放大；愤怒时，面红耳赤、汗腺分泌增加等。

二、情绪的基本状态及形式

情绪可分为心境、激情、应激三种状态，对我们的生活产生不同的影响。人有四种基本情绪，即快乐、愤怒、恐惧和悲哀，在这四种基本情绪之上，还可以派生出众多的复杂情绪。

1. 情绪的基本状态

情绪状态是指在一定的生活事件影响下，一段时间内各种情绪体验在强度、速度、持续性三个方面所表现的特征，分为心境、激情、应激三种状态，它们在人的生活中都有重要意义。

（1）心境，这是一种平静而持久的情绪状态，它不是对某一特定对象的体验，而是以同样的情绪体验对待一切事物，心境具有弥漫性和长期性。心境的弥散性是指当人处于某种心境时，会以同样的情绪体验看待周围事物。比如，人伤感时会感到事事不顺，见花落泪，对月伤心。长期性是心境产生后要在相当长的时间内主导人的情绪表现，具体持续时间取决于客观事物和人的性格特征。虽然人往往不一定能意识到导致某种心境的具体原因，但心境对人的生活和健康会有很大的影响。比如，积极良好的心境使人精神振奋，提高工作效率，保持身心健康；消极不良的心境则会使人意志消沉，降低工作效率，损害身心健康。

（2）激情，这是一种迅速爆发的、强烈而短暂的情绪状态，常由对个体有特殊意义的或出乎意料的突发事件引起，同时伴随有明显的生理变化和行为表现。激情具有情境性和爆发性，通常由强烈的刺激所引发而突然爆发，但维持的时间短暂，会随着时过境迁而弱化或消失。激情状态下，人的生理唤醒程度较高，认知范围狭窄，理智分析能力减弱，不能正确客观地评价自己行为的意义和后果，因而容易失去理智，做出不顾一切的鲁莽行为。激情有积极和消极之分。积极的激情与理智、坚强的意志有关，能激励人们攻克难关；消极的激情则具有抑制作用，会降低人的自制力。所以，生活中应适当控制激情，多发挥其积极作用。

（3）应激，这是由于出乎意料的危急情况引发的高度紧张的情绪状态，是人处于巨大压力和威胁情境下所产生的一种特殊情绪状态，伴有强烈的生理反应、心理反应及能量的消耗。如突然遭遇地震、火灾等时，会出现肌肉紧张、心跳加快、血压升高、呼吸急促等生理现象，同时也伴随着机体高度警觉的心理状态。应激反应的生理表现大致相同，但外部表现可能存在较大差异。积极的应激反应表现为头脑清醒，急中生智，动作准确，行动有力，及时摆脱困境；消极的应激反应表现为目瞪口呆，一筹莫展，手足无措，陷入一片混乱之中。应激的状态不能持续过久，因为这很消耗人的体力和心理能量。若机体长期处于应激状态，可能会导致身心疾病和心理障碍。

2. 情绪的类型

关于情绪的类别，长期以来说法不一。我国古代有喜、怒、忧、思、悲、恐、惊的七情说，有的心理学家提出八种或者九种类别，但一般认为人类最基本、最原始的情绪形式主要有四种：快乐、愤怒、恐惧、悲哀。这四种基本情绪是人和动物所共有的、先天的、不学而能的。基本情绪的组合可以派生出众多的复杂情绪，如迷恋、憎恨、妒忌、内疚、爱慕、厌恶等。

三、情绪健康与情绪的意义

情绪健康的表现主要体现在表达方式恰当、情绪反应适度、积极情绪多于消极情绪。认识情绪和保持情绪健康，对于大学生身心健康的维护意义重大。

情绪健康是大学生心理健康的一个重要指标，主要表现为以下几个方面。

（1）表达方式恰当。即能通过语言和行为准确表达情绪，采用被自己和社会所接受的方式去表达或宣泄情绪。

（2）情绪反应适度。即情绪反应的出现，无论是积极还是消极的，都有其特定的原因，情绪反应的时间、强度应能与引起情绪的情境相符合。

（3）积极情绪多于消极情绪，情绪健康并非否定消极情绪的存在，但情绪健康的个体应有更多的积极情绪。即对象明确，善于控制和调节自己的消极情绪，能较好地驾驭自己的情绪。

（4）每种情绪都有存在的价值。积极情绪，如快乐和开心，反映了个体当前积极的体验；消极情绪，如焦虑和抑郁，也有其作用。如同身体生病是提醒我们要注意健康一样，负面情绪的出现和维持是在提醒我们需要面对和处理某些事情。临近考试，大部分同学会有些焦虑，担心复习不到位、考试成绩不理想，但正是这样的适度焦虑，才会提醒我们要认真复习，变压力为动力。当抑郁情绪出现时，可能是提醒我们应该更多地把注意力从外部转到内部，关注内心感受，反省自身行为，调适当下生活。当我们对其他同学产生嫉妒情绪时，恰恰说明别人有超过我们的地方，嫉妒是在提醒我们要提升自身水平和实力。总之，各种情绪都有存在的理由和更深层的意义，大学生应该学会识别和理解情绪中的积极意义，做好应对和调节。

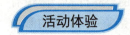

【心理活动体验一：识别情绪——情绪猜猜猜】

一、活动目的

学会通过非语言信息理解他人的情绪，认识情绪。

二、具体操作

1. 学生分成两人组，面对面坐好。

2. 其中一人用手势、表情、体态语言表达内心的情绪，让对方猜动作及表情所反映的感受是什么。做完后，让表演者说明对方的猜测是否准确，为什么？

表演题目：我很高兴、我很开心、我很难过、我很失望、我很无奈、我很着急、我很困惑、我很担心、我很舒服、我很不甘心、我觉得丢脸、我觉得厌恶、我很痛苦、我很寂寞、我很满足、我很无助……

3. 交换角色，再来一次。

4. 活动完成后分享交流：如何从非语言信息来判断各种情绪。

三、教师总结

情绪是由个人独特的主观体验、外部表现和生理唤醒三种成分组成的。大学生应学会通过非语言信息理解他人的情绪，认识情绪。

【心理活动体验二：觉知情绪——情绪记录表】

一、活动目的

帮助学生觉察个人情绪，帮助同学们找出不合理信念，协助形成较实际、开阔和合理的人生态度。

二、具体操作

1. 带领学生回忆最近一两周的体验。
2. 指导学生填写情绪记录表（见表 5-1）。

表 5-1　情绪记录表

客观事件	自我标签	情绪及强度 （情绪自我体验强度为 0~100 分）	自我辩护
挂科	我真笨	羞愧-70 分	客观剖析原因

3. 引导学生小组内分享：不同情绪体验对个人生活、行为、健康的影响，了解自己的主导情绪。

三、教师总结

情绪是人脑对客观事物的反映，但它反映的不是客观事物本身，而是客观事物与人的需要之间的关系。不同情绪体验对个人生活、行为、健康都会有影响，大学生应意识到情绪管理的重要性，从而感知情绪，探索情绪，了解自己目前的主导情绪。

活动评价

活动评价表见表 5-2。

表 5-2　活动评价表

评价内容		评价标准	是/否
活动完成情况	活动一	能用非言语信息来判断各种情绪	
		能解释情绪的构成	
	活动二	能描述各种情绪及感受	
		能觉知自己目前主导情绪的特点	

任务二　了解高职大学生的情绪特征及常见困扰

情景导入

某高校女生在明确知道不许带狗进入的情况下，多次带狗进入健身房健身而遭遇阻拦。结果该女子情绪失控，竟脱掉所有衣服赤裸着在健身房健身，全然不顾及他人感受，最后因违反治安管理条例被警察带走。

大学生特有的年龄阶段和心理特点，使得情绪表现具有冲动性，还经常出现一些负面情绪，如自卑、冷漠、焦虑、抑郁、愤怒等，这些情绪会对身体健康、学习和人际交往造成较大影响。因此，大学生了解自身情绪特点及常见情绪困扰，有助于提升情绪管理能力。

知识准备

5-2 探索情绪的密码

一、大学生的情绪特征

大学生处在人生的特殊成长期，在生理发育趋向成熟的同时，知识经验和思维水平不断提高，心理也发生着急剧的变化。这种变化反映在情绪上，显著地影响着他们的行为。大学生特有的年龄阶段和心理特点使得他们的情绪表现出以下特征。

1. 稳定性与波动性并存

随着认知水平的提高，知识经验的积累，加上社会和自我的高要求、高期望，大学生的情绪稳定性有了很大的提高。然而，与成年人相比，大学生情绪的波动仍很明显，容易从一个极端跳到另一个极端，这种波动性是由大学生在生理、心理和社会性三方面的特点决定的。一方面，大学生的生理变化和社会需要都处在高峰阶段；另一方面，由于他们对自己需求的合理性、社会的复杂性缺乏正确的认识，容易因主客观的矛盾冲突导致心理不平衡，面对复杂的社会现象也易产生困惑和迷茫，对于价值的判断、情感的取舍以及前途的选择，心里会有许多矛盾，使他们情绪摇摆不定，跌宕起伏。时而满怀豪情、热情激荡，时而郁郁寡欢、悲观消沉，表现出极大的波动性。

2. 丰富性与阶段性并存

大学生活内容丰富多彩，这使大学生的情绪活动对象扩大，出现许多前所未有的情绪体验。因此，大学生的情绪内容日趋丰富。同时，恋爱、专业兴趣、人际交往、就业等新问题层出不穷，这些问题和需要也相应地产生了多种多样的情绪体验，使得其情绪日益丰富而深刻。

大学生的学习年限为三年或四年，加上学校教育中明显的年级教育特色，使他们的情绪呈现出明显的阶段性。如大一的学生由于刚刚从中学步入大学，面对完全陌生的大学生活和精彩纷呈的大学校园，他们的情绪呈现出明显的热情和憧憬，兴奋和期待。到了大二或大三，一部分学生刚入校时的热情消失，纷纷从各种社团活动中退出，又没有找到自己的目标，情绪表现出明显的平淡和消沉；另一部分学生则少了大一学生的青涩，通过大一的摸索寻找到自己的归属和位置，情绪表现出明显的稳定性和充实性。到了大三或大四，大学生面临着毕业和就业，这本身就是个重大的转变，很多学生的情绪表现出明显的波动，既有充满希望和大干一场的豪情，又对即将面临的挑战和竞争产生忧虑和不自信。

3. 外显性与内隐性并存

大学生对外界刺激反应敏感而快速，喜怒常溢于言表，具有外显的特点。一般情况下，大学生由情绪引起的内心变化与外部表现是一致的，但由于其自尊心增强和独立性的发展，使得他们学会运用心理防御机制来保护自己的内心，表现在特定场合下或者特殊问题上，情绪的外在表现和内心体验并不是一致的，有时甚至完全相反。比如，他们外显的语言可能与内心的想法不一致，语言上说自己自信和高傲，实际上是内心自卑的表现，或者由于害怕自己失败才做出这种行为以保护自尊心。在有的场合下，他们会用虚假性的表现来掩饰内心的感受，比如，自己并不认可对方，但为了维持关系而做出缓和的表现，当然这些表现并不是说明大学生虚伪，某种程度的掩饰恰恰是适应的表现，是社会心理和行为的适应。实际上大学生情绪的外显性与内隐性是对立统一的，两者在一定的条件下可以相互转化。

4. 冲动性与理智性并存

由于知识水平、认知能力和文化修养的提高，大学生在多数情况下能理智地分析问题和思考问题，对自己的情绪能够有所控制，多数情况下能"三思而后行"，情绪和行为反应趋于理智。但大学生群体兴趣广泛，加之年轻气盛和从众心理，他们在外界刺激下容易产生冲动情绪与行为，表现得快而强烈，犹如疾风暴雨，不计后果，带有很大的激情性和冲动性。

二、情绪对大学生的影响

根据现代生理学、心理学和医学的研究成果发现，情绪对人的身心健康具有直接影响。积极情绪会使人体免疫功能活跃旺盛，有益于身心健康；消极情绪则会降低人体的免疫能力，容易罹患各种传染性疾病。

5-3 调控情绪，做情绪的主人

1. 情绪的积极影响

情绪的变化对生理功能会产生直接的影响。当大学生的情绪处于良好状态时，人体免疫功能活跃旺盛，身体内部各器官的功能十分协调，可以减少患病的机会，有益于身心健康；研究还发现，积极、乐观、轻松、愉快的心境有助于开阔思路、开发潜能、集中注意力、增强创造性，从而提高学习和工作的效率；健康、良好的情绪，积极、稳定、适度的情绪反应，在人群中更受欢迎，更容易获得别人赞赏，缩短心理距离，有利于营造大学生之间良好的交往环境，使他们彼此理解，相互宽容大度，产生思想共鸣，建立真正的友谊。

2. 情绪的消极影响

消极情绪对人的身心健康危害极大，在压抑、紧张、愤怒、恐惧等消极情绪的长期作用下，人的免疫能力会下降，容易患上各种传染性疾病，引起消化系统、循环系统、内分泌系统和神经系统的功能失调。众多研究表明，消极情绪是健康的大敌。突然而强烈的紧张情绪会抑制大脑皮层高度心智活动，破坏大脑皮层的兴奋和抑制的平衡，使人的意识范围狭窄、判断力减弱、失去自制力和理智。

现代医学揭示，不少疾病的发生并不是由于生理的器质性病变，而是由于精神忧郁、情绪异常所致，大学生中常见的消化性溃疡、紧张性头痛和偏头痛、心律失常、月经失调、神经性皮炎等，都与消极情绪有关。

三、大学生常见的情绪困扰

1. 抑郁

抑郁是由于感到无力应对外界压力而产生的由冷漠、悲观、失望等构成的复合性情绪；

表现为郁郁寡欢、心境悲观、自责愧疚、丧失学习和工作兴趣的动力，故意回避交往，对生活缺乏信心；常伴有失眠、食欲不振、疲劳、头痛等不良反应，是大学生常见的情绪困扰之一。常言道，"人生不如意之事十之八九"，在遇到挫折时产生抑郁是正常的情绪反应，但是若抑郁情绪长期得不到调节，持续之后就会发展成抑郁障碍，严重时发生自杀、自残等恶性行为。

大学是人生发展中比较重要的阶段，大学生从入学到毕业会经历适应大学生活、人际关系、学业、爱情、择业等方面的挑战。由于大学生的心智发展不成熟，情绪波动大不稳定，在遇到这些问题时，如果对一些挫折不能及时处理和消化，极易导致抑郁情绪。导致抑郁情绪的原因是多方面的，有学生自身的原因，如性格内向、敏感多疑、感情脆弱、考虑问题喜欢走极端等；也有外部环境的原因，如失恋、考试不及格、家庭出现变故等负性事件。抑郁情绪已成为大学生的隐性杀手。

某高职院校一年级的一名男生刚入校不久就出现没有食欲、情绪低落、早醒、沉默寡言、怕喧闹、不愿参加集体活动等症状。后来教师通过深入交流，了解到这名学生从高一开始就一直处于抑郁状态，特别是高三以后情况更为严重。进入大学后，环境的改变进一步加剧了他的抑郁情绪和内心痛苦，他在学校接受了几次心理咨询，由于抑郁情绪非常严重，咨询的效果不明显。为了保护这位学生的生命安全，心理咨询师建议他到专科医院进行专业心理治疗。这名学生在治疗后情况得到了有效改善。

由此可见，抑郁情绪对大学生带来的不良影响是非常严重的。

2. 自卑

自卑是一种消极的情感体验，表现为对自己的能力和品质评价过低，轻视或看不起自己。自卑通常由某一方面原因造成，但很容易发展为对其他方面也失去信心，变得敏感，缺乏安全感。为掩饰自己的短处，常常回避交往，封闭自己，不愿参加集体活动，不敢在人前发表自己的意见。一个人形成自卑心理后，本来经过努力可以达到的目标，也会因为"我不行"而放弃。当然，有些自卑的大学生会通过争强好胜、清高自傲或过度自信等表现来掩饰。

自我评价过低的实质是自卑。例如，有的学生对自我形象、能力不认同；有的学生觉得自己家庭经济条件实在太差而感到自卑。由于个体气质性格的影响，性格内向者大多对事物的感受性强，对事物带来的消极后果也有放大趋向，而且不容易将消极体验及时宣泄和排解，因而产生自卑的可能性也相应增大。

3. 焦虑

焦虑是个体对可能造成心理冲突或挫折的某种事物或情境进行反应的一种不安情绪。一般程度的焦虑情绪，大多会导致痛苦、担心、嫉妒、报复等体验和行为，有时还会使人对自己产生怀疑；严重的焦虑情绪则表现为非常激动、非常痛苦、喊叫、做噩梦、食欲不振、呼吸困难、容易疲劳等；严重时还会出现心跳加速、血压升高、呕吐、冒冷汗、肌肉硬化等反应。

焦虑虽缺乏具体的对象，但仍有动机性后果。适度的焦虑有利于人自我能力的发挥，只有当焦虑十分严重，影响学习和生活时，才成为情绪困扰。大学生中普遍地存在着各种各样的焦虑，具体来说主要有：适应焦虑、就业焦虑、经济焦虑等，这些焦虑常常没有太明显的指向，但是会影响人的心境，给生活、学习带来负面影响，如不及时发现并积极调整，严重时就可能导致身心危害。

4. 恐惧

一般人在遇到危险的情况时都会产生恐惧心理，这是很正常的反应，在一定程度上使我们避免受到伤害。但是，如果对正常人一般不怕的、没有威胁的事物也感到恐惧，或者恐惧的强度和持续时间远远超出正常的反应范围，自己难以克服，这就是一种病理性的恐惧状态了。恐惧与个体的心理因素有很大的关系，如某人遇到交通事故后对汽车产生恐惧；有过创伤性体验的人，又遇到类似的事件时，也会唤起恐惧反应。大学生中比较常见的恐惧是社交恐惧。比如，大学生小菲每次和不熟悉的男生说话都会脸红，其实，她很想跟他们交朋友，但是却羞于表达，害怕他们嘲笑自己胆小，小菲的表现就是一种社交恐惧。

5. 愤怒

愤怒是人的基本情绪反应，是一种暂时的情绪状态。愤怒产生的原因包括人们感到自尊心受挫、人格受侮辱、人身安全受威胁、遇事处理不公、个人目的受阻等。愤怒情绪本身不是什么问题，但如果表达不当，则容易出问题，如个别大学生因为一些小事引起愤怒，骂人甚至动手伤人。

每个人都会有愤怒的时候，愤怒时，人们需要用理智疏导情绪，做到冷静自问，换位思考，学会适当表达情绪，抱着一种真诚、负责的态度，不要采取暴力方式和过激行为。处理事情要对事不对人，针对当前情境，不要涉及过去事件。更重要的是我们应善于化解愤怒情绪，宽容大度。

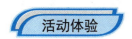

活动体验

【心理活动体验三：正确表达情绪——角色扮演】

一、活动目的

了解愤怒对人行为、身心的影响，学会表达愤怒、控制愤怒。

二、具体操作

1. 由 2 名学生角色扮演人际冲突情景：学生干部前来宿舍检查卫生及用电安全情况，学生不配合，并出言讥讽，学生干部与宿舍学生发生冲突。

2. 引导学生小组讨论：怎样看待这一冲突事件？为什么会出现不可控制的局面？如果是你，你会怎样做？

3. 根据上一阶段的讨论情况，鼓励学生写出自己曾经经历的愤怒事件，以及当时的心情、生理反应、行为后果、事后自己的感受。

4. 小组内交流自己所写的内容。

5. 教师引导学生组织讨论：一是否应该表达愤怒，二应该如何表达愤怒，请每位学生写下处理愤怒情绪的最有效的两种方法。

三、教师总结

愤怒是大学生常见的情绪困扰，愤怒是由于受到干扰而不能达成目标时所产生的体验。人愤怒时，紧张感增加，有时不能自我控制，对象明确的愤怒更容易诱发攻击性行为。德国哲学家康德曾说过，生气是用别人的错误惩罚自己。因此，学会表达愤怒、控制愤怒的情绪对于每个人都很重要。

活动评价

活动评价表见表 5-3。

表 5-3 活动评价表

评价内容		评价标准	是/否
活动完成情况	活动三	能说出大学生的情绪特征	
		能描述愤怒对人行为、身心的影响	
		能正确表达愤怒情绪	
		能写出解决愤怒情绪的最有效的两种方法	

任务三　学会调控情绪

情景导入

小李是一名汽车专业大三学生，在企业实习期间，遭遇了家庭重大变故、恋爱受挫以及同事间的人际冲突。这些突如其来的负性生活事件让他非常痛苦，情绪失控，有一天晚上他在宿舍里大哭大喊并突然昏厥。幸好他的同学及时发现，避免了更加严重的后果。

大学生活丰富多彩，但同时也给大学生带来很多挑战和压力，容易引起情绪波动和负面情绪的出现。情绪波动过剧烈或负面情绪持续时间过长，会妨碍身心健康，影响正常的学习、生活和工作。因此，大学生必须正确认识自己的情绪，掌握情绪调节的方法，有针对性地进行自我调节，做到有效的情绪管理，保持良好的情绪状态，以更好地学习与生活。

知识准备

5-4 痛苦情绪的缓解术

一、觉知情绪和接纳情绪

1. 觉知情绪

情绪管理的第一步是能觉察自己的情绪，清楚地知道自己处于怎样的情绪状态。生活中，情绪常常会掩盖在身体不适的症状中，如心慌、心悸、胸闷等。在这种情况下，通过看病吃药来进行治疗，效果往往不好。我们应该将身体感觉和心理感觉区分开来，找出身体不舒服的根源，再采取对应方式进行处理。有时我们会感到心中"不舒服"或者"不痛快"，但又无法识别和命名这种情绪，更不知因何而起，难以去疏导和应对。因此，大学生要提高觉察情绪和识别情绪的能力，训练自己及时察觉自己的情绪变化。具体有以下两种可行的方法。

（1）探索情绪。要明白自己拥有的情绪，可以找一个独处的时间，在安全的空间里，大声地把任何感觉不加责备、不逃避地说给自己听。或者通过与专业人士沟通，如进行心理咨询，来澄清自己的情绪。同时，对自己的过去进行探索，也能够清楚自己个人独特的内在反应模式及情绪反应的原因。比如通过询问家人了解自己的童年时的喜怒哀乐，从过去的经验或回忆中探索自己的情绪。

（2）记录情绪。增加觉察力的另一个方法是写日记或网络日志，从记录自己每天的情绪状态入手。在日记中具体地描述事件的发生、觉察自己的情绪、了解自己的想法，并与过去的经验做一些联结，看看是否受到过去经验的影响。心理咨询中常用的三栏日记、五栏日记就是不错的记录方式。

2. 接纳情绪

承认和接纳情绪是自我调控情绪的重要一步，情绪接纳是指不按个人道德标准评价情绪，将积极情绪体验和消极情绪体验都视为成人情感的必要组成部分，接纳消极情绪体验。

也许你会好奇，为什么要接纳消极情绪呢？我们先来看一个例子：一个你深爱的人离去之后，你感到强烈的悲伤、麻木以及深切的失落感。这些感觉本身并没有问题。同样，这些情绪是有作用的，让你专注于应对失去，给你一段可以悲伤的时间。情绪接纳意味着尽管消极情绪体验会让人不舒服，但我们还是要去感受它、接纳它，学会当体验发生的时候就让它发生，让对体验的反应自然出现然后消退，不努力让反应减弱，不去改变它们，也不试图去回避它们。情绪并无好坏之分，接纳我们在当下的体验本身，要认识到我们的情绪，即使是让人不舒服的情绪，都是在告诉我们有些事情需要关注。

二、合理宣泄与放松

情绪就像我们的朋友，有时候来了不愿走。不良情绪产生后，总是伴有能量的蓄积。蓄积的能量需要宣泄出来，如果总是蓄积而不释放，就会淤积成疾。这时候可以通过适当的宣泄和放松来应对，一般来讲，主要有以下几种途径和方法。

1. 倾诉法

倾诉法是最直接、效果最明显的宣泄方法。不要将负性情绪情感隐藏、深埋于心，可以向朋友、家人、同学以及心理咨询室的老师倾诉，将自己的苦闷、抱怨和导致不良情绪的事件表达出来；其次倾听者还可以帮助分析产生不良情绪的缘由，提供建设性意见。当然，倾诉的形式可以多样，除了上文所提及的面对面倾诉外，打电话、写日记、发朋友圈、发微博也是很有效的倾诉形式。

2. 眼泪缓解法

作为人类本能，流泪是自我心理保护的一种措施，不但能释放不良情绪、调节机体平衡，还能排出体内毒素。心理学研究表明，流泪对于减轻压力、释放负性情绪、平衡身心十分有效。大哭可以使悲痛、紧张、恐惧、压抑等负性情绪酣畅淋漓地宣泄出来，同时还可以把负性情绪所产生的生化毒素排出体外，恢复心理和生理上的平衡，因而对健康有益。反之，如果这些毒素不通过流泪排出而郁结于体内，将对健康不利。因此，悲痛时可以大哭一场，平静情绪、释放压力。

3. 行为宣泄法

过分压抑只会使情绪困扰加重，而行为宣泄则可以将不良情绪释放出来，从而使得紧张情绪得以缓解、放松。运动是一种简单有效的宣泄方式。美国的心理生物学研究的代表人物格雷格·沃尔夫认为"运动对心理和情绪的作用胜过于生理，运动是迄今为止最好的心理治疗师之一"。运动能释放或缓解压力，促进"快乐物质"多巴胺的分泌，有助于机体心理、生理的自我修复。选择自身喜欢的或是感兴趣的体育运动可以很好地宣泄不良情绪，有助于个体释放因压力带来的强烈或持久的负性能量。另外，运动能增强自信心，培养灵活、果断、勇敢、顽强的意志。宣泄的方式是多样的，如到空旷无人的地方大声吼叫，通过吃美食宣泄等。必须指出，采用行为宣泄法来调节不良情绪时，要采取正确的方式，选择适当的场合和对象，切不可随意宣泄，无端迁怒于他人或他物。

4. 注意转移法

注意转移法是指将注意力从引起不良情绪反应的刺激情境转移到其他事物或从事其他活动的自我调节方法。当情绪不佳时，暂时将问题放下，将注意力偏移此情此景以转变情绪体验的性质，以达到调控不良情绪的目的。常采用的方式有：离开现场、变换环境、转移话题、干自己感兴趣的事情等。具体来讲可以通过听欢快的音乐、观赏愉快轻松的电影、参加集体活动等来实现情绪转移或替代负面情绪。

5. 音乐缓解法

美国音乐治疗之父加斯顿指出，音乐对于人的情绪的影响力非常大，不同音乐可以影响人的行为节奏和生理节奏，引发各种不同的情绪反应。我们可能都有这样的体验，心情不好时戴上耳机听优美的音乐，会感觉肌肉松弛、脉搏放慢、心情宁静、轻松愉快。运用音乐缓解法要注意选择合适的音乐类型，忧郁烦恼时可以听《蓝色多瑙河》《卡门》《渔舟唱晚》等轻松愉快的音乐；失眠时可以听《摇篮曲》《仲夏夜之梦》等优雅宁静的音乐；浮躁时可以听《小夜曲》等舒缓悠扬的音乐。大学生也可以学习乐器和音乐创作，把内心的体验转化成心灵的曲调，并从中体验成就感。

6. 积极的自我暗示法

心理暗示是指个人通过语言、形象、想象等方式，对自身施加影响的心理过程。这个概念最初由法国医师库埃提出，他有一句名言"我每天在各方面都变得越来越好"。自我暗示分为消极自我暗示和积极自我暗示。积极的自我暗示会让我们保持好心情和乐观情绪。而消极的自我暗示会强化我们个性中的弱点，唤醒藏于内心深处的自卑、嫉妒等不良情绪。因此，我们可以利用语言的指导和暗示作用，来调适和放松心理的紧张状态，使不良情绪得到缓解。如当你将要发怒的时候，可以暗示自己："别做蠢事，发怒是无能的表现。发怒既伤自己，又伤别人，还于事无补。"这样的自我提醒，会使人心情平静。当情绪不好时，不要放纵坏情绪泛滥，要多跟自己说"一切都会好起来，明天又是全新的一天""烦恼、哀愁无益于问题解决"；每天早晨照镜子时对自己微笑，充满自信地大声跟自己说："我看起来精神状态很好！我一定能渡过眼前的难关！"长此以往，自我暗示的效果就会体现出来，你会变成一个自信、乐观、情绪开朗的人。

7. 放松训练

放松训练是一种使机体由紧张状态松弛下来的练习过程。当你感到身心疲惫、情绪紧张时，采用放松技术进行自我调适，可以有效缓解压力。放松方法主要有想象放松、肌肉放松、呼吸调节等。研究证实，有规律的呼吸练习能够减少负面情绪，增进积极情绪。呼吸练习一般要在安静的环境下进行，闭上眼睛调整身体姿势为两只脚一前一后或盘腿坐。随后，专注于对呼吸的觉知，不要追忆过去或者计划未来，把所有跟呼吸无关的东西统统都先抛诸脑后。把全部的注意力集中于鼻孔至人中这段敏感区，自如地呼吸。如果在这个过程中，头脑中有杂念或者走神也没关系，不断地走神，不断地拉回来。所有的练习都要保持对呼吸的觉知。对大学生而言，学会简单呼吸法，对于改善情绪和恢复平静很有帮助。

三、认知调整情绪法

情绪心理学的认知派认为，情绪是认知的结果或功能。情绪源于人们的想法、态度、价值。引起人们种种情绪的，不是事情本身，而是人们对事件的看法。古希腊哲学家埃皮克迪特斯有一句名言这样说："人不是被事物本身所扰，是被其对事物的看法所扰。"要管理自己的不良情绪，先要了解自己是如何认知的。改变了对事物的看法，形成了正确的认知，很多不良情绪也就得到了改善。比如，在街上偶遇熟人，但对方没有打招呼径直走过去了。如果认为他可能正在想别的事情而没有注意到自己，情绪就不容易波动；如果觉得对方是故意不理睬自己，就容易产生愤怒等情绪。两种不同的想法会导致两种不同的情绪和行为反应，所以情绪的产生与对事情的认知有关。

美国心理学家埃利斯将上述观点概括为 ABCDE 理论，A 代表诱发事件（Activating events），即引起不良情绪的事件；B 代表信念（Beliefs），是指人对 A 的信念认知、评价或看法，引起不良情绪的信念往往是不合理的、非理性的；C 代表结果即症状（Consequences）。诱发事件 A 不会直接引起症状 C，A 与 C 之间还有中介因素 B 在起作用，即人对 A 的信念、认知、评价或看法。因此，对 A 的经验总是主观的、因人而异的，同样的 A 在不同的人身上会引起不同的 C，这主要是因为他们的信念有差别即 B 不同。换言之，事件本身的刺激情境并非引起情绪反应的直接原因。个人对刺激情境的认知、解释和评价才是引起情绪反应的直接原因。D 代表治疗（Disputing），即与不合理的信念 B 进行辩论，通过 D 来影响 B，认识偏差纠正了，情绪和行为困扰就会在很大程度上解除或减轻，最后达到 E 效果（Effects），负面情绪得到纠正。

在日常生活中人们常常倾向于将自己或他人的不良情绪归因于客观事件，却忽视了真正起作用的是内心信念。比如，一名未考上重点大学的学生表现出消沉、沮丧、绝望，这些消极情绪反应往往被认为是由未考上重点大学这一客观事件引起的，其实不然。根据埃利斯的理性情绪治疗理论，这名学生的消极情绪是因为他在看待自己未考上重点大学这件事上选择了非理性信念——他可能认为自己怀才不遇，认为没有考上重点大学就是没有出息，自己的前途被断送了，会被别人看不起等。因此，如果能帮助这位学生找出并改变不合理信念，就能协助他形成一个较实际和合理的人生态度。

拓展阅读

非理性认知的特征

对于不合理信念，研究者总结出三个特征，即：绝对化要求、过分概括化和糟糕至极。

（1）绝对化要求，人们将自己的意愿强加于事物发生过程中。这一信念通常与"必须""应该"这种字眼联系在一起。然而客观事物的发生与发展不以个人的意志为转移，因此持有这类观念的人非常容易被不良情绪困扰。

（2）过分概括化，这是一种以偏概全的思维方式。这种不合理观念一方面体现在对自身不合理的评价上，当个体面对失败时，会觉得自己"一无是处""一败涂地"，全盘否定自己的全部。另一方面是对他人的不合理评价，别人稍有差错就会觉得别人很坏等。

（3）糟糕至极，这是一种过分夸大不好事物的结果的想法。如果在生活中有一件不好的事情发生就会觉得是一件天大的灾难，这种想法会使个体陷入悲观、焦虑、抑郁的情绪中。

活动体验

【心理活动体验四：调控情绪——认知调整情绪】

一、活动目的

了解不同认知对情绪的影响，学会用认知调整情绪。

二、具体操作

1. 情境：小薇最近一次英语三级考试没考好，她的认知是：我真没用，不是读书的料，于是产生焦虑不安、自卑的情绪。

2. 引导学生用认知调整情绪法，找出小薇不合理的认知，并对其进行驳斥，形成新的观念，帮助小薇缓解消极情绪。

3. 模拟实践：假设你最近未能按时完成工作，你感到十分焦虑、自责。

原想法："我又失败了，我承担了一项工作，但没有按预定时间完成，我什么事情都做不好。"

辨析：虽然我确实没有在规定的期限内完成我的工作，但是手头有许多事情挤在了一起，我尽了最大的努力。如果我在规定时间内做了力所能及的工作，我可能还会受到称赞，而不会因没有按时完成这件工作而受别人的责备。然而，既然这是常见的没有按时完成的情况，那么表明是需要进行分析的问题。

合理应对策略："当我在很短时间里被分配了许多工作时，我需要与老师或辅导员商量，看看该先做哪件事。既然偶尔我有拖延的毛病，我将对事情分出轻重缓急，抓住重点。但是，不应该为此和自己过不去。只有不断地提醒自己，我是一个有能力和认真的人，能够妥善地把这个问题处理好。"

4. 组织学生分享交流。

三、教师总结

情绪的产生与个体对事情的认知有关，找出引发不良情绪的非理性观念，并改变其不合理信念，协助其形成一个较实际、开阔和合理的人生态度，从而缓解不良情绪。

【心理活动体验五： 天使与魔鬼】

一、活动目的

通过练习，学会合理宣泄情绪。

二、具体操作

1. 将 3 人分为一组，组内成员轮流扮演凡人与魔鬼、天使。凡人负责说出自己在宣泄情绪时的困扰；魔鬼负责让凡人随心所欲，不考虑他人，只考虑自己，说出令他人反感的话；天使则必须帮助凡人合理宣泄情绪，以自己和他人都能够接受的方式解决问题。

2. 每次先由天使说 30 秒，再由魔鬼说 30 秒，每人都要轮流扮演 3 个角色。

3. 同学们相互讨论，分享交流。

活动评价

活动评价表见表 5-4。

表 5-4　活动评价表

评价内容		评价标准	是/否
活动完成情况	活动四	能识别非理性认知的特征	
		能描述认知情绪的方法	
		能运用认知调整情绪法缓解自己的不良情绪	
	活动五	能够合理宣泄自己情绪	
		能在小组内积极分享交流，体验良好情绪	

自主测试

多选题。

1. 大学生情绪健康的表现有（　　）。
   A. 表达方式恰当　　　　　　　　B. 情绪反应适度
   C. 积极情绪多于消极情绪

2. 对情绪的描述，下列正确的是（　　）。
   A. 情绪是人脑对客观事物的反应
   B. 它反映的不是客观事物本身
   C. 是客观事物与人的需要之间的关系

3. 情绪的构成包括（　　　）。
   A. 主观体验　　　　B. 外部表现　　　　C. 生理唤醒
4. 大学生的情绪特征包括（　　　）。
   A. 稳定性与波动性并存　　　　B. 丰富性与阶段性并存
   C. 外显性与内隐性并存　　　　D. 冲动性与理智性并存
5. 情绪自我调控的方法有（　　　）。
   A. 倾诉法　　　　B. 眼泪缓解法　　　　C. 行为宣泄法
   D. 注意转移法　　E. 音乐缓解法

复盘

解密情绪，调适心理——高职大学生情绪管理复盘表见表5-5。

表5-5　解密情绪，调适心理——高职大学生情绪管理复盘表

任务类型：□个人任务　　□小组任务			
个人姓名		班级	
小组成员		班级	
复盘：总结本模块任务完成情况，掌握了哪些能力，活动体验中获得哪些感受			

课后巩固

执行21天计划，填写表5-6的情绪日记。

表5-6　我的情绪日记

时间	天气	重要事件		清晨		上午		下午		晚上		睡前	
		事件纪要	情绪	原因	情绪	原因	情绪	原因	情绪	原因	情绪	原因	情绪
周一													
周二													
周三													
周四													
周五													
周六													
周日													

模块六 经历风雨，始见彩虹——高职大学生压力与挫折应对

学习目标

知识目标
- 掌握挫折与压力的含义
- 理解大学生挫折表现与压力现状
- 了解挫折产生的主要原因

能力目标
- 培养学生认识和应对挫折与压力的能力
- 提升挫折和压力的承受力，更好地适应环境
- 能对压力和挫折进行分析，并找到有效应对压力与挫折的方法

素质目标
- 提高对挫折的科学认识
- 增强自我面对挫折、承受挫折以及战胜挫折的能力
- 能认识到压力与挫折的积极意义，变压力为动力，培养抗挫耐压的心理素质

任务一 认识压力与挫折

尼克·胡哲：身残志坚，人生不设限

人生最可悲的并非失去四肢，而是没有生存希望及目标！

尼克·胡哲，澳大利亚的作者、演说家，在他的自传中，自己是一个医学的奇迹，一出生就没有四肢，被父亲嫌弃，又吓坏母亲，他却积极乐观地活了下来，并做到了许多人都没有做的事情，比如极限运动、公众演讲。如今尼克·胡哲成了名副其实的人生赢家，不仅事业成功，而且婚姻幸福，他的日裔妻子给他生下了4个健康的儿女。

心灵呵护与成长

尼克·胡哲用他的亲身经历告诉我们，压力和挫折是无处不在的，在人生的每个阶段，只要有需要、有追求，就会有压力、有挫折。那么，压力与挫折是什么？对大学生有什么影响？又该如何应对呢？

知识准备

6-1 认识压力与挫折

一、认识压力

压力也叫应激，最早于1936年由加拿大生理学家汉斯·塞利博士提出，因此他被称为"压力理论之父"，他认为压力是由非特定性刺激所引起的生理变化。

目前，国内比较公认的压力定义是：由刺激引起的伴有躯体机能以及心理活动改变的一种身心紧张状态，即人在环境中受到种种刺激因素的影响而产生的紧张情绪。

1. 压力源

压力源又称应激源，是导致个体产生压力反应的情景、刺激、活动和事件。生活中的压力源可分为躯体性压力源、心理性压力源、社会性压力源和文化性压力源。

（1）躯体性压力源。这是直接阻碍和破坏个体生存与种族延续的事件，包括躯体创伤和疾病、饥饿、性剥夺、睡眠剥夺、感染、噪声、气温变化等。

（2）心理性压力源。这是直接阻碍和破坏个体正常精神需求的内在和外在事件，包括错误的认知结构、个体不良经验、道德冲突以及长期生活经历造成的不良个性心理特点，比如，易受暗示、多疑、嫉妒、处罚、悔恨、怨恨等。

（3）社会性压力源。这是直接阻碍和破坏个体社会需求的事件，包括纯社会性的（如重大社会变革、重要人际关系破裂等）和由自身状况造成的人际适应问题（如社会交往不良等）。例如突然爆发的本地疫情让大家感觉压力倍增就属于社会性压力源。

（4）文化性压力源。这是指要求人们适应和应付的文化变化问题，最常见的就是文化性迁移，例如出国留学、移民。

2. 压力反应

（1）心理反应——心理上的紧张。压力引起的心理反应有警觉、注意力集中、思维敏捷、精神振奋，这是适度的心理反应，有助于个体应付环境。但是，过度的压力会带来负面反应，出现消极的情绪，如忧虑、焦躁、愤怒、沮丧、悲观、失望、抑郁等，会使人思维狭窄、自我评价降低、自信心减弱、注意力分散、记忆力下降，表现出消极被动。

（2）生理反应——生理上的紧张。个体在压力状态下会出现一系列生理反应，主要表现在自主神经系统、内分泌系统和免疫系统等方面。比如，心率加快、血压增高、呼吸急促、激素分泌增加、消化道蠕动和分泌减少、出汗等。过度反应则表现为急躁、抑郁、多疑、沮丧等。

（3）行为反应——行为上的紊乱。这分为直接反应和间接反应（如借酒消愁等），过度表现为行为退缩、失控或者与人冲突不断等。一般而言，轻度的压力会促发或增强一些正向的行为反应，如寻求他人支持，学习处理压力的技巧。但压力过大过久，会引发不良的行为反应，如谈话结巴、动作刻板、过度吃食、攻击行为、失眠等。

二、走近挫折

1. 挫折的含义

挫折是指人们在有目的的活动中，遇到无法克服或自以为无法克服的障碍和干扰时而产生的消极反应。挫折包含三个要素：挫折情境、挫折认知和挫折反应。

（1）挫折情境。挫折情境是指使需要不能满足或目标无法实现的内外障碍和干扰。

（2）挫折认知。挫折认知是指对挫折情境的知觉、认识和评价，它是产生挫折心理的主观原因，直接导致挫折产生的挫折感也不同。

（3）挫折反应。挫折反应是伴随着认知而产生的情绪状态和行为反应，挫折反应也可称为挫折感。通常有两种形式：一是不同的人对同一挫折感受不同；二是同一个人对不同挫折反应不同。

挫折常见的情绪反应：焦虑、攻击、冷漠、退化、幻想、固执。

2. 挫折承受力

挫折承受力又称耐挫能力，是个体对挫折的可忍耐、可接受的大小，它包含挫折耐受能力和挫折排解能力。最初使用"承受力"这一概念的是美国哲学家弗朗茨·罗森茨威格。他给挫折承受力下的定义是"抵抗挫折而没有不良反应的能力"，即个体适应挫折、抵抗和对付挫折的能力。影响挫折承受力的因素包括：生理条件、过去经验、挫折频率、认知因素、个性因素和社会因素。

活动体验

【心理活动体验一：一杯水的重量】

一、活动目的

通过"举水"耐力比赛，让学生在时间中感受到压力和挫折带来的负能量。

二、具体操作

1. 准备 6~8 杯水，邀请 6~8 位同学到讲台上进行"举水"耐力比赛，举起一杯水，提问学生：大家认为这杯水有多重？继续接，看谁举的时间最久，计算一下同学们比赛所用的时间。

2. 小组成员分享与讨论：刚开始的时候，你认为一杯水有多少重量？当你举了 1 分钟之后，你对这杯水的重量如何评价？当你举到 3 分钟的时候，你是怎么看待这一杯水的重量？发生变化了吗？为什么？

三、教师总结

在日常生活与学习中，我们会承担许多压力，如果一直把它放在身上，到最后就会觉得越来越重，难以承受。我们可以放下这杯水休息一下，然后再举起水杯，这样才可以举得更久。

【心理活动体验二：压力探源】

一、活动目的

帮助学生评估当下的压力，了解压力的来源，认识压力的意义。

二、具体操作

1. 用手臂测量压力的方法，指导学生评估自己的压力现状。

2. 发放"压力圈图"练习纸（见图6-1），向学生讲解"压力圈图"书写练习的规则，在大小圈内写下最近生活中的各种压力（大圈代表大压力，小圈代表小压力）。

图6-1 压力圈图练习

3. 小组讨论、分享交流，思考你的压力来源有哪些？每个圈给你的感觉是什么？压力很大时，你身体的感觉如何？哪一部分不舒服？你如何处理这些压力？

三、教师总结

大学生的压力主要表现在学习、生活、人际、家庭等方面，主要是心理压力和社会性压力。美国学者罗伯特·k.威廉（Robert k. Williams）提出适度的压力能提高人的工作效率和业绩表现，而过大的压力会让人身心疲惫，甚至崩溃。

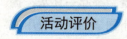

活动评价表见表6-1。

表6-1 活动评价表

评价内容		评价标准	是/否
活动完成情况	活动一	能够体验压力的感受，对身心的影响	
		能够认识压力	
	活动二	能够给自己当下的压力评分	
		能够分析自己压力的来源，认识到压力的积极意义	

模块六　经历风雨，始见彩虹——高职大学生压力与挫折应对

任务二　分析大学生的压力与挫折

情景导入

A 同学说："自从高考考砸来到这所高职院校后，我就像变了个人，过去，我乐于助人，热情开朗，现在整天闷闷不乐，动不动就发脾气，并且拒绝参加所有的活动，只想把自己锁在寝室里。"

B 同学说："我是学生会干部，要和老师和同学们广泛交往，我就觉得压力好大，一到人多的地方心就扑通扑通地跳，难以开展工作，我真不知道该怎么办才好。"

如何面对压力与挫折非常重要，具体来说大学生常见的压力包括：学习压力、就业压力、交往压力、恋爱压力等。

知识准备

一、大学生挫折产生的原因

1. 外部原因

有些挫折是由于非人为的环境因素造成的。比如，一个急于完成学业以便能负担家庭生活的大学生，还必须苦读一两年才能毕业挣钱；身处异国的留学生思念至亲等。

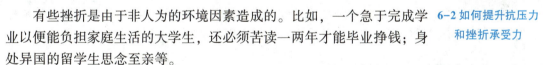
6-2 如何提升抗压力和挫折承受力

有一些外部挫折是由于社会环境中的人为因素所引起的。比如，彼此相爱的大学生，因男方家境贫寒而遭到女方家人反对等。

2. 内部原因

挫折的内因是指个人的生理、心理因素等带来的阻碍和限制。

（1）生理条件的限制。比如，由于容貌不美而缺乏自信，产生种种异常行为，该问题的实质在于本身的认识不当。当我们不能改变现实时，应当尝试去改变对现实的态度。当一个没有美丽外表的女孩能够真正接受自己，变得自信、自强、快乐时，她便形成了一种独特的人格魅力。

正如一句谚语所说：喜欢你自己，别人也就会喜欢你。同样的道理包括：接受你自己，别人也就会接受你；接受你自己，你才能够获得自信心。

（2）动机冲突。动机冲突是指同时产生了两个或两个以上的动机，但由于条件限制，二者不可兼得。如"鱼与熊掌不可兼得"的冲突、"前怕狼后怕虎"的冲突、"进退两难"的冲突等。如果这种心理矛盾持续太久、太激烈，或是其中一个动机得到满足而其他动机受

到阻碍，这时便会造成挫折。

（3）能力和期望的矛盾。一个人如果过高地估计自己的能力，就会对自己提出不切实际的要求，制订过高或无法达到的目标或计划。一旦目标无法实现，自己又未能清醒地认识到这一点，便会产生强烈的挫折感。

一名大学二年级男生来到心理咨询中心，向心理咨询师诉说自己因为自卑而很烦恼。究其原因，他上高中时学习很出色，但是高考失利只考了高职院校。因此上大学后他给自己定下目标：争取专升本，然后再考研究生。为此他把日程安排得很紧，除了专业课作业和实验之外，他自学计算机，每天还要学外语。总之，他没给自己安排一点娱乐时间，对自己的要求太高，当目标未实现时，便产生了挫折感。

（4）人际关系障碍。人际关系是一种重要的社会心理现象，有人称之为"心理气氛"。如果大学生善于与周围人保持良好的关系，或者说与周围人维持一种融洽的、正常的感情交流，就能获得一种安全感，并且在这种交往中，使情感得以宣泄，郁闷得以排遣，精神得以升华，从而有助于身心健康。相反，如果人际关系不良，就会使一个人处于莫名的"不安"状态中，感到"无助"或"孤独"，并会引起各种形式的挫折反应。

（5）学习上的不适应。学习上的不适应常发生在大一新生中。中学老师讲课细致，作业布置得多，要求明确具体，考试也频繁严格。进入大学后则完全不同，学生学好课程主要靠自觉，能够合理安排时间，独立进行学习。这往往使刚入学的大学新生感到无从下手，而且平时考试较少，到了期末考试就有些手忙脚乱，抓不到重点，没有好的学习方法，便可能造成诸多挫折。

（6）生活上的创伤。失去亲人或失恋都可能给大学生造成难以承受的精神打击，这也是常见的心理受挫因素。比如，一名本来性格活泼开朗、爱说爱笑的女大学生，一年内父母先后病故，她受到沉重打击，服毒自尽，幸好抢救及时脱离了生命危险，但她精神抑郁无法继续学习最终退学。

从心理学的角度看，失恋、单相思、父母亡故等创伤都是一种应激，需要动用大量精神能量，如果种种应激反应交织在一起并产生严重的心理冲突时，很可能会造成心理危机。

二、大学生应对挫折与压力的认识误区

1. 夸大问题的严重性

有些大学生一遇到挫折与压力就手忙脚乱，夸大了问题的严重性，其实，很多时候实际情况并不像我们想象的那么糟糕。

2. 看不到事情积极的一面，忽略问题带来的正面效应

有些大学生一味强调挫折与压力的消极影响，忽略了它对人积极的一面。很多时候，挫折与压力也可以转化为前进的动力，关键是要敢于面对它、重视它，学会想办法去解决它。

3. 低估资源可获得性与协助程序

每个人的成长过程中都会遇到压力与挫折，如果自己没有足够的力量去解决，就要尝试利用外部资源和他人的协助把问题缓和或者解决。

4. 内心的罪恶感、自卑感或厌倦感

有些同学遇到挫折后，内心深处会产生罪恶感、自卑感和厌倦感，认为自己不行，对不

起长辈和亲朋好友对自己的期望。其实,这种想法是错误的,挫折与压力只是我们成长过程中一次次的历练,遇到挫折与压力时,我们不应该自卑,不应该感到内疚或者厌倦,我们要做的是树立自信心,想办法去解决它。

三、大学生应对挫折与压力的不当对策

1. 寻求刺激或采取破坏性行为

有些大学生遇到挫折与压力产生消极情绪时,不懂得以合适的方式去宣泄,只是一味地寻求刺激或者采取破坏性行为,有的时候会对他人、对自己造成严重的伤害,这种方式是不可取的。

2. 借助药物、酒精或烟草

有些大学生遇到挫折与压力时,往往借助药物、酒精或烟草麻醉自己,特别是男生。这是一种逃避现实的方法。

3. 暴饮暴食

有些大学生遇到挫折与压力时,就暴饮暴食。这是一种不良的习惯,有害身体健康,也不利于问题的解决。面对挫折时,我们首先要保持头脑清醒,然后分析问题,找到解决问题的办法。

4. 疯狂购物

有些大学生遇到挫折与压力时,喜欢疯狂购物。疯狂购物虽然可以宣泄一时的不良情绪,但是也会产生新的问题。有些大学生把生活费花在一些不必要的物品上,甚至使生活费紧张,导致新问题的产生,使自己处于更不利的位置。

活动体验

【心理活动体验三: 越挫越勇】

一、活动目的

通过对生活中的挫折与压力进行分析,共同探讨应对挫折与压力的有效方法。

二、具体操作

1. 小组讨论之前,挑选 3 个重要角色。

主持人:把握主题,动员参与,掌握时间。

记录人:准确性记录,归纳性记录,创造性记录。

发言人:发言准确生动,言之有理,注意掌握时间。

小组每个成员先思考,然后轮流陈述:

1) 你的压力来自哪些方面?

2) 排列出前 5 个压力。

3) 通常在压力状况下你有什么表现?

4) 通常情况下你会怎样处理这些压力?

2. 小组总结与分享：如何对待生活中的失败？如何自我调节失败带来的负面情绪？是否应该求助他人？应该及时放弃还是坚持到底？如何把压力和挫折转化为动力？

三、教师总结

爱迪生说：失败也是我需要的，它和成功对我一样有价值，只有在我知道一切做不好的方法以后，我才能知道做好一件工作的方法是什么。因此，及时对生活中遇到的压力和挫折进行分析，有利于我们正确认识压力与挫折、熟练掌握应对压力与挫折的技巧并提升抗压能力和挫折承受力，下一次在面对同样的遭遇时我们就能更加从容地应对。

活动评价

活动评价表见表6-2。

表6-2 活动评价表

评价内容		评价标准	是/否
活动完成情况	活动三	能够正确认识大学生的压力和挫折的双重性	
		能够合理分析压力和挫折，承受压力与挫折，并找出有效应对压力与挫折的方法	

任务三　有效应对压力与挫折

情景导入

某高职大三学生王某，在教室里看书时，总担心有人坐在身后干扰自己，有强烈的不安全感，以至于只能坐在角落或者靠墙而坐，否则无法安心看书；对同寝室一位同学玩电脑游戏的行为非常反感，有时简直难以忍受，尤其是睡午觉时总担心会有游戏传出来的声音干扰自己，从而睡不着觉，经常休息不好。但又不好意思跟其说，发生当面冲突，因为觉得为这样的小事发脾气，可能是自己的不对。很长时间不能摆脱这种心理困境，很苦恼，严重影响了日常生活和学习。即将毕业，心中一片茫然，担心找不到理想的工作，有时候也懒得去想这个问题，怕增添烦恼。学习一般，在班上成绩中游，当看到其他同学都在准备专升本，自己也想考，但是又不能集中精力学习。自卑，缺乏自信，生活态度比较消极，认为所有的一切都糟透了。家在农村，经济状况一般，认为自己有责任挑起家庭的重担，但又觉得力不从心。

大学生普遍处于青年前期，这是一个人一生中心理发展变化最活跃的时期，也是一个人心理矛盾和心理压力的多发期，不可能没有压力与挫折。因此，正确认识压力与挫折，掌握应对压力与挫折的方法与技巧，提升抗压能力和挫折承受力，是大学生活的一部分，更是每个人终身的课题。

模块六 经历风雨，始见彩虹——高职大学生压力与挫折应对

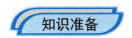

一、正确认识挫折与压力

挫折与压力是难免的，每个人的成长都会遇到挫折与压力。了解挫折的特征，就容易应对人生挫折了。

挫折与压力具有双重性，有积极和消极的双重性影响。挫折对人产生什么影响，关键在于人们对待挫折的态度。挫折可以把人置于困境，也可以使人成长。只有敢于和善于直面人生的挫折，才能在挫折中奋飞，在拼搏中成功。

1. 挫折对强者的积极意义

（1）挫折能提高人的认识水平。强者面对挫折和失败时，不是手足无措、被动等待，而是积极总结经验，反思自己的认识过程，找出不足，及时采取补救措施。如此反复，有助于个体知识结构的不断合理化，同时，提高自身解决问题的水平。

（2）挫折能增强人的承受力。遭遇挫折仍能正常地进行社会活动，说明个体的承受力强。一个人遇到的挫折比较多，那么他对挫折的承受能力也会随之提高。

（3）挫折能激发人的活力。挫折是一种内驱力，生活中的强者往往被挫折激发出强大的身心力量。他们虽身处逆境，却百折不挠，投入更大的时间和精力，发奋努力，最终克服挫折，实现了自己的愿望。

2. 挫折对弱者的消极意义

与强者不同，面对挫折，弱者表现为悲观失望、畏缩后退、冷漠无情、焦虑，甚至采取攻击、倒退、轻生等方式来自我解脱，以达到心理上的平衡。这些消极方式的运用不利于问题的解决，反而会造成动机、认识、情感方面的障碍。

正如巴尔扎克所说："世界上的事情永远不是绝对的，结果完全因人而异。苦难对于一个天才是块垫脚石，对于能干的人是一笔财富，对于弱者却是一个万丈深渊。"

二、学会合理运用心理防御机制

心理防御机制最初是由奥地利心理学家西格蒙德·弗洛伊德提出来的，后经其女儿安娜·弗洛伊德进行了系统研究后，逐渐形成成熟的理论。所谓心理防御机制，就是自我受到本我和超我的威胁而引起强烈的焦虑和负罪感时，焦虑将无意识地激活一系列的防御机制，以某种歪曲现实的方法来保护自我，以缓解或消除自我的不安和痛苦。心理防御机制的分类有多种方法，这里我们将其分为积极的心理防御机制和消极的心理防御机制两大类别。

1. 积极的心理防御机制

积极的心理防御机制主要包括替代、幽默、合理化、认同机制等。从人的心理成熟程度来看，积极的心理防御机制是心理成熟程度较高的人为了应付心理压力及挫折而经常采用的，能有效地适应环境的方式。

（1）替代机制。替代机制是指当个人对某一对象所持有的动机、情感与态度，不为社

会所接受，将此种感情与态度转向其他对象的行为方式。例如，貌不惊人的人就在学问修养上下工夫；一个人在生活上遇到挫折后，往往会在事业上取得突出成就等等。

（2）幽默机制。幽默机制是指当一个人身处困境或尴尬局面时，通过含蓄、双关、俏皮的语言，可以摆脱困境。

（3）合理化机制。合理化机制是指当个体因挫折产生不良情绪时，为减轻精神上的苦恼和不快，维护个体自尊和心理平衡，常常为自己遭受到的挫折寻找借口或进行歪曲的解释。常见的合理化机制包括酸葡萄法和甜柠檬法等。

酸葡萄法是指对无法得到的东西降低自己对其好感的方法。在《伊索寓言》里，那只摘不到葡萄的狐狸告诉自己："葡萄是酸的。"心理学上酸葡萄法就是指用合理化的解释进行自我安慰。甜柠檬法指的是人们对于已得到的东西，尽管不喜欢或存在许多缺陷，但也坚持认为那是好的，从而对自己已经得到的、不满意的东西增加好感。

无论是酸葡萄法还是甜柠檬法，都是在个体遭受压力和挫折无法达到目标和满足愿望时，用有利于自己的理由为自己辩解，找到一种"合理"的解释，以减轻痛苦和紧张的情绪。然而真正应对压力与挫折，不能只停留在自圆其说的状态中，应在情绪稳定后，冷静客观地分析真正的原因，以重新确定目标，或努力改进应对方式。

（4）认同机制。认同机制是指以下两种情况：第一，当个体具有不为社会所承认的动机或意念时，一方面加以否定，另一方面却又认同具有相同动机的某个具体人物，借此减少对自我的刺激或伤害。第二，个人在现实生活中无法获得适度满足或成功时，就将自己比拟为成功的人，或模仿自己喜欢的人，借此减少自己因受挫而产生的痛苦，以满足个人心理上的需要，维护个人自尊。例如，有人想当演员，但条件不够，就模仿演员的言谈举止、服装发型等，就属于这种心理的表现。

2. 消极的心理防御机制

消极的心理防御机制主要包括逃避、退化、压抑、投射、反向、攻击机制等。从心理学角度来看，是心理成熟度较低的人应对压力及挫折的心理防卫方式，这实际上是对环境的一种不适应状态。

（1）逃避机制。这是指个人不敢面对自己预感的挫折情景，而选择比较安全的心理防御机制。它包括三种形式：一是逃向另一种现实情景，例如，回避自己没有把握的工作，而埋头于与工作无关的嗜好和娱乐，以排除心理上的焦虑。二是逃向幻想世界，从现实的困难情景撤退，逃到幻想的自由世界，如此不但能避免痛苦，还可以使许多欲望获得满足。这种行为偶尔为之，的确能减轻紧张与不安，也能带来某些希望，但若超过一定程度，反而会增加适应现实的困难。三是逃向生理疾病，例如，某女生害怕高考失败，在考试前突然失明，或士兵在战争时患上战争神经症以及神经性失明等。

（2）退化机制。这是指个人遇到挫折时，不采用已经习得的成人方式而是用与自己年龄或身份地位不相称的早期简单而又幼稚的方式去应付，以便取得别人的怜悯和同情，避开现实中的问题。例如，一个领导因受到某种挫折而对下级大发脾气，或为一件小事就暴跳如雷，粗暴地对待别人。

（3）压抑机制。这是指个人将一些不能为社会所接受的本能冲动、欲望、情感过失、痛苦经验等，不知不觉地压抑到潜意识中去，以致当事人不能察觉或回忆，使自己避免痛苦。

这也是一种最基本的防卫方法，如做梦、失语、失态、笔误等。

（4）反向机制。当个人动机不能为社会所容忍时，他会从相反方向去表现，这种内在动机与外在行为配合不一致，称为"反向作用"。这种现象在日常生活中经常可见，有啃手指习惯的小孩碰到制止他的成人，便把手背到身后，表现出不但没啃手指，而且手距离嘴比正常时还远，这种过分行为恰恰表示他刚好有相反的欲望；还有过分炫耀自己的优点可能是由于严重的自卑。

三、学会应对挫折与压力的技巧

大学生要应对压力与挫折，必须发挥自身的主观能动性，掌握和运用一些行之有效的技巧和方法。

6-3 应对挫折与压力的技巧

1. 正确归因法

归因是指个体依照主观感受或经验对自己或他人行为及其结果发生的原因予以解释与推测的心理活动过程。归因是在个体经验指导下进行的，因此，结果可能是正确的，也可能出现误差，甚至完全错误。导致挫折的原因很多，但可以将其归为两大类。一类是主观原因，如努力不够，能力低下；另一类是客观原因，如生理缺陷、疾病、容貌、体能等条件的限制，以及自然、社会等外部因素的干扰和破坏等。一般来说，倾向于外归因的人，虽然可以保持内心的暂时平衡，但他不能从挫折中吸取教训；倾向于内归因的人，往往承担了过多的责任，容易丧失自信。大学生应对挫折进行正确归因，即内外两方面原因加以综合考虑，如从能力、努力、任务难度、运气、身心状况等方面进行恰当的自我成败归因。正确归因能激发大学生前进的动力，增强战胜压力与挫折的勇气和信心。

2. 自我暗示法

自我暗示是指用含蓄、间接的方式，对自己的心理和行为产生积极影响。当一个人遭遇挫折，受到打击时，要提醒自己："我要振作，我要成功，我一定能做到，我要下定成功的决心，失败就永远不会把我击垮。"运用积极的心理暗示可以振作精神，增强信心。

3. 目标调整法

目标调整法指目标受挫后重新寻找方向，调整期望值，重新确立更切合实际的新目标。目标调整法既能抑制和阻止不符合目标的心理和行动，又能引发和推动人们采取达到目标所必需的行动，从而战胜挫折。当大学生在通向目标的道路上受阻时，如追求的目标是现实的，就不要放弃，应战胜困难、实现目标。当行为主体由于自身条件或社会因素的限制，经多次努力达不到目标时，可调整目标或降低要求，改变行为方向，缓解心理上的冲突，增强勇气和信心，以达到更切合实际的新目标。

4. 合理宣泄法

大学生受挫后会产生压抑、焦虑、愤怒和不安等消极情绪，如不妥善化解，会给社会和学生本人带来不良后果。因此，应采取合适的方式，选择适宜的场合和形式宣泄受挫后的情绪，从而恢复理智和心理平衡。宣泄的方式有倾诉、哭喊、运动、转移等。不论采取何种方式，都要以不损害他人、集体和社会的利益，合乎社会规范，不激化矛盾为原则。

5. 社会求助法

人是社会性动物，任何人都不能离开他人而生存。人与人之间是需要互相关心、互相帮助、互相爱护的，这是一种社会支持，它可以调适个体的压力和挫折反应。研究发现，社会支持可以降低压力和挫折对大学生的消极影响，并且降低压力和挫折导致疾病的发生率。因此，对于大学生而言，在面对压力与挫折时，要主动寻求社会支持，如寻求感情、物质及信息方面的支持，对减轻心理压力对个体的消极影响是十分重要的。此外，心理咨询也是寻求社会支持的有效方式之一。

6. 自我放松法

大学生在面对压力和挫折时最常见的表现是心理和肌肉的紧张。因此，调适压力的一个重要策略就是要学会放松自己，让自己的身体或心理由紧张状态转向松弛，从而逐渐消除紧张。常用的放松方法有游泳、做操、散步、听音乐等。当压力和挫折事件不断涌现时，持续数分钟的放松对缓解不良情绪的作用相当显著。另外，还可以学习一些让自己放松以应对压力的方法，如深度呼吸训练、肌肉放松训练、静坐训练、意向训练、系统脱敏训练等。

7. 丰富生活法

课余生活占大学生活的1/4。健康的课余生活可以愉悦身心、增进友谊，减少因压力与挫折导致的紧张感。丰富的课余生活如阅读、参加各种学术活动、参加志愿者服务活动等，既锻炼了能力，拓宽了知识面，又在一定程度上增强了个体应对压力与挫折的信心和勇气。尤其是适当参加体育锻炼活动，可以使身体健壮、精力充沛、应对能力增强。

四、提升抗压力和挫折承受力

6-4 蝴蝶拍

生活中，有的人能忍受严重挫折，百折不挠，永不妥协，在逆境中奋起，直到重新获得成功；有的人稍遇挫折即意志消沉，一蹶不振；有的人能承受生活、学习、工作中的压力，却不能忍受自尊心受到点滴伤害，这都是由个体对压力和挫折的承受力决定的。所谓抗压力和挫折承受力是人们适应、抵抗和应对压力和挫折的一种能力，即指个体对压力和挫折的可忍耐、可接受程度的大小。大学生提升抗压力和挫折承受力，可以从以下几个方面入手。

1. 保持积极乐观的心态

做到失败不失志。面对挫折更加坚定信心、乐观向上、自强不息、顽强拼搏，最终战胜挫折取得成功。

2. 保持适中的自我期望水平

大学生精力充沛、朝气蓬勃，对生活充满着希望和梦想，对学习、生活往往怀有较高的期望和要求。而通常他们对生活中所遇到的坎坷估计不足，对自己的能力、知识水平也缺乏全面和系统的认识，一旦遭遇压力和不顺就容易产生挫折感。因此，大学生要根据自己的实际情况来确定学习、人际交往、工作以及未来等方面的短期和长期目标，既不要轻易地否定自己，也不要过高地估计自己，尽量保持适中的自我期望水平。

3. 学会分析压力和挫折

当代大学生普遍存在着理想与现实、自尊与自卑等多种心理的矛盾。因此，对于大学生来说，在全面认识自己的基础上，对不同阶段影响自己成长的主要心理压力和挫折进行分析，对提升抗压力和挫折承受力是至关重要的。譬如经济压力是来源于贫困，还是因过度支出引起的？心理压力是因自卑引起的，还是因交往不适引起的？通过分析及时找准自己存在的主要心理压力与挫折的原因，然后有针对性地学习提高自己的能力，适时调整、解决心理压力、化解挫折，从而达到提高大学生抗压力和挫折承受力的目的。

4. 积极投身实践活动

当代大学生大多生活在平静、安逸、舒适的生活氛围中，有必要走出教室，感受教室以外"无边无际的大课堂"，多经风雨、多见世面，从"坐而论道"发展到"起而力行"，在实践中受到磨炼和考验，从而变得更加成熟和坚强。为此，大学生可以积极投身校内外社会实践活动，如参加科技下乡青年志愿者活动，从事社会调查，进行家教和专业实习，参加演讲竞赛、远足、野营、登山、拉练、军训等专题实践活动。在实践活动中体验压力，面对挫折磨炼意志战胜自我，并从中获取社会经验，正视人生"舞台"背后许多真实的情景，领悟人生的哲理。

6-5 裂缝中的阳光

5. 在压力和挫折中磨炼自己，增强挫折承受力

压力、挫折、打击、灾情等可能摧毁弱者的意志，使之消沉、一蹶不振，而人格健全的人则在磨炼中变得更坚强。文王拘而演《周易》；仲尼厄而作《春秋》；屈原放逐，乃赋《离骚》；孙子膑脚，《兵法》修列……无数历史典故和生活实例都说明，挫折和逆境可以提升抗压力和挫折承受力，让人发愤图强。

6. 积极探索提升抗压力和挫折承受力的有效方式

生活中压力与挫折的来源是多方面的，且因人而异。对当代大学生来说，压力与挫折更多地表现为在完成学习任务过程中的矛盾和困惑。因此，大学生应该围绕学习任务，一方面积极探索缓解压力与挫折感的有效方式，不断增强自身抗挫折能力；另一方面由于控制压力需要长期方法和短期方法的结合，大学生要学会运用这些方法以减轻心理压力。长期方法包括松弛压力、沉思、自我对话以及运动；短期方法包括假期旅游计划等，这些都能缓解压力和挫折感，重新获得学习的信心和动力。

新时代的大学生，应该肩负起大学生应尽的责任，扛起一定的社会压力，背负人生奋斗的使命，努力前行。缓解压力，并非要消除压力，而是把压力控制在效率最高的水平上。因此，当代大学生要时刻觉察自己的压力，让压力保持一个适度的状态，保持青春活力的能量。

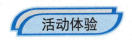

【心理活动体验四：我的挫折】

一、活动目的

学会正确看待挫折。

二、具体操作

请根据自己的实际情况,填写表6-3。填写好后3~5人一组,在小组中进行分享、讨论。

表6-3 挫折认知表

挫折情境	挫折认知	挫折感受	改变后的挫折认知	改变后的挫折感受
例如:告白失败	我真失败	沮丧	只是不合适而已	平静

三、教师总结

人的成长过程中压力和挫折是不可避免的,关键是我们如何看待它,积极的评价能使得压力和挫折转化为人生的垫脚石,而消极的评价则会使它们变成人生的绊脚石。

活动评价

活动评价表见表6-4。

表6-4 活动评价表

评价内容		评价标准	是/否
活动完成情况	活动四	能正确看待成长中的压力和挫折	
		能积极评价成长中的压力和挫折	
		能有效应对学习、生活中的压力和挫折	

自主测试

多选题。

1. 压力和挫折应对技巧中包含的内容有（   ）。
   A. 调整目标　　　　B. 倾诉　　　　C. 运动
   D. 正确归因　　　　E. 求助心理咨询

2. 小明由于一些原因不得不转学,来到新的学校上课,由于老师上课时用方言,小明听不懂,所以学习成绩下降,导致产生焦虑的心情,那么小明的压力源属于（   ）。
   A. 生理性压力源　　　　　　B. 心理性压力源
   C. 社会性压力源　　　　　　D. 文化性压力源

3. 如何提升抗压力和挫折承受力（   ）。
   A. 合理分析压力挫折产生的原因　　B. 保持乐观积极的心态
   C. 放纵自己不受约束　　　　　　　D. 积极投身实践活动

4. 积极的心理防御有（   ）。
   A. 幽默机制　　　　　　　　B. 替代机制
   C. 反向机制　　　　　　　　D. 认同机制

5. 大学生常见的压力包括（　　）。
A. 学习压力　　B. 就业压力　　C. 交往压力
D. 恋爱压力　　E. 经济压力

6. 大学生提升抗压承挫能力的方法有（　　）。
A. 保持积极乐观的心态　　　　B. 保持适中的自我期望水平
C. 学会分析压力和挫折　　　　D. 积极投身实践活动
E. 在压力和挫折中磨炼挫折承受力

复盘

经历风雨，使见彩虹——大学生压力与挫折应对复盘表见表6-5。

表6-5　经历风雨，使见彩虹——大学生压力与挫折应对复盘表

任务类别：□个人任务　　□小组任务			
个人姓名		班级	
小组成员		班级	
复盘：总结本模块任务完成情况，掌握了哪些知识和技能，锻炼了哪些能力，活动体验中获得那些感悟			

课后巩固

自助与助人：用所学的抗压耐挫的知识和技能，帮助自己或身边正遭遇压力与挫折的同学、亲友，有效地应对压力与挫折。

模块七 架起心桥，沟通你我——高职大学生人际交往

学习目标

知识目标

- 能认识到人际交往的重要意义，掌握人际交往的心理效应
- 了解大学生人际交往的特点
- 了解人际交往障碍产生的一般原因

能力目标

- 能对人际交往中常见的问题进行调适
- 掌握并灵活应用人际交往的一般原则和技巧

素质目标

- 乐于交往，在与别人交往中体验快乐和自我的成长
- 善于合作，最大限度地发挥集体的力量

任务一 认识人际交往和人际关系

情景导入

张某，女，20岁，某职业院校二年级学生，因为个性内向害羞，老认为自己是个怪人。上大学以来，她从不与人多讲话，与人讲话时眼睛躲闪，不敢直视对方，像做了亏心事一样。而且，不愿与班上同学接触，老觉得别人讨厌自己，在别人眼中自己是个怪人。同时，她最怕与男生接触，也很怕老师，上课时，只有老师背对学生时她才不紧张，只要老师面对学生，她就不敢朝黑板方向看。常常因为紧张，她对老师所讲的内容不知所云。更糟糕的是，她现今在家人、朋友面前说话也不太自然。自己看了不少心理学科普图书，按照社交技巧去指导自己，用理智说服自己，用意志控制自己，但作用就是不大。这种情况已经严重影响了她的学习和生活。

模块七 架起心桥，沟通你我——高职大学生人际交往

是什么原因造成"沟而不通"？你曾经遇到过哪些人际交往的问题呢？要解决人际交往中的困惑，首先要了解人际交往和人际关系的定义，清楚人际交往心理效应。

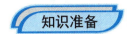

一、人际交往和人际关系

7-1 大学生人际关系概述

"一个没有交际能力的人，犹如陆地上的船，是永远不会漂泊到壮阔的大海中去的"。张某的烦恼很多同学都遇到过，其实不是对方怎么了，而是人际交往中的心理效应在起作用。首先我们要认识人际交往和人际关系的定义，清楚人际交往有多重要，再进一步地认清人际交往的心理效应。

1. 人际交往的定义

人际交往是指人与人之间相互作用的动态过程。它是社会生活中，人与人之间通过一定的方式进行接触，交流思想、沟通感情、传递信息，并在心理上和行为上产生影响的互动过程。

人际交往既是人的社会性的体现，也是人的社会性存在的前提条件。人们的交往过程也是人与人之间用多种方式和手段进行知识和情感的交流过程；交往的主体包括个人或群体；交往的方式可分为直接交往和间接交往、正式交往和非正式交往、单向交往和双向交往等类别；人际交往的双方往往互为客体，在双方互动的状态下形成和发展，彼此影响对方，也受对方的影响。

2. 人际关系的定义

所谓人际关系即人与人之间的关系，是人与人在交往过程中所产生的各种社会关系的总和。人际关系网络是付出和给予之间的不断平衡，一种双方同意的公平交易。在不同的发展阶段，会形成不同的人际关系网络，通常分为三类：以"感情"为基础的各类关系，包括亲情、友情和爱情；以"熟识"为基础的同事、同学、上下级等关系；缺乏任何基础的陌生关系，如萍水相逢。其中，最早产生的、最持久的人际关系是感情类人际关系。

大学生人际关系的诊断

这是一份大学生人际关系行为困扰的诊断量表，一共有28个问题，请根据自己的实际情况逐一对每个问题做"是"或"否"的回答。为了保证测验的准确性，请认真回答。

1. 关于自己的烦恼，有口难开。
2. 和陌生人见面的感觉不自然。
3. 过分地羡慕和嫉妒别人。
4. 与异性交往太少。
5. 对连续不断的会谈感到困难。
6. 在社交场合感到紧张。
7. 时常伤害别人。

119

8. 与异性来往感觉不自然。
9. 与一大群朋友在一起时会感到孤寂或失落。
10. 极易受窘。
11. 与别人不能和睦相处。
12. 不知道与异性如何适可而止。
13. 当不熟悉的人向自己倾诉他（她）的遭遇，以求同情时，自己常感到不自在。
14. 担心别人对自己有什么坏印象。
15. 总是尽力使别人赏识自己。
16. 暗自思慕异性。
17. 时常避免表达自己的感受。
18. 对自己的仪表（容貌）缺乏信心。
19. 讨厌某人或被某人所讨厌。
20. 瞧不起异性。
21. 不能专注地倾听。
22. 自己的烦恼无处倾诉。
23. 受别人排斥，感到冷漠。
24. 被异性瞧不起。
25. 不能广泛地听取各种意见和看法。
26. 自己常因受伤害而暗自伤心。
27. 常被别人谈论、愚弄。
28. 与异性交往不知如何更好地相处。

计分方法：选择"是"，加1分，选择"否"，加0分。将各题的分数相加，算出总分。根据总分对照如表7-1所示的评分表，就可以知道自己的情绪稳定程度。

表7-1 评分表

总分	人际交往状态	具体表现
0~8	你与朋友相处上的困扰较少	你善于交谈，性格比较开朗，主动关注别人。你对周围的朋友都比较好，愿意和他们在一起，他们也都喜欢你，你们相处得不错
9~14	你与朋友相处存在一定程度的困扰	你和朋友的关系并不牢固，时好时坏，经常处在一种起伏状态之中
15~28	同朋友相处的行为困扰比较严重	你的人际关系行为困扰程度很严重，而且在心理上出现较为明显的障碍

二、人际交往的意义

1. 人际交往对事业与生活的意义

美国卡耐基基金会对成功人士进行研究时发现：一个人的成功15%要靠专业知识，85%要靠良好的人际关系。

社会学家讲过这样一句话：成功来自聚会。

社会学家调查研究发现：从自己的生活伴侣到工作同事，我们中的每个人平均认识500个人，如果你善于经营自己的人际网络，你的人生也将因此变得非常丰富，你就不会孤独和寂寞。

2. 人际交往对大学生的意义

人际交往既是个人发展的需要，也是人们精神生活的需要。良好的人际关系对大学生的发展具有以下几个方面的意义。

（1）获得信息。大学生通过人际交往获得的知识，从内容渠道速度上来看，要比从书本上获得的知识更广，更多，更快。随着交往范围的扩大，大学生可以认识更多的人，了解更多的事，交换更多的思想，获得更多的信息。

（2）知己知彼。大学生在广泛的人际交往中可以表现出自己的思想和才能，使他人了解、赏识和接纳自己的性格、学识、能力和品质，在与他人的比较和他人对自己的评价中，客观、全面地认识自己。

（3）人际合作。人际关系影响大学生之间的群体凝聚力和学习效率。人际关系是群体内聚力的基础，而内聚力是提高学生学习效率的前提条件。友爱、和谐的人际关系会使人感到温暖、安全、愉快，从而激发积极性和创造性。冷漠、排斥、敌意的人际关系会使人产生压抑、焦虑、烦恼的情绪体验，从而阻碍人的潜能的发挥。据统计，不良的情绪会使脑力工作者的学习效率降低70%。俗话说："一个篱笆三个桩，一个好汉三个帮。"大学生通过与他人交往，学会与人合作，提高协调各种力量的能力，懂得依靠集体的智慧和力量，明确自己在团体中的角色，才能最大程度地开发自身潜能，实现自己的目标。

（4）调节身心。有关调查资料显示：41%的学生认为知心朋友在自己未来生活中很重要，59%的学生表示最快乐的时刻是与自己的好朋友在一起。同学之间通过相互交往，诉说个人的喜怒哀乐，在心理上可以获得一种归属感和安全感。那些孤僻、不合群、自卑、猜疑、嫉妒的学生，往往有更多的烦恼和忧愁难以排遣，会渐渐形成不健康的心理。长期恶劣的人际环境会导致各种身心疾病，如神经衰弱、高血压、溃疡病等。

（5）促进社会化。人际关系影响个体的个性发展。个体在自我发展和自我完善的过程中，不仅受自然环境的影响，而且还受人际关系的影响。研究表明，融洽的人际关系对个体具有以下作用：给个体以稳定感和归属感，使个体提高宽容和理解的能力；给个体以学习社交技巧的机会，使个体获得社交的经验；给个体以培养社会洞察力的机会，使个体在社会生活中逐渐成熟，明确自己的社会角色和地位。大学生通过与家人、同学、老师的交往，不断积累生活经验，学习社会生活所必需的知识技能、伦理道德、规范意识等，学会与人合作和竞争的能力，培养良好的道德品质，完善和健全人格特征，从而使自己成为一个成熟的社会人。

三、人际交往的心理效应

1. 首因效应

首因，即最初的印象或称第一印象，在人际交往中，人们往往注意开始接触到的信息，如对方的表情、身材、容貌等，而对后来接触到的信息不太注意，这就是首因效应，即我们常说的"先入为主"。形成第一印象所依据的信息是有限的，也不一定是真实可靠的。正所谓"路遥知马力，日久见人心"，仅凭第一印象就妄加判断"以貌取人"，往往会带来不可弥补的错误。《三国演义》中庞统当初准备效力东吴，于是去面见孙权。孙权见庞统相貌丑陋，心中先有几分不喜，又见他傲慢不羁，更觉不快。最后，以"广招人才"自居的孙权竟把与诸葛亮比肩齐名的奇才庞统拒于门外，尽管鲁肃苦言相劝，也无济于事。众所周知，礼节、相貌与才华无必然联系，但是礼贤下士的孙权也未能避免这种偏见，可见第一印象的影响之大。

2. 近因效应

近因效应是指多种刺激依次出现的时候，印象的形成主要取决于后来出现的刺激，即交往过程中，我们对他人最近、最新的认识占了主体地位，掩盖了以往形成的对他人的评价，因此也称为"新颖效应"。多年不见的朋友或老同学，在自己的脑海中最深的印象，其实就是临别时的情景。首因效应和近因效应不是对立的，而是一个问题的两个方面。在对陌生人的认知中，首因效应比较明显；而对熟识人的认知中，近因效应作用明显。

3. 光环效应

光环效应又称晕轮效应，它是一种影响人际知觉的因素。这种爱屋及乌的强烈知觉的品质或特点，就像月晕的光环一样，向周围弥漫、扩散，所以人们就形象地称这一心理效应为光环效应。

名人效应是一种典型的光环效应。不难发现，广告代言人大多是歌星、影星等名人，因为名人推出的商品更容易得到大家的认同。

男女朋友之间也经常会出现光环效应。两个恩爱的人在一起，便会觉得对方身上都是优点，没有一点点缺点。

4. 刻板效应

刻板效应是指由于社会的影响，对某个人或某一类人产生的一种比较固定的看法。如我们一般认为：北方人豪爽，南方人精明；工人粗犷，农民淳朴；方下巴的人意志坚强，额头宽大的人聪明；胖人心地善良，虎头虎脑的人忠厚诚实。这些都是刻板印象。刻板印象在人际沟通中有利有弊，从积极的一面来讲，它有助于我们对他人有一个概括性的了解；从消极的一面来讲，刻板印象抹杀了个别差异，容易形成偏见，使人做出错误的判断。事实上，某一类人所具有的特点并不一定在所有人中体现，对某人的刻板印象不见得与他本人的真实特点相符合。

5. 投射效应

投射效应是指将自己的特点归因到其他人身上的倾向。在认知和对他人形成印象时，以为他人也具备与自己相似的特性的现象，把自己的感情、意志、特性投射到他人身上并强加于人，即推己及人的认知障碍。比如，一个心地善良的人会以为别人都是善良的；一个经常算计别人的人就会觉得别人也在算计他等。投射效应使人们倾向于按照自己是什么样的人来知觉他人，而不是按照被观察者的真实情况进行知觉。当观察者与观察对象十分相像时，观察者的感知会很准确，但这并不是因为他们的知觉准确，而是因为此时的被观察者与自己相似。投射效应是一种严重的认知心理偏差，辩证地、一分为二地去对待别人和对待自己，才是克服投射效应的有效方法。

活动体验

【心理活动体验一：人际交往的意义——我的心愿】

一、活动目的

清楚自己的人际困惑，认识到人际交往的重要性。

二、具体操作

1. 学生分成6人一组，围圈坐下。
2. 鼓励学生讲自己人际交往中的"1+1"，即一个困惑和一个心愿。
3. 老师做示范，说出人际交往中不喜欢的和喜欢的人和事。
4. 学生组内进行分享后，每组派一个代表在班级内分享。

三、教师总结

人际交往过程中难免会遇到困惑，但是人际交往既是个人发展的需要，也是人们精神生活的需要。良好的人际关系对大学生的发展具有多方面的意义，因此大家应该积极地进行人际交往。

活动评价

活动评价表见表7-2。

表7-2　活动评价表

评价内容		评价标准	是/否
活动完成情况	活动一	能认识到自己人际交往中的不足	
		能明确人际交往的重要意义	

任务二　掌握大学生人际交往的常见问题及调适方法

情景导入

大二女生王某，为人较为自私，和宿舍成员关系一直不冷不热。王某在大一期间任班长一职，因工作事件与室友谢某误会很深，关系特别紧张。某日，王某因谢某通电话时某些言语，误以为其映射辱骂自己，愤怒摔门而出，由此二人关系更加恶化。

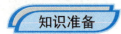

大学生特有的年龄阶段和心理特点，使他们经常会出现不良的交往心理。因此，必须重视大学生的交往心理，加强疏导。

知识准备

一、大学生人际交往中常见的问题

大学生思想活跃，兴趣广泛，人际交往的愿望强烈。他们渴望认识新朋友，渴望让更多的人了解自己。但在具体的人际交往中，又常常遇到各种挫折困扰。因此，必须重视大学生的交往心理，加以疏导。

7-2 大学生人际交往

1. 不敢交往

在人际交往的实践活动中，很多人都存在不同程度的恐惧心理，只是每个人的反应程度不同。有一部分大学生在这方面反应特别强烈，在与人交往时明显表现紧张、两眼不敢正视别人，有时语无伦次、词不达意，尤其在很多人的场合或者在集体活动中更加感到恐惧，继续发展严重可导致社交恐惧症。

2. 不愿交往

有的大学生在经历了"千军万马过独木桥"的高考失利之后，形成嫉妒与自卑心理，认为自己不如别人，怕别人瞧不起自己，缺乏与同学基本的合作精神；有的同学因为家里条件好，到大学后以自我为中心，自高自大，瞧不起其他人；有的人遇事总是回避、退让，整日郁郁寡欢，缺乏交往的愿望和兴趣。

3. 不善交往

有的大学生在与人交往的过程中表现过于生硬，心存感激不会讲出来；有的大学生因认知偏见产生生理障碍，不注意交往中的"第一印象"，不讲究交际艺术；有的大学生在与人交往的过程中不注意交往的原则，开玩笑不注意场合或不懂装懂、夸夸其谈等，这些表现都有损自身形象，影响了与他人进一步的交往。

4. 不懂交往

有的大学生不懂交往的技巧，在交往中表现为自卑、猜疑、嫉妒、恐惧等，或缺乏人际交往的基本技能，虽然渴望交往，但由于交往方式欠妥，交往能力有限或个性存在缺陷等，交往失败。长期的交往失败，便把交往看成一种负担，渐渐地变得自我封闭。

二、大学生人际交往问题产生的原因

1. 心理原因

大学生处于特定的生理发展期，自制能力较弱，遇事容易冲动，有些同学认为自己做事爽快，实则是冲动表现。还有的同学爱面子，这也经常导致大学生之间的冲突。有很多人际冲突都是发生在没有什么原则问题的小事情上，比如，一次无意的碰撞、不经意的言语伤害等，本来只要打个招呼、说声道歉也就没事了，但双方都"赌气"，出言不逊，结果争吵起来。更有甚者，动不动就拔拳相见，造成头破血流，事后懊悔不迭。从心理学角度讲，这是

双方都在用不适当的方法维护自尊,即典型的"面子"心理。仿佛谁先道歉就伤了面子,谁在威胁面前低了头,谁就是无能,于是矛盾层层升级,甚至以悲剧而告终。

2. 社会原因

在不同生活背景下成长起来的大学生,其思维方式和潜意识都会有很大差异。在大学生的人际交往中,贫困大学生的人际交往问题显得十分突出。贫困大学生有着和普通大学生一样的交往需要,但是由于家庭生活贫困,许多学生不能正确处理个人与同学的关系,在人群中感到不自在。而家庭条件相对较好的大学生却经常有意无意地表现出自身的优越性。这种优越性会刺伤贫困大学生脆弱的自尊心,继而产生隔阂。

另外,由于家庭环境差异而产生的认识上的不同,也是造成人际关系冲突的一个主要原因。贫困大学生与富裕大学生之间的矛盾,绝不仅仅是高档用品上的差异,而是根植在头脑之中的贫富差异,以及在长期的不同生活环境下产生的价值观的差异。

3. 利益原因

在大学里存在着各种形式的竞争,如奖学金的评定、学生干部的竞选、党员的推荐以及各种评优,这些都可能给大学生的人际关系带来微妙的变化,甚至引发冲突。

4. 个性原因

在这个讲求个性的时代,大学生来自不同的地方,由于成长环境不同,他们有着不同的价值观和生活习惯。每个大学生都在追求或培养着自己的个性,这给大学生的人际关系无形中增添了许多危险的因素。有很多人际冲突就是因为一方或双方个性太强,不肯让步形成的。比如,有的同学其他方面都很好,但脾气暴躁,常因为一些小事跟同学发生冲突,最终影响了大学生活。

良好的人际关系是大学生心理健康的重要保证,具有良好的人际交往能力也是一个人适应社会、走向成功的重要能力。因此,作为当代大学生应该有意识地培养自己的人际交往能力,掌握人际交往的技巧,懂得人际交往的基本原则,遵循人际交往的规律。

三、大学生人际交往不良心理的调适

不良的人际交往心理不仅影响大学生的学习和生活质量,而且影响大学生的心理健康。因此,了解大学生人际交往中存在的不良心理,提出有针对性的调适方法,有助于改善大学生的人际交往状况,提高大学生的心理健康水平。

7-3 优化人际交往

1. 自卑心理的调适

在心理学上,自卑属于性格上的一个缺点。自卑是一种因个人自认为不如别人而产生的轻视自己的不良心理,表现为忧郁、悲观、孤僻,很多同学都习惯于拿自己的短处和别人的长处比较,过低地评价自己,常有"我不行""我不如他们"等消极暗示,对自己信心不足,盲目地依赖别人、取悦别人;不敢涉足新的交往领域,在交往中总是表现羞怯、忧伤、退缩。而这会使自己陷入更深的自卑中。自卑心理可以从以下几方面进行调适。

(1) 正确认识自身的生理缺陷和不足。要认识到只有通过自己的努力和奋斗,不断增长知识,提高自身的全面素质,才有可能改变自己的家庭状况,提高自己的社会地位,减轻

生理缺陷的影响。

（2）进行积极的自我暗示、自我鼓励。尤其当处于不利地位时，要给自己加油打气，竭尽全力争取成功。

（3）正确认识自我，提高自我评价。要善于发现自己的长处，肯定自己的成绩，改善自我形象，积极参加社交。

（4）积极与人交往。自卑的人往往容易把自己孤立起来，并形成恶性循环。越害怕交往，就越自卑，但也要看到自己在人际交往中有许多积极因素，因为他们大多谦虚，善于体谅人，所以应尽量积极地与人交往，并通过成功的交往开阔自己的胸怀，克服自卑心理。

2. 自负心理的调适

自负是骄傲自大、自以为是，过于相信自己而不信他人，只关心自己的需求而不去考虑他人的感受。外在的自负源于内在的自卑，自负心理易导致部分学生自我封闭在狭小空间里。大学生主要从以下几个方面改善自负心理。

（1）接受批评。接受批评是根治自负的最佳办法。自负者致命的弱点就是不愿意改变自己的态度或者接受别人的观点。接受批评不是让自负者完全服从他人，只是要求他们能够接受别人正确的观点。

（2）学会与人平等相处。自负者通常无论在观念还是行动上都要求别人服从自己。平等相处就是要求自负者与别人平等交往。

（3）提高自我认识。要全面地认识自我，既要看到自己的优点和长处，又要看到自己的缺点和不足，不可"一叶障目，不见泰山"。与人比较不能总拿自己的长处去比别人的不足，把别人看得一无是处。

（4）以发展的眼光看待自己。辉煌的过去可能说明你过去是优秀的，但并不代表现在，更不预示着将来。

3. 孤独心理的调适

孤独心理表现为不愿与他人交往，喜欢独来独往，不合群。由于不善于主动与他人交往而感到孤立，自我心理压力大，生活态度不乐观。孤独一般表现为把自己的真实的思想、情感、欲望掩盖起来，对别人心怀戒备，自我防御心极强。由于难以沟通，使人感到与之交往很累或者无效。如何面对人际交往中的孤独感呢？

（1）把自己融入集体之中。任何一个大学生都处在一定的环境中，拒绝把自己融入集体之中去，孤独肯定会格外地垂青你。

（2）积极参与社交活动。要敢于冲破自我封闭的枷锁，越过心灵的障碍，通过广泛的交流寻觅知音。当真正感到与同学们心理相容并为人所接受时，就会享受到正常的人际交往的快乐与幸福。

（3）克服不良的人格因素。高傲、冷僻、尖酸、刻薄等不良人格往往会使人与你疏远，应该加以克服和矫正。

（4）培养慎独的功夫。失意与独处在人生中不可避免，培养自己慎独的功夫，以期在个人独处时不至于会有太多的孤独、寂寞之苦。

4. 猜疑心理的调适

猜疑心理就是在对人对事没有进行客观的了解之前，主观地进行假设与推测，是一个非理智的判断过程。猜疑心理在人际交往中表现为对他人不够信任，与人交往时过分小心谨慎，待人不够诚恳，往往误解他人的好意。猜疑心理的正确调适方法有以下几种。

（1）学会正确的人际认知方法。对他人和客观事物的认识要力求客观、全面、公正，这样才会避免猜疑。

（2）加强沟通，多做调查研究。有问题不要马上乱猜测、乱对号，否则就会产生忌恨和报复心理。要主动与你所怀疑的对象多接触、多交流，敞开心胸交流，这样往往会得到你意想不到的效果。

（3）学会"冷处理"。对于那些一时得不到证实的事情，最好的办法就是先放一放，相信总有水落石出的时候。急于求成、胡乱猜测，弊多利少，远不及耐心考察的"冷处理"方法好。

（4）学会识别信息。猜疑心理可能源于自身，也可能是听信别人的流言蜚语而产生的。因此，在人际交往中，要善于对信息和信息源进行认真的鉴别，冷静筛选，去伪存真，不可偏信。善于鉴别信息真伪，是大学生修身处世、避免在人际交往中走入误区的重要武器。

5. 妒忌心理的调适

妒忌是担心别人超过自己引起的抵触情绪体验，是心胸狭窄、自私自利的心理表现。巴尔扎克说过，"妒忌潜伏在人心底，如毒蛇潜伏在穴中。"嫉妒者比任何不幸的人更为痛苦，别人的幸福和他自己的不幸将使他痛苦万分。妒忌是一种十分有害的不良心理，对这种不良心理的调适主要从以下几个方面入手。

（1）纠正自己认知的偏差。妒忌者在别人成功时，总以为别人的成功是对自己的威胁，是对自己利益的侵占。妒忌者应该学习别人的长处来克服自己的短处，而不是以己之短比人之长。

（2）积极升华。应该把不服气的心理引导到积极的方面，化嫉妒为积极进取的力量，赶上甚至超过对方。

（3）积极地进行注意转移。妒忌的产生总是在闲暇时间，如果我们积极参加有益的活动，使自己的生活充实起来，也许就没有时间去嫉妒别人。我们应该有意识地进行注意转移，看看自己的优点，这样便会使原先失衡的心理获得一种新的平衡，嫉妒心理也就不会产生。

（4）学会欣赏别人的成功和优点。学会悦纳他人，学会赞美别人的成功和优点，在真诚的祝愿中学会"我好，你也好"的交往态度。

活动体验

【心理活动体验二：角色扮演——寝室风波】

一、活动目的

帮助学生认识寝室每个成员的习惯的不同，促进理解，优化寝室人际关系。

7-4 宿舍关系

二、具体操作

1. 情境：小黄晚上和早晨都喜欢打开窗户，换换新鲜空气，其他室友却觉得小黄存心让他们着凉生病，一起指责他；小黄认为，室友们不注意时间的掌握，很晚才归宿，严重影响自己的休息和生活习惯。

2. 请4名同学扮演不同角色，表演寝室风波。

3. 小组讨论交流，大组分享。

三、教师总结

大学宿舍人际关系是社会人际关系的缩影，是大学生思想、行为及情感的晴雨表。能否处理好宿舍人际关系是衡量大学生人际交往能力和心理素质水平的标尺。大学生每天与室友间的接触与交往的时间比较长，因此，与室友的关系融洽与否，决定了一天的大多数时间里心情是否愉快，如何处理好寝室人际关系呢？

一是共同遵守宿舍规定。如统一作息时间、协作搞好宿舍卫生，合理使用宿舍公共资源、积极参加宿舍集体活动等。

二是注重交往细节。不搞小"团体"、不逞口舌之快、不触犯室友隐私、不拒绝小惠而报之以感谢、别人有难要帮、不斤斤计较等。

三是学会化解冲突。室友之间对抗、不理解、怀疑、敌意、拒绝、破坏等冲突，虽然隐藏在宿舍内部，相对不公开，但对我们的身心健康影响很大。遇到冲突时，可采取幽默法、回避法、合作法、求和法等方式化解。

活动评价

活动评价表见表7-3。

表7-3 活动评价表

评价内容		评价标准	是/否
活动完成情况	活动二	能认识并尊重寝室每个室友性格、习惯的不同	
		能遵守寝室规定，注重交往细节	
		能学会化解人际冲突	

任务三　掌握大学生人际交往原则与技巧

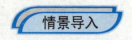

小刚是新能源汽车专业大三的学生，目前正在企业顶岗实习，但最近因与带教师傅发生

不愉快,心情郁闷,因此求助心理咨询老师,想解决人际交往的困扰。

不懂得人际交往技巧的人在工作中很难与人愉快合作,从而影响工作进展,在生活中也很难拥有良好人缘,从而影响自己的心情。

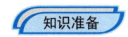
知识准备

7-5 朋友,其实我想拒绝你

一、大学生人际交往原则

1. 平等原则

平等是建立人际关系的前提。人际交往作为人们之间的心理沟通,是主动的相互的,有来有往。人都有友爱和受人尊敬的需要,都希望得到别人的平等对待,人的这种需要就是平等的需要。

萧伯纳有一次和邻居的小女孩一起玩耍,当送小女孩回家时,他对小女孩说:"知道我是谁吗?回家告诉你妈妈,就说和你一起玩的是萧伯纳。"小女孩天真地回应说:"知道我是谁吗?回家告诉你妈妈,就说和你一起玩的是克里·佩丝莱娅。"大文豪听了,不禁惭愧。后来,他对朋友谈起此事,感慨道:"一个7岁的小女孩给我上了人生中最好且最重要的一课,一个人无论有多大的成就,他在人格上与任何人都是平等的,这个教训我一辈子也忘不了。"

2. 尊重原则

人际关系的基础是人与人之间的相互重视、相互支持、相互尊重,对于真心接纳我们的人,我们也愿意接纳对方,愿意同他们交往并建立和维持关系。由此可见,"敬人者,人必敬之",给别人以充分的尊重,才会赢得他人的尊重。因此大学生在人际交往中应坚持平等原则,尊重他人,理解他人,关心他人,建立起有利于成长和进步的人际关系。

3. 信用原则

信用即指一个人诚实、不欺骗、遵守诺言,从而赢得他人的信任。人离不开交往,交往离不开信用。要做到说话算数,不轻许诺言。与人交往时要热情友好,以诚相待,不卑不亢,以博取他人的信任,使他人产生乐于与你交往的欲望。

4. 互利原则

互利指交往双方的互惠互利,人际交往是一种双向行为,故有"来而不往非礼也"之说。只有单方获益的人际交往是不长久的,所谓的双方受益不仅是指物质上的,还有精神上的,因此双方都要付出和奉献。

5. 真诚原则

真诚待人是人际交往中最有价值、最重要的原则,指的是交往过程中真诚待人,实事求是,不虚情假意。我们每个人都希望自己得到真诚的友谊,交到真诚的朋友。其实,真诚对我们来说很简单,只要自己出发点端正,做人真诚善良,对待身边的人真诚有爱,你得到的回报也是如此。

6. 宽容原则

宽容是指人际交往中的心理相容，即人与人之间的融洽关系。它包括与人相处时的容纳、包涵、宽容及忍让。在生活中，我们每个人的性格、生活习惯、生活方式、价值观、人生观均不同，在人际交往中难免会产生这样那样的误解和矛盾，这就要求人们在交往中遵循宽容的原则。

张三在山间小路开车，正当他悠然地欣赏美丽的风景时，突然迎面开来的货车司机摇下窗户大喊一声："猪！"张三越想越气，也摇下车窗大骂："你才是猪！"刚骂完，他便迎头撞上一群过马路的猪。

启示：善待别人，就是善待自己，错误地诠释别人的好意，那只会让自己吃亏。

二、提高人际吸引力

1. 增强人格品质的吸引力

人格品质是影响人际吸引力的最稳定因素，也是最重要的因素之一。美国学者安德森深入研究影响人际关系的人格品质，认为受喜欢程度最高的人格品质是真诚、诚实、理解、忠诚、真实、可信。安德森认为：真诚受人欢迎，不真诚则令人厌恶。

2. 增强仪表的吸引力

容貌、体态、服饰、举止、风度等外在因素在人际交往中的作用很大，"爱美之心，人皆有之"。人们喜欢美好的东西，这是一种自然倾向。尤其是在交往的初期，好的外貌容易给人良好的第一印象。

一个人若想提高人际吸引力，则应进行合适的"印象修饰"。从自己的服饰、举止、面部表情、精神状态等方面做出适合于自身角色和特定情境需要的修饰行为，产生令他人愿意接近、接受的吸引力。

3. 增强能力和才华的吸引力

才华主要是指一个人的智慧、能力、学识等，是智商（IQ）和情商（EQ）的综合。一个人的学识高低，常表现在他的言谈举止上以及处理难题方面是否有能力、是否可信等。

维系人与人之间的长久吸引，主要靠内在美，即人格魅力。如果一个人有一张美丽的面孔，再加上善良和智慧，那么他（她）将永远拥有魅力。反之，一个人即使有一张美丽的面孔，却是一颗狠毒的心，最后连他（她）的面孔也将令人厌恶。正因为如此，一个人只有拥有更多的内在条件，如学识、才干、品德，才能够提高自己的人际吸引力。

三、把握人际交往技巧

人际交往大体上分为语言交往和非语言交往。语言交往通常以达意的功能为主，非语言交往则一般以传情的功能为主。

7-6 箱中人——社交恐惧症

1. 掌握语言交往技巧

俗话说"良言一句三冬暖，恶语伤人六月寒"，这句话告诉我们语言在交往过程中的重要性，掌握好语言交往技巧，可以促进感情的深入。

（1）称呼得体。恰当的称呼，能够使人获得一种心理满足，使对方感到亲切。在交往过程中，要根据对方的年龄、身份、职业等具体情况及交往的场合、双方关系的亲疏远近来决定对方的称呼。对长辈的称呼要尊敬，对同辈的称呼要亲切、友好，对关系密切的人可直呼其名，对不熟悉的人要用敬辞。

（2）说话要注意礼貌。语言艺术运用得好，就能吸引对方；调动彼此倾谈的激情和兴趣，从内容到形式适合对方的心理需要，有助于人际交往。

（3）适时适度的赞美对方。每个人都希望别人赞美自己。适当的夸赞，会让对方心情愉悦。但是赞美要适度，不能曲意逢迎，也不能夸大其词。真诚是赞美的前提。赞美越具体越好，赞美的话越细致越好。当室友穿了件漂亮的衣服，可以用"很适合你，效果不错"表达赞美，当同学在比赛中获得了荣誉，要衷心地表达祝贺与鼓励。间接的赞美也会取得意想不到的效果。

2. 掌握非语言交往技巧

非语言交往是指交往双方通过服饰、目光、表情、身体的动作姿态、人际空间距离和交往频率等进行沟通的技巧。在人际交往中，虽然非语言行为通常只是语言行为的辅助和强化手段，但它有的时候可以代替语言传情达意，还可以微妙地传递语言难以表达的弦外之音。

（1）人际距离。人际距离其实也是人与人之间的心理距离，心理学根据不同的交往对象和情境，划分了四种交往距离。①公众距离，大于360厘米。这个空间内，人际间的双向交往大大减少，一般都是单向的交往，比如演讲报告、明星演唱会等；②社交距离，120～360厘米，保持这一距离的人们，谈话的内容一般都是正式公开的；③个人距离，45～120厘米，这个区域有较大的开放性，一般朋友和熟人可以自由地进入这个空间；④亲密距离，45厘米以内，这个距离内的都是家庭成员、亲密朋友等关系最密切的人，如果没达到那种亲密程度的人插足这个区域很容易引起对方的反感。所以大家在交往过程中，一定要把握好交往距离的尺度。

（2）体势。这包括体态和身体的动作和手势。在人际交往中，人的举手投足、回眸顾盼都能传达特定的态度和含义。当身体微微倾向对方，表示热情和感兴趣；微微欠身表示谦恭有礼；身体后仰，显得轻视和傲慢；身体侧转或者背向对方，表示厌恶反感，不屑一顾。不同的手势也具有各种含义。摆手表示拒绝制止或者否定；双手外摊表示无可奈何；摇头皮表示困惑；搓手或者拽衣领表示紧张；拍脑袋表示自责或者醒悟；竖起大拇指表示夸奖；伸出小拇指表示轻蔑。值得注意的是，同样的体势，不同的人使用，给人的感觉不一样。比如：领导或者长辈对下级、晚辈拉拉手、拍拍肩，表示赞许和鼓励。但是下级、晚辈对上级或长辈做这样的动作则会被认为不尊重。

（3）交往频率。这是指在特定的时间里人与人之间的见面、来往的次数。掌握交往频率，可以维护自己的形象，发展友谊。

四、人际关系的优化

1. 班级人际关系的优化

班级人际关系是指班级中同学之间在相互交往过程中形成的比较稳定的心理关系。班级人际关系如何，不仅影响班集体的形象和发展，也影响大学生个体社会化和个性的发展。如何学会与班级中不同类型的同学相处，不妨尝试以下几种方法。

(1) 换个角度，改变心态。大学班集体少则几十人，多则上百人。由于个性、生活习惯、家庭背景等的差异，难免会产生各种摩擦或冲突。有时要换个角度，发现事物的积极面，感受就完全不同。

(2) 对症下药，缓解人际冲突。冲突产生后，不妨多问自己几个问题："对同班同学了解了多少？""他们的无心之错，我们宽容了多少？""我们发现了多少优点？"对同学了解得越多，冲突会越少。对待班上的同学，如果我们多一分理解，多一分关心，多一分欣赏，多一分宽容，那彼此之间的信任感、和谐感和幸福感会不断增多。

(3) 发挥班干部的表率作用，提高班级凝聚力。班干部是连接老师和同学的纽带，一个好的班集体很大程度取决于班干部是否称职、能否带动班级成员形成凝聚力。班干部应做好表率、以身作则，主动关心、了解同学，虚心接受同学建议。同时，在为同学和老师的服务中，班干部要不断提高自身的能力。

2. 异性人际关系的优化

由于性生理的成熟、性意识的觉醒和性心理的逐步发展，大学生对异性之间的交往感到既好奇又困惑。相比中学而言，大学生异性之间的交往更自然、更大方。大学生也更加重视异性交往，具体表现在：大学生更在意异性同学的评价，更注意在异性同学面前的言谈举止，与异性交往时心思更细腻等。有研究显示，绝大多数大学生渴望与异性交往，而且异性友谊对自尊心的影响程度更大，带来的烦恼更多。因此优化与异性的交往是十分必要的。

(1) 我们既要反对男女之间"授受不亲"的封建传统观念，又要注意"男女有别"的客观事实。彼此做到"不失足于人，不失色于人，不失心于人"，这样男女同学的真诚友谊才有保障。

(2) 要把握好友谊与爱情的度。在友情和爱情之间并没有不可逾越的鸿沟，超过一定的限度，兴许你自己也分不清是友谊还是爱情了。如果在异性交往中，有意或者无意地联想到彼此之间可否发展成恋人关系，就会增添彼此的心理负担，使正常的异性交往变得各怀心事，别别扭扭。

(3) 相处中的男女同学要自尊、自立、自制、自重。恋人交往属于异性交往，不少大学生之所以深陷失恋的痛苦中无法自拔，是因为他们把爱情的失去等同于自我价值的失去，从而使情绪或行为失控。

3. 师生人际关系的优化

除了同学之间的关系外，师生关系也是构成大学生人际关系的重要方面。与中小学相比，大学师生的交往范围要小得多，而且具有自发性、偶然性，且多局限于知识学习方面。因而不少大学生在对老师的关系上表现得拘谨和胆怯，对建立和谐良好的师生关系显得无所适从。融洽师生关系可从以下几个方面做起。

(1) 相互尊重。尊重是一种爱，一种信任。师生之间要主动尊重彼此的人格，尊重彼此的劳动成果。只有老师与学生都为对方付出真挚的、深厚的爱，师生之间才能建立起高度的人格信任，促进良好师生关系的形成。

(2) 相互理解。这是老师与学生有效交往的前提，更是师生沟通的关键。因此，理解学生，是老师的首要任务；理解老师，是学生优化师生人际关系的基础。

(3) 平等交往。平等交往主要是人格上的平等。老师与学生虽然角色不同，但是人格是平等的。只有师生都具备这种平等心态，师生才可能真正沟通。学生和老师都要正确理解平等，正确对待平等，建立平等的是师生关系。

（4）拓宽交流渠道。在活动和交往中更有利于良好师生关系的建立。课堂教学是师生交往的主要途径，此外，日常生活中的交往是建立良好师生关系不可或缺的一条渠道。

活动体验

【心理活动体验三：倾听技巧——学会倾听】

一、活动目的

1. 学习人际沟通的基本态度（技巧）——倾听。
2. 会"倾听"与"回馈"在人际沟通中所产生的效果。
3. 思考每一种倾听方式应注意的问题。

二、具体操作

找一个练习伙伴，与他进行角色扮演。首先，让伙伴说一个故事，你分别用下列五种倾听方法去听，然后回忆自己分别听到了什么内容，并且问问同伴的感受。然后，换一下角色，由你来讲一个故事，让同伴用这五种方法进行倾听、分析并记下自己的感受。

五种倾听方法分别是：忽视地听、假装地听、有选择地听、全神贯注地听、有同情心地听。

三、练习效果检查

以下是顾客的动作或问话，你能听出顾客的潜台词吗？

1. 顾客故意发出一些声响，如咳嗽、清嗓子、把单据弄得沙沙作响。

   潜台词是：_____

2. "有别的型号吗？"

   潜台词是：_____

四、教师总结

在人际沟通中，倾听并不只是听对方说出来的意见、想法，更重要的是要用心倾听对方所传达的信息，这样才能真正达到双方沟通的目的。"倾听"的要领是耐心、关心，认真倾听既是一种基本的沟通态度，也是一种可习得的技巧。

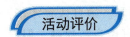

活动评价表见表7-4。

表7-4　活动评价表

评价内容		评价标准	是/否
活动完成情况	活动三	认真倾听时，能仔细观察自己和对方的感受	
		能够听出话里的内心需求与情绪	
		能够掌握倾听的技巧，提升人际沟通能力	

自主测试

多选题。

1. 人际交往的心理效应有（　　　）。
   A. 首因效应　　B. 近因效应　　C. 光环效应
   D. 投射效应　　E. 刻板效应
2. 大学生人际交往常见的问题有（　　　）。
   A. 不敢交往　　B. 不愿交往　　C. 不善交往　　D. 不懂交往
3. 人际交往的原则有（　　　）。
   A. 平等原则　　B. 尊重原则　　C. 互利原则
   D. 信用原则　　E. 宽容原则　　F. 真诚原则
4. 人际交往的技巧有（　　　）。
   A. 称呼得体　　B. 注意礼貌用语　　C. 适度赞美
   D. 注意倾听　　E. 把握人际空间距离

复盘

架起心桥，沟通你我——高职大学生人际交往复盘表见表7-5。

表7-5　架起心桥，沟通你我——高职大学生人际交往复盘表

任务类别：□个人任务　　□小组任务			
个人姓名		班级	
小组成员		班级	
复盘：总结本模块任务完成情况，掌握了哪些知识和技能，锻炼了哪些能力，活动体验中获得哪些感悟			

课后巩固

1. 课后拓展

林某，女，20岁，大一学生，写得一手好文章，还弹得一手好钢琴。她自认有才华，为人傲慢，很少与班上同学交往。后来她与舍友张某一同参加校园"好声音"比赛，但没想到她没入围决赛，张某却在决赛中获得了"最佳人气选手"奖，舍友们为张某举办了庆功会，她感觉大家都挺虚伪的，为此闷闷不乐。后来她又跟舍友发生过几次不小的冲突，关系相当紧张。她认为周围没有一个了解她的人。常常想念高中时期交的知心朋友，感到自己特别的孤独。

你觉得林某的问题出在哪？你将如何帮助她？

_____

_____

_____

2. 影片赏析:《刁蛮掌门人》

《刁蛮掌门人》讲的是一个叫凯蒂的女孩到一所新学校后,如何与一个小帮派处理好关系的故事。

每个人自身都有一种特质,能吸引到某些人。想要增加自己的人际吸引指数,就要充分发挥自身的良好特质,创造更多让别人接近你、了解你的机会,同时也要学会抓住了解别人、接近别人的机会。

模块八 窈窕淑女，君子好逑——高职大学生恋爱与性心理

学习目标

知识目标

- 了解什么是爱情及爱情的特征
- 熟悉大学生恋爱中常见的心理问题
- 了解性心理的特点及相关问题的调适方法

能力目标

- 提高恋爱中常见心理问题的调适能力
- 增强性心理问题的调适能力
- 加强对不良性行为的防范意识

素质目标

- 培养正确的恋爱观和性爱观
- 培养爱的能力与责任
- 树立正确的性意识

任务一 培养爱的能力

情景导入

小王刚刚步入大学，遇到了一个喜欢自己的男孩小丁，小王对小丁印象也很好，两个人走到了一起。因为第一次恋爱，爱情的甜蜜占据了两个人所有的生活。

每天的幸福生活从互道早安开始，下课以后也在一起，晚上一起散步到很晚，渐渐小王脱离了宿舍、班级的集体社交，她的心里、眼里、生活里都只有男朋友。

由于小王太过于在乎这段感情，为了爱情放弃了自己所有的私人生活。但小丁对大学生活很喜欢，逐渐地投入更多时间到集体活动中。小王接受不了，她理解不了，因为这个产生了争执。两人之间产生了嫌隙，小丁劝告小王："我们的感情生活和大学的集体生活并不矛盾，我也要有朋友，我也要参加社团活动，我们同学也有集体活动，我们并不是要每时每刻

都腻在一起，我们互相之间也要给予对方一定的空间。"小王不知所措，她迷茫、紧张、担忧，这些负面情绪严重影响了她的学习和生活，更严重的是，在她和小丁单独约会的时候，也带入不良情绪，给恋爱关系造成了极大的困扰。

结局可想而知，小丁主动提出了分手，小王完全没想到因为自己太过于在意而造成了严重的后果。

爱情是人类永恒的话题，遨游于知识海洋中的大学生们也会面临这个亘古常新的课题。青年大学生性生理已发育成熟，性意识增强，他们渴望爱情，因此大学生中恋爱已成为正常现象，但是恋爱中难免遇到困扰，应该如何处理呢？

知识准备

爱情是什么，它与恋爱和婚姻的关系又如何，大学生恋爱有哪些特点？这些都是需要我们认真探讨的问题。分析大学生的恋爱心理，帮助大学生树立正确的恋爱观，才能做好爱的心理准备。

一、什么是爱情

周国平说"爱有一千个定义，没有一个定义能够把它的内涵穷尽。"爱情究竟是什么呢？

8-1 爱情的内涵

1. 爱情的定义

马克思指出："爱情是基于一定的客观物质条件和共同的生活理想，在各自心中形成的真挚的爱慕，并渴望对方成为终身伴侣的一种最强烈、最专一的感情。"我国伦理学家罗国杰提出："爱情是指在一定社会经济文化状态下，异性之间以共同的生活理想为基础，以平等互爱和自愿承担责任和义务为前提，以渴求结为终身伴侣为目的，而按照一定的道德标准自主结成的一种具有排他性和持久性的特殊社会关系。"

综上所述，爱情是指一对男女基于一定客观物质条件和共同的人生理想，在各自内心中形成的相互间最真挚的爱慕，并渴望对方成为自己终身伴侣的最强烈、专一和稳定的感情。

2. 爱情的特点

人际爱共有五大类，即血统爱、性爱、敬爱、抚爱、友爱。爱情的本质和成分决定了它具有区别于其他人际爱的固有特点。

（1）排他性。这是爱情的最大特点。在其他人际爱中都不具有排他性。一旦二人成为恋人，双方就反对对方与其他异性发生恋情。

（2）冲动性。冲动性是爱情力量和魅力的重要表现。当爱情受到外来阻力的干扰时，对爱的强烈激情能使恋爱双方做出勇敢、果断的抉择。

（3）直觉性。爱情的直觉性使爱情从一开始就具有给人快乐的特殊性能，直觉的相悦甚至可以主宰爱情的步伐。

3. 爱情的类型

美国心理学家斯滕伯格的爱情三元素理论认为，所有的爱情包括三种成分：亲密、激情、承诺。因此，爱情三元素理论又称爱情成分理论。

亲密指的是两个人心理上互相喜欢，心灵相近，互相归属的感觉，包括对恋人的赞赏、照顾、自我展露和内心沟通，属于爱情的情感成分。

激情是指强烈地渴望跟对方在一起的状态，是与"性"相关的动机驱力，是促使关系产生浪漫和外在吸引力的动机，属于爱情的动机成分。

承诺是指自己愿意与所爱之人保持并主动维持情感。它包括短期和长期两个部分，短期是指"决定"去爱一个人，长期是指对两人之间亲密关系所做的持久性承诺，属于爱情的认知成分。

斯滕伯格认为，不同的爱情可以表示为不同大小的三角形。三角形的形状代表爱情三种成分之间的关系，三角形面积大小代表爱情的质与量，三角形面积越大，爱情就越丰富。根据亲密、激情、承诺三大元素，可以组成7种不同类型的爱情：①喜欢式的爱情，只有亲密，没有激情和承诺，如友谊。②迷恋式的爱情，只有激情，没有亲密和承诺，如初恋。③空洞式的爱情，只有承诺，缺乏亲密和激情，如纯粹为了结婚的爱情。④浪漫式的爱情，只有激情和亲密，没有承诺。⑤伴侣式的爱情，只有亲密和承诺，没有激情。⑥愚蠢式的爱情，只有激情和承诺，没有亲密。⑦完美式的爱情，包含激情、亲密和承诺，只有在这类爱情中我们才能看到爱情的本来面目。

二、大学生恋爱心理的发展阶段

人的恋爱发展一般有以下三个阶段。

1. 对异性的敏感期

随着青春期的来临，第二性特征的出现和性意识的觉醒，引起了男女性别的不同生理和心理的急剧变化。青少年开始对性别差异非常敏感，在异性面前时常会感到羞怯和不安。比如在青春期早期，对异性特别敏感，这个时候通常会在班级里形成男女两个阵营，课桌上会划"三八"线，羞于谈论关于恋爱的话题。

2. 对异性的向往期

随着性生理上的发育成熟，性心理开始发展，男女情窦初开，产生了异性之间的相互吸引，出现彼此希望接触的意愿。但是这一时期的男女青年，由于其生理和自我意识的不成熟，他们对异性向往的对象，基本上是泛化的、不稳定的、缺乏专一性的，是一种不成熟的恋爱心理。所以，有人又称此阶段为泛爱期。

3. 恋爱择偶期

在这一阶段，男女青年的性心理已逐步成熟，社会阅历在不断丰富，恋爱观开始形成，对异性的向往逐渐专一，开始相互寻求和选择自己的配偶对象，建立和培育双方的爱情，进入成熟的恋爱心理。

大学生的年龄一般是17~23岁，正处于从对异性的向往期向恋爱择偶期的过渡阶段，是由不成熟的恋爱心理向成熟的恋爱心理过渡的阶段。所以在大学阶段，大学生的恋爱更需要学习。如果这个时候能够树立良好的恋爱观，学习爱的能力，那么恋爱会形成正能量，不仅可以学习如何与异性相处，学习相互理解、支持和包容，为未来的婚姻做准备，还可以促进学习和对未来的思考、规划。

三、大学生恋爱的特点

大学生的爱情生活多姿多彩，他们或者通过老乡会、各种社团相识，或者通过网络或电话传情，但总体而言，大学生恋爱心理有以下四大特征。

1. 恋爱动机简单化

更多的大学生在恋爱中没有过多考虑将来能否走到一起的事情，他们看重恋爱的过程轻视恋爱的结果，他们恋爱，是因为需要爱和被爱，多是出于本能的喜欢和吸引，"不求天长地久，只求曾经拥有"是大学生较普遍的一种心理。

大学生注重恋爱过程，这种心理有利于恋爱双方互相了解、加深认识，也有利于恋人之间培养感情、增加心理相容度。这种恋爱思想同时也反映出大学生恋爱没有太强的功利色彩，目的单纯，刻意追求爱的真谛。但从另一方面来说，只注重恋爱过程，强调爱的"现在进行时"，不考虑爱的"将来完成时"，缺乏爱情的责任意识。还有一部分大学生恋爱出于从众或虚荣心理，或者把恋爱当作一种解除寂寞、填补空虚的手段，由这些可以看出大学生恋爱心理还不太成熟。对感情缺乏深刻的认识。

2. 自控力与耐挫力较弱

曾经有一项关于爱情和学业的调查，在对待学业与爱情的关系上，43.6%的大学生认为"学业高于爱情"；49.6%认为"同等重要"；只有6.8%认为"爱情高于学业"。调查结果说明绝大多数大学生能够正确看待学业与爱情的关系，希望学业和爱情双丰收，具有理智的爱情观，但很多事实表明，很多大学生缺乏理智处理感情事件的经验和心态，一旦陷入热恋中，往往不善于控制自己的情感，缺乏理智的驾驭能力，对恋爱对象过分依赖，稍有波折就痛苦万分。所以一旦恋爱受挫，经常会情绪失控，无法自拔，对学习造成严重影响。由于缺乏成熟的相处经验，很多大学生不能互相迁就对方，不能够从容理智的处理爱情进程中遇到的各种问题。可见，摆正学业与爱情的关系，正确处理感情中遇到的问题，是恋爱中的大学生迫切需要学习和理智面对的问题。

3. 恋爱呈现出不成熟与不稳定性

当前大学生的恋爱，低龄化人数呈上升趋势。很多大学生一进大学就开始谈恋爱。这些低年级学生，由于社会阅历浅，思想单纯，很多学生对于自己的人生目标和需要，还没有一个很清楚的概念，对待恋爱问题单纯、幼稚、不成熟。在择偶标准上，往往重外表，轻内在；在恋爱方式上，往往重形式，轻内容；在恋爱行为中，往往重过程，轻结果；重享乐，轻责任。这种恋爱问题上的不成熟性，加之经济上尚未独立，恋爱过程中感情和思想易变，缺乏妥善处理恋爱中情感纠葛的能力，极易造成恋爱的周期性中断，或对恋爱对象的选择漂泊不定，恋爱的成功率较低。

在对待失恋的问题上，绝大多数大学生都能理智对待，安全度过这一心理阴暗期，多数大学生通过"找朋友诉说"或"理性思考"对待失恋问题，对自己和对方采取宽容的态度，尊重对方的选择。但仍有一部分学生摆脱不了"爱情危机",其中有的失去信心,放弃对爱情的追求;有的一蹶不振,自暴自弃,认为一切都失去了意义;有的视对方如仇人,肆意诽谤,甚至做出极端行为伤害对方。所以大学生需要了解一些爱情常识,学会用成熟的心态面对自己感情上的问题。

4. 恋爱观念开放,传统道德淡化

随着时代的发展,当代大学生的恋爱观念日益开放,传统道德逐渐淡化。随着对外开放的范围不断扩大,及各种新闻媒体、网络文学的盛行和渲染,使当代大学生对于爱情的观念趋于开放和大胆,不愿接受传统观念的束缚,恋爱方式公开化。在爱的激情下,一些大学生甚至在公共场所、大庭广众之下,旁若无人,做出过分亲密的动作。许多大学生不能正确处理感情和性的关系,不能够理智成熟对待自己的情感问题,只愿享受爱情的甜蜜、忽略爱情背后的责任,由此而引发一系列的问题。

四、培养爱的能力

在恋爱的过程中究竟有哪些爱的行动可以增进关系质量,维持高质量长久的亲密关系呢?

8-2 学会爱的能力

根据心理学家的研究,一段神魂颠倒的恋爱,平均寿命是两年。一旦激情过去,进入到现实的婚姻中,个人真实的愿望、情绪和行为模式就会现出原形。婚姻辅导专家盖瑞·查普曼博士每天都会遇到各种各样来自怨偶间的抱怨,无论是在婚姻讲堂,还是在万米高空的飞机上。"为什么杂志上有那么多《向配偶示爱的101种方式》,人们还是对爱无比苦恼?"这促使查普曼不得不深入研究其中的症结。

经过20多年的研究,他发现,这些示爱的方式并非有什么不好,而是用错了地方。在他看来,爱的语言可以归为5种:肯定的言辞、精心的时刻、接受礼物、服务的行动和身体的接触。

爱语1:肯定的言辞

心理学家威廉·詹姆斯说过:人类最深处的需要,就是感觉被人欣赏。那些安全感低、有自卑情绪的人容易缺少勇气。而这时如果恋人能给一些鼓励的话语,往往会激发出对方极大的潜力。

很多人所成长的家庭管教严厉,无论多么努力,父母的夸奖都很勉强。这样家庭的孩子成年后,会有比较严重的自信危机,所以,对他们而言,被欣赏与赞美,胜过其他。

另外,鼓励不是施加压力。如果女友并不希望减肥,而男友却说"你一定能变得更瘦"就不能算鼓励的爱语,要在对方心甘情愿去做一件事时,再送上他/她需要的肯定的言辞。

如果恋人的爱语是"肯定的言辞":

(1) 用一张卡片写上"言词是重要的",贴在你的镜子上。

(2) 写下每天你对他/她说的肯定的言词,坚持一周,然后和他(她)一起,看看你的记录。你可能会发现:你说得很好或者很差。

(3) 定一个目标,比如连续1周,每天对恋人说不同的赞赏的话。寻找恋人的优点,并告诉他/她,你非常欣赏那些优点。

(4) 当你感到用词贫乏时,留心报刊中那些肯定的言词。

（5）写一封情书给他/她。
（6）在他（她）的父母朋友面前肯定他（她）。

爱语2：精心的时刻

什么是精心的时刻？答案是：给予对方全部的注意力。精心的时刻应该是全神贯注的交谈，或是一顿只有你们两人的烛光晚餐，也可以是手拉手散步。活动其实是次要的，重要的是花时间"锁住"对方的情感。

如果恋人的爱语是精心的时刻：

（1）一起散步，问恋人："你童年最有趣的事是什么？"
（2）请恋人列一张单子，写上他/她喜欢跟你一起做的5种活动。在接下来的5个月，每个月做一种。
（3）问问他（她），和你说话的时候，他/她最喜欢待在哪儿？什么时候？也许下次交谈，你们就会在操场上散步，一起谈心。
（4）想一种他/她非常喜欢而你却很少过问的活动，比如看世界杯、玩网络游戏、逛街等，告诉他/她，接下来的这个月里，你希望和他/她一起参与一次。
（5）每天找些时间，分享当天的趣闻。
（6）在未来的一段时间，安排一次只有你们两个人的旅行。

爱语3：接受礼物

礼物是爱的视觉象征。它可以是买来的、自己做的或是找到的。事实上，这是最容易学习的爱的语言之一。

如果恋人的爱语是接受礼物：

（1）尝试早上送他/她一块巧克力，晚上送他/她一束鲜花等等，并观察他/她的反应。如果他/她又惊又喜，恭喜你，他/她的爱语就是接受礼物。
（2）亲自动手制作礼物。也许它只是回家路上拾到的一块石头，纹理粗糙，其貌不扬。只要配上一个小盒子就OK了，因为里面的字条上写着：它就像我，等着你去打磨。
（3）选择一个星期，每天都送给恋人一件礼物，可以肯定的是，你的恋人一定会记住这段日子，就像记住蜜月旅行的时光。
（4）存储"礼物点子"。只要你的恋人无意中说出"我喜欢……"，就把它悄悄记下来。

爱语4：服务的行动

这是指恋人想要你做的事。比如：当男女热恋时，为对方服务是自愿的，甚至费尽心思。但是热恋之后很多人变得不同了，比如"追我的时候，他每天都给我发短信，但现在经常是我发短信给他，他都爱答不理的"。

如果对方的爱语是服务的行动，你可以在单子上列出来，比如10个，并请对方按重要性排序。

爱语5：身体的接触

肢体接触是人类感情沟通的一种微妙方式，也是爱的表达的有力工具。要说明的是，性只是这种爱语的方式之一，牵手、亲吻、拥抱、抚摸都是身体的接触。对有些人来说，身体的接触是他们最主要的爱的语言。如果缺少了它，他们就感觉不到爱。

身体的接触的爱语表现方式：

（1）见面的时候，给对方一个拥抱。

(2) 散步的时候，拉着他/她的手。

(3) 在对方伤心或难过的时候，可以拍拍对方的肩膀，或者抱抱对方。

活动体验

【心理活动体验一： 爱情价值观拍卖活动】

一、活动目的

引导学生自我探索，帮助学生澄清自己的爱情价值观。

二、具体操作

每个学生有 5 000 元，它代表了一个人一生的时间和经历。每个人可以根据自己对人生的理解随意竞买下表中的东西。每样东西都有底价，价高者得，有出价 5 000 元的，立即成交。

1. 爱情	500	12. 金钱	1 000
2. 友情	500	13. 欢乐	500
3. 健康	1000	14. 长命百岁	500
4. 眉毛	500	15. 豪宅名车	500
5. 礼貌	1 000	16. 每天都能吃美食	500
6. 名望	500	17. 良心	1 000
7. 自由	500	18. 孝心	1 000
8. 爱心	500	19. 诚心	1 000
9. 权利	1 000	20. 智慧	1 000
10. 拥有自己的图书馆	1 000	21. 名牌大学录取通知书	500
11. 聪明	1 000	22. 冒险精神	1 000

由一名学生主持拍卖，直到所有东西都拍卖完为止，然后请学生认真思考为什么要买这个东西。

三、小组讨论分享

你愿意为它们支付多少？在别人以高价拍走你最想要的东西时，你是什么感受？哪样东西在你人生中占据重要的位置？听到别人的答案后，你有什么共鸣或者反思？

四、教师总结

谈不谈恋爱、和谁谈恋爱，更多是取决于个人的爱情价值观，弄清自己的爱情的价值观，很多问题也会随之迎刃而解。

活动评价

活动评价表见表 8-1。

表 8-1　活动评价表

评价内容		评价标准	是/否
活动完成情况	活动一	能够澄清自己的爱情价值观	
		能够正确看待恋爱在人生中的位置和意义	

任务二　维护性心理健康

情景导入

一名高职二年级女生A与同校一名男生相恋了，交往几个月后，A在男生的请求下情不自禁与其发生了性关系。过后，A并没有在意。在学校组织全体学生体检时A被查出怀孕。这时的她内心十分惊恐，不知所措，既怨恨自己又埋怨男友，整日精神恍惚，总觉得同学都在盯着她，感觉没有脸面见人。最后，她因过分忧虑导致头痛、严重失眠，无法学习，情绪低落，焦躁不安，有种精神濒临崩溃和要发疯的感觉，内心极度痛苦。

虽说大学生在生理上已经达到性成熟，可在心理上并没有达到性成熟。在这种情况下贸然发生婚前性行为，通常会对行为双方造成很大影响，主要包括四个方面：一是加重双方在性观念上的矛盾；二是使双方承受心理压力；三是给女生造成身心伤害；四是增加性疾病的传播。所以说，大学生应该为自己负责，谨慎对待婚前性行为。

知识准备

一、性心理和性心理健康的含义和标准

8-3 解密爱的困惑

1. 性心理和性心理健康的含义

所谓性心理，是指在个体性生理成熟的基础上所形成的与性特征、性欲、性行为有关的心理状况和心理过程。简而言之，就是与性生理、性行为有关的心理现象。性生理是性心理发展的生物学基础，性生理发育的障碍或缺陷，会使性心理的发展出现偏差。大学生正处于性生理发育成熟、性心理逐渐趋向成熟的时期，也是性生理需求与性的社会规范之间的冲突阶段。

世界卫生组织对性心理健康所下的定义是：通过丰富和完善人格、人际交往和爱情方式，达到性行为在肉体、感情、理智和社会等方面的协调和圆满。性心理健康是人类健康不容忽视的重要组成部分，近年来越来越受到人们的重视。

2. 性心理健康的标准

性心理健康的标准应该符合以下几点。

（1）正确认识和接纳自己的性别。一个性心理健康的人，能正视自己的性心理发育、性心理变化，能在所处的社会环境中正确评估自己，能客观地评价自己和他人，并乐于承担相应的性别角色。

（2）具有正常的欲望。性欲是能够获得性爱和性生活的前提条件。具有正常的性心理首先就得具有性欲望，如果没有性欲望，就不会有和谐的性生活，就会影响性心理健康，性欲望的对象要指向成熟的异性个体，而不是其他物品等替代物。

（3）性心理和性行为的特点与生理年龄基本相符，即性生理和性心理的发展要保持统一。

（4）正确对待性变化。个体在生长和发育过程中，性生理因素、性心理因素和性社会因素是交互呈现的，个体在其中要建立自我同一性才能保持三者的和谐状态。这就要求个体能够正确对待性生理成熟所带来的一系列身心变化，在出现性冲动后，能够正确释放、控制、调节，使之符合社会规范的要求等。

（5）对于性没有犹豫、恐惧感。能够把性作为生活的一部分而科学对待，不存在对性的恐惧和怀疑。

（6）和异性保持和谐的人际关系。在交往过程中，要保持独立而完整的人格，做到互相尊重、互相信任。

（7）性欲是正常和健康的。性欲是可以适当控制的，正当、健康、和谐的性行为符合社会伦理道德规范。

二、性心理发展的阶段

美国心理学家赫洛克认为青春期性心理的发展一般可分为以下四个时期。

1. 性抵触期

在青春发育之初，有一段较短的时期，青少年总想远远地避开异性，其中，以少女表现得尤为明显，这主要与生理因素有关。由于第二性征的生理变化，使青少年对自身所发生的剧变而感到茫然与害羞，本能地产生对异性的疏远和反感。此时期持续约一年。

2. 仰慕长者期

在青春发育中期，青少年常对周围环境中的某些在体育、文艺、学识或外貌特别出众者（多是同性或异性的年长者）仰慕爱戴，心向往之。而且模仿这些长者的言谈举动，以致入迷。

3. 向往异性期

在青春发育后期，随着性发育的渐趋成熟，青少年人常对与自己年龄相仿的异性产生兴趣，并希望在接触过程中吸引异性对自己的注意。但由于青少年情绪不稳，自我意识甚强，因而在与异性接触的过程中，容易引起冲突，常因琐碎小事而争吵甚至绝交，因此恋爱对象常有转移。

4. 恋爱期

青春期发育完成，青年把情感集中于自己钟情的一个异性身上，彼此常在一起、情投意合，在工作、学习中互相帮助，生活中互相照顾体贴，憧憬婚后的美满生活，并开始为组织未来的家庭做准备工作。这时的青年对周围环境的注意减少。女青年常充满浪漫的幻想，向往被爱，易多愁善感；男青年则有强烈的欲望，以得到独立感的满足，他们的情绪往往较兴奋。

大学生处于从向往异性期向恋爱期过渡的阶段。但由于大学生存在成熟的性生理与不成熟的性心理的矛盾，所以在这个阶段大学生更应该加强对自身性心理的了解和学习。在这一阶段，性的成熟与整个身体的发育已基本完成，但是性心理的发展并未达到成熟，就像一台马力十足但方向盘和制动器不灵敏的汽车。这一时期是人真正发现自我的时期。但由于受传统伦理观念的影响，在我国两性的问题一直被蒙上神秘的面纱，再加上很少在大学生中开展系统的性教育，因此在校大学生一直难以获得系统、完整、科学的性生理、性心理、性道德等方面的知识。

三、常见的性心理困扰

1. 性冲动和性幻想

偶尔或适度的性幻想是性发育过程中出现的正常现象，它代表着性知觉的觉醒和性意识的萌发，一般是有益无害的。不管怎样，性幻想并未构成行为，所以不必过分自责，不要认为是卑鄙见不得人的事。事实上性幻想对于减少人的紧张与焦虑乃至性压抑都是有益的。但如果频繁出现性梦或性幻想，就会影响休息、睡眠和体力的恢复，严重的还会导致神经衰弱，给身心健康带来不利影响。当性幻想变成一种强迫性思维时，会使人陷入深深的苦恼中。如若整天沉溺于性幻想，会干扰学习，对心理发育造成危害，产生性障碍。

2. 性自慰焦虑

事实上，性自慰本身并不会带来害处，它是"标准的性行为的一种"。美国著名的性研究专家玛斯特斯和约翰逊用先进的实验仪器，对性自慰和性交做了比较，发现两者基本一致，认为没有理由把性自慰当作是有害身心健康的异常性行为看待。大学生可用性自慰来释放他们内心积聚起来的性冲动能量，但需节制。性自慰的危害并不在于性自慰本身，而在于对性自慰的担忧、恐惧、羞愧和罪恶感。对性自慰的错误认识，既是大学生烦恼的真正原因，又是使之变得难以节制的心理原因。不少大学生在接受性知识教育和咨询后，一旦明白性自慰是正常的、无害的，并且性自慰并不是个别人的行为后，心理的负担就卸了下来，这样性自慰的欲望和行为反而减少或容易调节了。

3. 性心理偏差行为

性心理偏差是指青少年性发育过程中的不适应行为。如过度手淫、迷恋黄色书刊、不当性游戏、轻度性别认同困难等，一般不属于性心理障碍。但对这些不适应行为应给予有效的干预，采取转移注意力、积极参加文体活动等方法予以纠正，可以丰富自己的兴趣爱好，培养开朗的个性，增强性道德观念和意志品质，其中关键的一步是对异性脱敏。这类人通过咨询和自身的努力，往往能有效地改变行为。

四、常见性心理障碍及应对

1. 性心理障碍及其特点

性心理障碍泛指以两性性行为的心理和行为明显偏离正常，并以这类性偏离作为性兴奋、性满足的主要或唯一方式为主要特征的一组精神障碍。性心理障碍在临床上主要包括两种类型：性身份障碍、性偏好障碍。

8-4 恋爱中的心理边界

性身份障碍主要指易性症，患者对自身性别的认定与解剖生理上的性别特征呈持续厌恶的态度，并有改变本身性别的解剖生理特征以达到转换性别的强烈愿望（如使用手术或异性激素），其性爱倾向为纯粹同性恋。目前普遍认为，同性恋作为特殊的性体验与性行为，一般不属于精神疾病的范畴。但易性症属于性身份障碍。

2. 性心理障碍的防治

性心理障碍治疗较为困难，在此期间，患者自身及其家人往往感到非常痛苦，但对性心理障碍的支持治疗确实具有一定效果。首先，明确指出某些行为的危害性，有些行为违反现行法律、单位制度，不符合所处环境的文化风俗习惯，而且就业、升学等各方面将面临严重问题，教育患者通过意志克服其偏离倾向非常重要。其次，引导患者回顾自身的心理发展过程，在何时、何阶段、由哪些因素导致走向歧途，帮助患者正确理解和领悟健康的性，并进行自我心理纠正。再次，行为矫正，采用厌恶治疗法，给予患者厌恶性刺激。恋物症的患者同样可采取厌恶治疗。

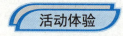

【心理活动体验二：当爱情遇到性】

一、活动目的

帮助大学生辨析性行为和爱情的关系，如何在性行为中保护自己？

二、具体操作

各小组派代表进行辩论，通过两方的辩论"如何看待婚前性行为——当爱情遇到性"，一方辩手赞成婚前性行为，另一方辩手反对婚前性行为，说出赞成和反对的理由，为此展开辩论，时间为25分钟。

三、教师总结

大学生性生理成熟的同时伴随着性心理发展的不够成熟，同时社会外部环境越来越开放的现状对于大学生的性道德具有一定的冲击，正确看待大学生性心理的发展有利于大学生合理看待自身在性方面的困惑以及遵守和维护性道德。

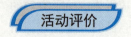

活动评价表见表8-2。

模块八　窈窕淑女，君子好逑——高职大学生恋爱与性心理

表 8-2　活动评价表

评价内容		评价标准	是/否
活动完成情况	活动二	能熟悉彼此，熟悉周边人的基本情况	
		能够用语言清楚的介绍自己，了解人际吸引的因素	
		能认识到自己人际交往中的不足	
		能明确人际交往的重要意义	

任务三　培养健康的恋爱观与性心理

情景导入

A 同学自述：我女朋友前段时间跟我说分手，我觉得很难过。现在我白天都不想出去见人，也不想跟任何人说话，晚上我在寝室打游戏，或者出去喝酒，喝到三更半夜才回来，现在我完全没有生活的力气。

随着大学生恋爱现象的普遍化，失恋成为许多大学生恋爱中的最大困扰之一。失恋会导致很多同学坠入痛苦的深渊，耽误或者荒废学业，或对爱情失去信心和希望，甚至还有个别同学对人生失去兴趣，采用极端方式结束生命。因此，帮助大学生树立健康的恋爱观，理性对待恋爱中的问题尤为重要。

知识准备

一、爱情 VS 学业：人在旅途

在学业和爱情的关系中，最重要的是平衡学业和爱情的关系，不能把宝贵的时间都用于谈恋爱而放弃了学业。最重要的是要做好爱情和学业的规划，将爱情纳入自己的生涯规划中，只有这样，才能看到爱情的方向，找准自己的位置。以下问题可以帮助大家思考恋爱、学业和生涯规划的关系。

1. 为什么谈恋爱？

回答这个问题很重要，是因为孤独而恋爱？因为看到周围的人都恋爱了而恋爱？为了恋爱而恋爱？为了性而爱？还是因为遇到了喜欢的人而爱？对于一个孤独的人，恋爱不能解决孤独，反而会让人更孤独。对于一个从众的人，为了恋爱而恋爱，在恋爱中也很难学习到爱与信任。

2. 现在的恋爱和我的未来有什么联系？

现在的恋爱究竟和未来有什么关系？你是只在乎曾经拥有，还是在乎天长地久？感情不

像别的东西，可以说来就来说走就走。一旦两个人产生了强烈的相互依恋，再分开会很痛苦。所以思考清楚现在的恋爱和未来的联系，可以让你在自己的整个生涯中感受到恋爱的意义。

3. 我打算如何规划恋爱？

有的人说，恋爱是不需要规划的，遇到合适的人就可以开始恋爱了。这样的观点不能说它错，但也不能说它对。恋爱需要看缘分，也要看两个人的意愿，不是单方面就能决定的。如果能够对自己的恋爱做一个规划，像对职业那样，就会对未来的婚姻生活起到准备的作用，比如可以思考打算什么时候恋爱，找一个什么样的人，将来要过什么样的生活及是不是要小孩等问题。

4. 我打算如何平衡恋爱和学习的关系？

对于在校读书的大学生来说，学习是生活中很重要的一个方面。同时大学生也处于异性向往期向恋爱择偶期过渡的阶段，这个时候有感情需要也是很正常的。最关键的问题不在于要不要谈恋爱，而是在于如何平衡恋爱和学习的关系，如何让恋爱成为学习的动力，相互鼓励共同进步。

二、 生理需要 VS 精神需要： 当爱遇上性

婚前性行为的发生使男女双方在性欲和其他动机方面获得了一种满足，但这种满足之后在心理、情感、社会等各方面所要承担的责任常常超出大学生现有的能力。有调查显示：大学生在性行为时没有采用避孕措施的占 74.56%。近几年来，在大学生中未婚先孕、堕胎、感染性传播疾病等现象呈上升趋势，女生常成为最大的受害者。

性是很多大学生都很好奇的问题，也是很多处于热恋中的恋人很难避免的问题。大学生该如何对待性？

1. 大学生对婚前性行为的态度

性观念是指人们对性问题较为稳定的看法及所持有的态度评价，既包括个体的性观念，也包括在一定的时代社会背景下，人们对性问题的评价、态度、看法的总体趋势。随着我国进一步对外开放，大学生的性观念开放程度明显增加。

2. 树立健康的性观念

大学生健康的性心理有两个标准：一是能正确认识和处理自己的性行为带来的后果，并能有社会责任感；二是在婚姻前提下的性生活符合男女平等、科学、卫生等原则。面对性的问题，建议大学生仔细思考下面两个问题。

（1）我是不是能认识到自己性行为带来的后果，比如怀孕、性传播疾病、妇科疾病等？

（2）对待性行为，我是不是能负起相应的责任？

3. 科学释放性冲动

对于处于青春期的大学生来说，尤其是男生需要学习如何科学地释放性冲动，大家可以从以下几个方面来选择适合自己的方法。

（1）培养艺术爱好。艺术是性的能量释放的一个很好的升华，从音乐中可以歌唱爱情；从美术作品中可以欣赏人体的艺术美，从文学作品中可以感受主人公刻骨铭心的爱情经历。

（2）通过劳动和运动释放性的能量，缓释性冲动，缓解性压抑。

（3）鼓励自己和异性交往。比如参加集体活动，学习交谊舞等，多与异性接触，习以为常，对异性的性冲动便会随之减少。

三、死守爱 VS 放手爱：学习面对恋爱失败

恋爱是两个人选择的结果，不是靠一方努力就一定能维持的，所以有恋爱就一定有失恋的风险。有的人在失恋后会出现自责、内疚，有的人则久久不能放手和释怀。

1. 如果自己主动提出分手，需要这样思考和行动

◆ 想清楚为什么要分手，分手有什么好处、坏处。

◆ 在谈分手前，先考虑对方的个性、两人交往的深度、对方可能的反应等，准备好自己提出分手的态度、方式、理由。

◆ 分手前尽量给对方一些信号，让对方有充分的时间进行心理的适应与准备，并参与决定。单方面就宣布决定，对于对方是不公平的。

◆ 调整情绪再出发，态度温和而坚决。

◆ 慎选时间和地点。时间最好是白天，因为晚上情绪比较难控制，地点最好选公开、安静、有旁人但不会干扰你们谈话的地方。

◆ 要勇敢面对，不要逃避责任，不要说"我们从未爱过"这种自欺欺人的话。

◆ 在顾及对方感受和尊严的情况下，真诚地、具体地说出为何分手。

◆ 多从自己的角度去讲。避免责备对方人不好、脾气不好等，强调是自己的选择。

◆ 分手后，保留一段感情的真空期，让彼此更清楚情感界限。做出决定后，不要出尔反尔，不要见面，行动不要拖泥带水。

2. 如果被动分手，需要这样思考和行动

◆ 在对方提出分手后要保持冷静，先听听对方怎么说，别从"我被甩"的角度看事情。

◆ 不要拒绝沟通，要勇敢地争取做坦诚讨论的机会。

◆ 不要死缠烂打，这会使自己更难受、痛苦。

◆ 痛苦别往自己肚里咽，这种哀伤是需要一定时间和措施去处理的。找亲近的人分担你的悲伤和压力，抒发自己内心的感受，重新找到感情定位。

◆ 不要急着再次恋爱，避免在混乱的情绪中让新恋人成为替代品，找不到自己真正要的恋人。

◆ 分手初期最好不要见面。

3. 如果自己陷入失恋的痛苦中，需要这样思考和行动

◆ 正视现实。改变自己的认知，意识到感情是双方的事，不是一方的对与错，每个人都有爱或不爱的权利，应该尊重对方的选择。"命运在关闭一扇门的时候，必然会为你打开一扇窗。"

◆ 换位思考。不要把错误都归结于对方，要设身处地为别人着想，也不要过分自责，要总结自己的错，下次不要再犯。

◆ 合理化。多想想恋人昔日的缺点，多总结自己的优点。

◆ 情感宣泄。不要过分埋藏和压抑痛苦，可以找人倾诉，或大哭一场。

◆ 给自己一段时间。不要迅速再找一段恋情，因为个体的行为模式相对固定，其应对方式仍如往昔，应有一段时间来处理情绪。

◆ 如果你发现自己持续地情绪低落（持续情绪低落超过两周）、不和周围的人联系、有轻生的念头、持续睡眠不好、对感情和生活感到绝望时，尤其重视，因为你很有可能因为失恋而陷入抑郁状态，这时应主动寻求专业的帮助，比如寻求心理咨询师或者精神科医生的帮助。

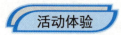

【心理活动体验三：爱的表达与拒绝】

一、活动目的

通过角色扮演，学习爱的表达方式，并学会拒绝自己不爱的人。

8-5 恋爱心理小技巧

二、具体操作

这是一系列的角色扮演，包括如何表白爱情，如何拒绝自己不爱的人等。先由指导者做提示，再进行角色扮演，然后讨论、评价。

1. 如何表白爱情

指导者提示：表达爱的方式多种多样，可以有以下方式。

（1）用你的眼睛传达爱的信号。这是比较含蓄的方法，当对方注意到你的注视时，不要逃避，镇定地、坦然地凝望着他，把你的爱意表现在眼睛里。

（2）以你的关爱行动来表示。用实际行动来表示对倾慕对象的关心、帮助和亲昵，如下雨天送雨伞、在他生病时前去看望，或者投其所好。

（3）用书信和写字条来传情。如果你无法用言语大胆地说出自己想说的话，写下你爱的誓言也是很好的方法。

（4）送去代表相思之情的爱情信物，如红豆、亲手做的首饰、荷包、手工艺品等，让对方睹物思人，知道你的心思。最经典的表达方式就是送上一支写着"我爱你"的红玫瑰。

请选择其中一种方式或独创一种方式进行角色扮演，之后讨论、交流。

2. 如何拒绝一个我不爱的人

指导者提示：如何婉转而又坚定地拒绝一份不想要的感情确实是一件不容易的事。说"不"需要很大的勇气。在人际交往，尤其是密切交往的关系中，如果一方提出了某项请求是你不能接受也无法允诺的，尽管你十分想拒绝，但最后要说"不"，仍不是件容易的事。因为他是你在意的人，你并不想伤害他。但如果你一时心软，说了声"是"，则很可能在不久的将来既伤了自己，又伤了他，而且伤得更重。人的感情勉强不得，更何况这是揉不进一粒沙子的爱情。

不过，在拒绝之前，你一定要好好地问一下自己："我有没有真正弄清自己对他的感情？我是不是回答得太快了？我是不是需要好好地再想想？"

如果你确定不爱他，那么就坚持离开他，勇敢而温柔地说上一句："对不起！"爱是一份美好的感情，不论你是否想要，简单、粗暴乃至伤害性的拒绝是必须避免的，你可以拒绝一个爱你的人，但请你不要伤害一颗爱你的心！

3. 小组进行角色扮演，之后讨论、交流、分享。

三、教师总结

爱情对于大学生来说，是不可避免的，但这却是一个既让人幸福又让人烦恼的事情，知道怎么表达爱、拒绝爱，有利于大学生在两性关系中拥有一份成熟理性的感情。

活动评价

活动评价表见表8-3。

表8-3 活动评价表

评价内容		评价标准	是/否
活动完成情况	活动三	能够掌握表达爱和拒绝爱的能力	
		懂得如何谈恋爱及面对恋爱失败	

自主测试

一、多选题。

1. 大学生恋爱的常见困惑有（　　）。
   A. 单相思　　　　B. 失恋　　　　C. 多角恋　　　　D. 恋爱从众心理

2. 大学生失恋的正确应对方式是（　　）。
   A. 正视现实，理智分析　　　　B. 宣泄情感，不去纠缠
   C. 积极转移，自强自立　　　　D. 沉溺情感，报复他人

二、判断题。正确的打"√"，错误的打"×"。

1. 恋爱对于大学生的心理发展的影响具有双重性。（　　）
2. 人类的性爱只能钟情于某一特定的异性，并建立在相爱的基础上，这是人类性道德最本质最核心的原则。（　　）
3. 根据性道德标准，适量的自慰不会影响自身的身心健康。（　　）

复盘

窈窕淑女，君子好逑——高职大学生恋爱与性心理复盘表见表8-4。

表8-4 窈窕淑女，君子好逑——高职大学生恋爱与性心理复盘表

任务类型：□个人任务　□小组任务			
个人姓名		班级	
小组成员		班级	
复盘：总结本模块任务完成情况，掌握了哪些知识和技能，锻炼了哪些能力，活动体验中获得哪些感悟			

课后巩固

钱钟书的情书

我爱的人，我要能够占领他整个生命，他在碰见我之前，没有过去，留着空白等待我。

——钱钟书

钱钟书从小便是一个天才，他的父亲是清华的老师，在天赋的加持以及父亲严厉的教导下，他的写作水平不断提高，自身的文学素养慢慢超过了同龄人，钱钟书在十九岁时考入了清华大学的外文系。像钱钟书这样的才子本就出众，自然会受到许多女同学的爱慕，而钱钟书却是一个"两耳不闻窗外事，一心只读圣贤书"的人。直到杨绛的出现，打乱了他的思绪。

他们本无任何的交集，可当钱钟书看到杨绛的第一眼时就呆呆地愣住了，一直看着杨绛的眼睛盯了许久。钱钟书的朋友当看到这一幕的时候都惊呆了，要知道钱钟书的心里只有读书，在大学的时候他跑遍了清华的所有图书馆，从来没有外出游玩的经历，自己的生活也只有看书、读书这么简单。

而这一次，钱钟书却因为一个女生愣住了，他的心里第一次出现了除了读书以外的事情。愣了许久的钱钟书终于开口，可开口的第一句话便让众人忍俊不禁，他对着杨绛说道："我没有女朋友。"而杨绛看了一眼钱钟书，也不好意思地说道："我也没有男朋友。"于是这俩人便因为这一次相识开始了他们一生的爱情。

虽然当时他们还是在清华大学中，可想要保持联系也只能是通过书信来完成，二人又是饱读诗书的文人，自然喜欢在写给喜欢的人的信封中做一些属于他们的浪漫。

有一次，杨绛一时心血来潮给钱钟书写了一封信，不同于普通信的长篇大论，钱钟书打开偌大的信纸却只看了一个字：怂。而钱钟书思索了一会儿也便理解了杨绛的心思，于是连忙给杨绛回了一封信，而上面也只写着一个字：您。倘若是一般人，对于这种情书自然是摸不着脑袋。可杨绛和钱钟书却能理解对方的意思。

所谓的"怂"便是杨绛对于钱钟书提问：你的心上有几个人。而钱钟书自然也是心领神会，写下一个"您"表示自己的心上人只有你一人。

没过多久这两个心意相通的人便走进了婚姻的殿堂。杨绛和钱钟书本就是受过高等教育的读书人，他俩又在大学期间饱读诗书，自然能够很好地理解对方说话的意思，他们之间的思想境界当然也能保持在同一水平，这对于他们的婚姻来说自然是锦上添花。但是这只是一方面的原因，他们的爱情能够一直长久下去的主要原因是相互理解。

钱钟书平时的生活除了读书写作便是研究文学，因此在生活上可以说是一个"废物"，时不时能做出将墨水洒到床单上、不小心磕掉门牙、弄坏门把手等这些让人啼笑皆非的事情来。而杨绛对于这些错误却一直没有责怪过，因为杨绛知道，钱钟书生来便是做学问的，在生活中百无一用自然是正常的，杨绛一直都很理解并且支持钱钟书，既然钱钟书做不好的话，那便自己来做就好了。

正如同冰心所说："杨绛和钱钟书是中国的作家中最美满幸福的一对，他们之间志趣相投，门当户对，在婚姻当中彼此成就，彼此欣赏，在尘世中相濡以沫，成为真正的灵魂眷侣。"他们就是那个时代最动人的情话。

模块九　生命之花，幸福绽放——高职大学生生命教育与心理危机应对

学习目标

知识目标

- 明白生命的意义，珍爱生命
- 学会并积极干预心理危机，保持心理健康

能力目标

- 能敬畏生命，珍爱生命，找到生命的意义与价值
- 积极提高应对危机的能力和生存技能
- 获得自我成长、自我认同的能力

素质目标

- 尊重生命，爱护生命，学会自助与助人，让生命过得有意义、有价值
- 提高自我控制能力，掌握危机干预的方法，及时调适心理与行为，增强适应社会生活的能力

任务一　认识生命及其意义

致敬用生命战斗的英雄钟南山

在用生命为人民生命健康安全战斗的钟南山身上，体现了医务工作者对生命的尊重与热爱。通过超越自我，用责任、使命和担当实现生命的最大价值。只有珍惜与热爱自己生命的人，才懂得对他人生命的珍惜和热爱。当我们能够与周围的生命休戚与共时，我们就能在对自己生命珍惜的同时走向对他人生命的关怀。

"生命的意义到底是什么？"很多人都曾在人生的某些阶段思考过这个问题。大学阶段正是人对生命的意义充满好奇和不断探索的阶段。钟南山院士将守护人民的生命安全和健康作为自身的生命意义，实现了生命最大的价值。大学生如果能在求学阶段领悟到自己生命的

意义，那么大学生活可能就会变得更为充实和丰盈。

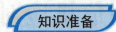

知识准备

一、生命及生命意义概述

1. 生命的含义

从生物学角度来看，生命是指有机物和水构成的一个或多个细胞的具有稳定的物质和能量代谢现象，能回应刺激、能进行自我繁殖的半开放物质系统。生命个体通常都要经历出生、成长和死亡的过程。

从哲学的角度来看，马克思主义认为生命是生物体所表现的自身新陈代谢、生长发育、有性繁殖、遗传变异及对刺激的反应等复合现象，是生物体不断进行物质、信息能量交换的综合运动形式。

2. 人的生命属性

人的生命相对于其他动植物的生命而言，其内涵和属性要丰富很多，主要包含有以下几种属性。

（1）自然属性

人首先是作为自然生理性的肉体生命而存在的，这是自然界的生物必须具有的基本属性。

（2）社会属性

人在自己所处的社会环境中扮演的角色、拥有的权利、必须履行的义务等，这是人的生命区别于其他动植物生命最本质的属性。

（3）精神属性

人类在生命过程中用独有的智慧创造一个又一个文明，而且能够做到不断的传承和发扬，这代表了人的生命在精神上所能达到的高度。

（4）价值属性

每个人的一生都会思考诸如："人为什么活着？""人活着的价值和意义是什么？"等的问题。这就是人对自己生命的价值和意义发自内心的追问，是人对生命价值的一种诉求。生命的价值属性为人的生存夯实了根基，加足了动力，以至于人只要存在一天，大脑就会不停思考，就要创造和超越，就要更好地去认识和改造世界。

3. 人的生命特点

人的生命有四个特点。

（1）唯一性

世上不存在两片完全相同的叶子，同样也不可能找到两个完全一样的人。人类生命的唯一性不仅指生物遗传的独一无二，也包括个性心理和人生经历的独特性。

（2）不可逆性

生命如流水一般逝去，只能向前，不可后退，更不存在循环往复。因为生命的不可逆性，所以生命很宝贵。如何把自己有限的生命变得更有价值和意义；如何珍惜当下；这也是人类不断思考的问题。

（3）有限性

人的生命是有限的。无论是谁，最终都会走向死亡，所以死亡也是生命的一部分。按照存在主义的观点，人类在潜意识中会有死亡的焦虑，正因为如此，人们才会进行生涯规划，让自己有限的生命过得更充实、更有价值且更有意义。

（4）创造性与智慧性

人的大脑拥有无尽的智慧；人的生命具有神奇的创造性，这是任何生物都无法比拟的。人的生命最大的奇迹就在于可以主动适应环境和主动改变世界，可以让这个世界变化朝着有利于人类生存和发展的方向改变，促进人类文明的进步和社会的发展，这也是最能体现人类生命价值的地方。

二、大学生关于生命意义的困惑

1. 生命的意义

在文明发展的进程中，人类一直没有停止过对生命意义的追寻，但是一直都没有一个终极答案，也没有任何一个答案能做出完美的回答。每个人都有自己对生命意义的诠释和答案，每个人的答案也都会随着人生的不同阶段而发生变化。新时代大学生思维活跃，精力旺盛，对新事物的接受程度非常高，同时也很容易受到各种价值观的影响。随着信息时代新技术的发展，信息量也是呈指数倍增长，各种信息通过多种媒介铺天盖地地朝大学生袭来，大学生很容易在浩瀚的信息海洋中迷失人生的航向。

2. 大学生关于生命意义的困惑

当前大学生关于生命意义的困惑主要表现在以下几个方面。

（1）对生命存在意义的困惑

关于"人活着是为了什么？"这个看似简单实则内涵极其丰富的问题，需要人们不断内省、反思、探索和追寻。哪怕是有着丰富人生经历的成年人，想要准确清晰地回答也存在很大的难度，更别说涉世未深的大学生。

9-2 探索生命的意义

（2）对自己身心健康的认识和照顾不够

随着时代的发展，健康的内涵已经从身体健康层面延伸到了心理健康层面。大学生能够意识到健康内涵的延伸，但是具体的认识却还很肤浅，健康在大学生这里很容易被年龄和朝气掩盖而显得无足轻重。在实际行动中，许多大学生还是远远没有做到。像作息不规律、熬夜、过度用眼、透支体力与精力等严重损伤身体健康的行为比比皆是。在心理健康方面，空虚、无聊、孤独、郁闷、焦虑等负性情绪在大学生群体中持续蔓延。年轻人在不经意当中逐渐丧失了本该属于他们的阳光和朝气，忽视了对身心健康本该负起的责任。

（3）生命责任意识缺失

关于生命的责任，有些大学生认为生命是属于自己的，只需要对自己负责就可以。殊不知生命除了要对自己负责之外，还需要对与自己生命相关的人负责；珍爱生命不仅仅是要珍惜自我的生命，同样也要珍惜和善待他人的生命。

（4）生命信仰多元化

信仰是人精神的寄托和心灵的归宿，是人生存的动力和前进的目标。人一旦失去了信仰，精神世界将会变得空虚和迷茫。有些大学生不了解信仰存在的价值和意义，甚至有的大学生还对信仰还存在一定程度的偏见，把信仰和迷信等同，表现出较为强烈的排斥和反感，不愿意深层次理解信仰对精神的引导作用。随着经济和知识发展的多元化，有些大学生的信仰要么多元化，要么没有，这样很容易造成生命意义的迷失。

（5）生命意义游戏化

随着信息化和智能化的普及，大学生现在对网络和智能手机的依赖已经达到了一种空前的程度，俨然已经变成了一种生活习惯。一部分大学生受到享乐主义的影响，消极沉迷于网络游戏和聊天软件，沉醉于谈情说爱、游山玩水，白白浪费了自己宝贵的时间和光阴。更令人感到不安的是有人还把这种生命意义的游戏化，甚至认为是一种合理的存在和追求，这也是"佛系""躺平""摆烂"这样的网络词能够在年青一代大学生中广为流传的根源所在。

3. 探索生命意义的价值

（1）生命的发展需要意义来引领

探索生命的价值，其实就是在探寻和思考"人们为什么活着？""怎样活着才有意义？""人要如何活着才能在有生之年不留遗憾？"等饱含人生哲理的问题。积极向上、锐意进取的生命价值能够帮助人们把握好人生方向、在人生前进的道路上做出正确的抉择。探索正确的生命意义，可以指导人们坚持正确的人生方向，积极向上，自我实现。

（2）生命的苦难需要意义去升华

俗语有言："人生在世，不如意者十之八九"。我们可以看出生命的延续其实是在坎坎坷坷、起起伏伏中披荆斩棘、破浪前行的。所谓的"万事如意、事事顺心"只存在于人们美好的祝愿中，现实更多的可能是"事与愿违"。生命的苦难是每个人都会经历的，所以只有明白了生命的意义，才能坦然面对苦难，承受苦难和超越苦难，在苦难中升华自己的生命，创造属于自己的辉煌。

（3）有限的生命需要意义去延续

在悠悠历史长河中，每个人如沧海一粟，但是有些人却用自己的努力，让生命的痕迹在岁月长河中熠熠生辉，真正让自己的生命达到了"死而不亡"的境界。人的实体生命是短暂且有限的，大学生想要做到不负青春、不负韶华，就必须去追寻生命的意义，用有限的生命去创造无限的精神财富，不断超越实体生命，达到肉体和精神的完美统一。

4. 探索生命意义的途径

人们活着是为了寻找生命的意义，这也是人们一生中被赋予的最艰巨的使命。美国临床心理学家维克多·弗兰克尔认为探索生命意义的途径有以下三个。

（1）工作。

坚持做有意义的事情，工作能带来价值，也是成就感的获得途径。

（2）关爱他人。

在关爱他人的过程中分享了幸福和喜悦、分担了痛苦和忧愁，这是支持感和归宿感的获得途径。

（3）拥有克服困难的勇气。

困难被发现有意义时便不再痛苦；苦难被发现有价值时便不再畏惧。通过认识人生命的价值，促使人深思，寻找自我，最终发现人生的意义，达到自我超越。

模块九　生命之花，幸福绽放——高职大学生生命教育与心理危机应对

【心理活动体验一：生命线】

一、活动目的

思考自己的人生轨迹，认识生命的价值，树立正确的生命观。

二、具体操作

学生首先跟随背景音乐进行放松训练，在老师的指导下，通过回忆自己的过往，构思自己未来生命线。

然后每个人准备纸和笔，在纸上画一条线，在右侧标出箭头，这一条线代表生命线，起点代表出生的时候，终点代表死亡的时候，找出自己现在所处的位置。回忆过去发生的事情，并将他们按时间顺序在生命线上列出来，根据感受，愉快的事情可以放线条上方，不愉快的事情可以放在线条下方。再想象未来想要做的事情及可能发生的事情，仍然按愉快或不愉快放在线条上下方。最后仔细看看自己的生命线，它就是你生命发展的轨迹图。

问题：

（1）在构思中你的感受是什么？

（2）看到自己所画的生命轨迹图，你想到了什么？

（3）本次活动给了你什么启示？

三、教师总结

感受生命的神圣和美好，激发生命的潜能；用心呵护生命的尊严，学会感激爱与被爱；最大限度地实现生命的价值，升华生命的品质。

活动评价

活动评价表见表9-1。

表9-1　活动评价表

评价内容		评价标准	是/否
活动完成情况	活动一	能否感受到生命发展的轨迹	
		能否体会到生命的价值和意义	

任务二　大学生心理危机

这天小敏突然打电话和同班好友小琪告别。小敏在电话中告诉小琪，说她现在心情很糟

糕，想离校出走，去找个没人的地方悄悄结束自己的生命。小琪一边耐心地听小敏的倾诉，一边用纸条告诉身边的同学这一危机事件，同学们第一时间将情况反馈给了辅导员和学校心理健康教育中心。小琪在和小敏的交谈中逐步确定了小敏的位置，在学校相关部门的通力合作下，及时找到了小敏，成功化解了这次危机事件。

辅导员和心理健康老师事后了解到，两天前，小敏在自认为十拿九稳的学生会干部竞选中落选；今天又得知母亲被查出重病。面对突如其来的双重打击，小敏觉得自己非常无能，读书的开支又给家里造成了巨大的经济压力。如果此时结束自己的生命是一种解脱，对家里来说也是卸下了一个巨大的经济负担。

后来小敏在老师和家长的支持、鼓励和疏导下，很快意识到了自己的错误和冲动。她下定决心在以后的学习和生活中一定要珍爱生命、再接再厉，脚踏实地地走好自己人生的每一步。

人这一生总是会和一些危机事件不期而遇，不管是失败、意外、疾病还是亲友的离世等，都会给人的心理造成巨大冲击，从而引发心理危机。究竟什么是心理危机？大学生心理危机有哪些特点？大学生心理危机的产生机制是什么？下面我们一起来探讨。

一、危机和心理危机概述

1. 危机的含义

9-3 你并非孤独前行

危机（crisis）是一个在很多领域都广泛使用的概念。《辞海》中对危机的解释是："危机是一种紧急状态"；《韦氏大词典》的解释是："决定性或至关紧要的时间阶段或事件"；《现代汉语词典》则认为危机是指"潜伏的危险""严重困难的关头"。在心理学范畴，危机通常指人类个体或群体无法利用现有资源和惯常应对机制加以处理的事件和遭遇。

从汉语"危机"一词来看，其包含两方面的内容：一方面是"危"，代表威胁或者危险；另一方面是"机"，代表机遇。所以危机并不是一个负面的词，它一方面有危险，但另一方面又暗藏着新的机遇。在危机过程中，当事人往往容易看到了"危险"的一方面，而忽略"机遇"这一方面。所以人们在遭遇危机事件时，不仅要看到"危险"，同时也要看到改变现状的"机遇"。

2. 心理危机的含义

1964年美国心理学家卡普兰首次提出了心理危机干预理论，1968年在其主编的《心理学词典》中将"心理危机"定义为"存在具有重大影响的心理事件，主要指一个人赖以生存和发展的基本需要和供给发生了改变，这种改变可能是负面的"。美国心理学家格拉斯在卡普兰理论的基础上，对心理危机的内涵进行了延伸，进一步强调了个体受到刺激或打击的时候所带来的心理伤害。格拉斯认为心理危机的产生不但与激发的事件有关，还与个人解决事件的能力和所能调用的有效资源有关。

心理危机可以是指心理状态的严重失调，发生了心理障碍；也可以是指心理矛盾的激烈冲突；还可以是指精神面临崩溃或者精神失常。当一个人出现心理危机的时候，有时是可以察觉和自知的，但有时却是"不知不觉"的。

从心理学的范畴来看，心理危机一般都是强调危机事件给人的心理带来的巨大冲击。心理危机的产生包含两个要素：一是诱发危机的某个生活事件；二是个体对自己应对该事件的能力评估。一个人是否会产生心理危机，不仅取决于所经历事件的大小，还取决于他对自己应对该事件能力的评估。如果个体评估自己的能力后，觉得完全有能力去应对该事件，那么心理危机就不会产生。反之，个体评估后觉得自己的能力无法应对该事件时，心理平衡就会被打破，心理压力感就会迅速累积，心理危机就可能出现。

在"情境导入"中，小敏遭受到双重生活事件的打击：学生会干部的竞选落选和母亲重病。这些对小敏来说都是很大的负性生活事件，而且小敏通过自我评估后发现自己无力改变也无力应对。在这种情况下，小敏的心理危机就产生了，小敏的心理平衡状态被打破，引发过激的情绪和行为。但另一方面，在家长和老师的支持和鼓励下，小敏勇敢地接受了这个"挑战"，这个"危机"反而变成了小敏重新认识自己实现自我成长的机会，这便是一个"机遇"。人只有在不断地挑战自我的过程中才能完善自我。

二、大学生心理危机的特点

大学是大学生从学生成长成为独立社会个体的最后一站，所以说，大学生活是大学生进入社会前的一次预演，因此相比于其他学生阶段，大学和大学生活最接近于现实的社会，但又有其所独有的特征。一般来说大学生心理危机有以下几个特征。

1. 普遍性

心理危机是个体的一种正常、非均衡状态，是每个人都要面临的一种正常的生活经历。从一定意义上说每个人成长过程中都会经历。大学生虽然大部分时间身处学校，同样也会面临各种压力，如学业压力、人际交往压力、升学压力、就业压力、恋爱压力等，加之大学生的能力有限、心理承受能力较低，因此大学生群体中出现心理危机也是一种较为普遍的现象。

2. 突发性和紧急性

大学生面对危机事件，尤其是在多个危机事件同时袭来时，心理危机的出现常常让人猝不及防。危机事件在突发的同时还兼具不可控性，如同急性疾病一样具有紧急特征，需要人们谨慎应对。大学生心理危机的这一特点，对学校的学生管理工作和心理健康教育工作教师来说，就有如一把悬在头上的利剑，时刻需保持高度警惕。

3. 迷茫性和无助性

大学生作为社会的高级知识分子，在思想意识层面总是或多或少的带有读书人的清高和孤傲。总会过度相信自己对心理状况的掌控能力和面对心理危机的应变能力。但是当心理危机真正出现的时候，大学生却常常表现得手足无措、无所适从。对处于危机中的大学生，面对心理危机基本上不会有迅速解决的方法，最终导致危机的加深。大学生面对心理危机在自助失败后，常常忘记求助于他人或者专业机构，让自己陷入迷茫和无助中。

4. 危机与机遇并存

任何事物的存在都具有两面性，大学生一定要清晰地认识到事物的这一特征，学会辩证地看待自己所面临的心理危机。心理危机对于当事人来说虽然意味着危险，但同时有蕴藏着成长和进步的机会。在危机中可能会出现严重的病态，带来痛苦和伤害。同时危机也会迫使当事人寻求帮助，在危机解决的过程中逐步提升自己的心理承受能力和完整人格结构的建构。因此，大学生在对抗危机的同时，也要学会抓住难得的成长与进步的机会来进一步提升自己。

5. 具有鲜明的时代特征

当代大学生的危机内容，涉及时代、社会对大学的要求和期望，涉及个人理想和追求，因而具有强烈的时代色彩，并随着时代的变化而发生变化。

6. 高破坏性

大学作为一个人口密度高度集中的场所，消息传播的速度和波及的人数要远高于一般的社会场所。因此大学生心理危机还有一个特点就是高破坏性：不管是自残、自伤、自虐、自杀、伤人，还是离校出走，事件所牵连的家长、老师和同学人数众多，带来担忧和伤痛非常大。研究表明，在大学校园内，一个大学生自杀，平均会对与事件相关的6个人产生巨大的消极影响，其破坏性由此可见一斑。

三、 大学生心理危机的产生机制

心理危机的产生是一个复杂的过程，往往并非单一因素所导致。通常来说，心理危机的产生是应激源因素和个体易感性因素共同导致的结果。

应激源就是能引发心理危机的事件，如，有的大学生失恋就可以是一个应激源。需要注意的是危机事件本身不一定会直接引发心理危机，因为个体的应对能力、承受方式等因素也发挥着至关重要的作用，即个体的易感性因素。个体易感性因素是指容易引发应对反应的个体因素，包括个人的性格特征、应对方式等。内向、悲观、自卑的人在面对失恋的时候，比外向、乐观、自信的人可能更容易产生心理危机。

同样的事件发生在不同的人身上，其结果会不一样。比如，A和B两个人同时失恋。A的人际关系好，朋友比较多，失恋后能找人陪伴和倾诉，同时A又是一个乐观、自信的人，那么A因为失恋这一应激源产生心理危机的可能性就较小。B的人际关系较差，没有什么交心的朋友，失恋后只能一个人默默承受，同时B又是一个消极、自卑的人，那么B产生心理危机的可能性就较大。心理危机产生举例如图9-1所示。

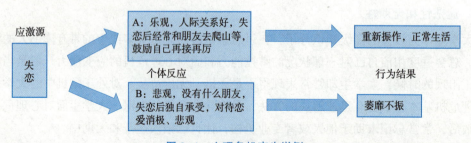

图9-1 心理危机产生举例

1. 大学生心理危机应激源

通过综合调查和分析发现，引发大学生产生心理危机的应激源有以下几种。

（1）学习压力太大、对大学环境不适应。

（2）慢性的身体疾病，或者突发的严重身体疾病。

（3）情感问题。如失恋的打击、三角恋的纠纷等。

（4）心理障碍和精神疾病。典型的如抑郁症、焦虑症等。

（5）就业形势的严峻，未进行生涯规划。

（6）人际关系问题。如被孤立、与别人发生冲突等。

（7）家庭问题。如丧亲、家庭经济条件突发改变等。

（8）自我问题。如自卑、存在危机等。

2. 个体易感性因素

通常情况下大学生个体易感性因素主要有以下五种。

（1）认知方式。个体对外在事件的认知方式在个体应对危机事件的过程中起着重要作用。如：归因风格，有的人习惯把失败归结为自己的原因，而把成功看作是运气，这类人就比较容易产生心理危机。还有的人习惯负性思维模式，看到的总是消极的一面，在遇到问题和挫折的时候也容易产生心理危机。

（2）应对策略。应对策略个体在应激期间处理应激情境、保持心理平衡的一种方法。有的人遇到问题会积极想办法去解决问题，而有的人会回避问题，有的人会寻求他人的帮助和支持去解决问题，而有的人宁愿自己一个人去解决问题。相较而言，回避问题和独自解决问题的人容易产生心理危机。

（3）社会支持系统。社会支持系统是指个人可用于整合以充实应对资源的社会联系。大学生的社会支持系统通常包括家人、同学、朋友、室友、老师和学校各级组织等。个体如果没有一个质量较高的社会支持系统，就容易陷入危机。

（4）人格特质。气质类型中，胆汁质的人往往比较急躁，情绪易激动，做事冲动，容易走极端，欠缺思考；抑郁质的人比较敏感，不善与人交流，情感体验深刻，在困难面前常常怯懦、自卑，因此胆汁质和抑郁质两种气质类型的人易感心理危机。对于性格来说，内倾型和顺从型性格的人容易产生心理危机。

（5）其他。包括过往经历、适应能力和生理条件等。如，过去是否有过严重的精神创伤，身体是否残疾等。

大学生心理危机应激源和个体易感性因素如图9-2所示。

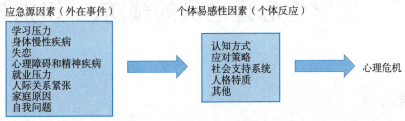

图9-2　心理危机的产生机制

活动体验

【心理活动体验二: 生命倒计时】

一、活动目的

这是一个想象的活动,通过这个活动可以帮助同学们更好地体会生命的意义,了解人生的真谛。

二、具体操作

假如现在你得了一种疾病,没有药能够医治你的病,医生说你的生命只剩下一个星期。你会在这一个星期的时间里做什么?请将你要做的事情写下来。

(5分钟后)现在要告诉大家一个好消息,新研制出来一种药,可以延长你的生命时间,医生说你还可以活一个月。如果你的生命只剩下一个月的时间,你会做什么?请将你要做的事情写下来。

三、小组讨论分享

当得知生命只剩下一个星期的时候,你最真切的感受和体验是什么?

当得知生命延长到一个月的时候,你最真切的感受和体验是什么?

四、教师总结

人在觉得自己有充足时间的时候,通常会不珍惜时间,经常会为一些不重要的事情而烦恼焦躁,而在有限的生命时间里人反而更能够了解自己生命的价值和意义。在整个过程中注意引导学生分享自己的感受,帮助同学探索自己生命的价值和意义。

活动评价

活动评价表见表9-2。

表9-2 活动评价表

评价内容		评价标准	是/否
活动完成情况	活动二	能体会到生理生命的有限,激发精神生命的无限	
		能深层理解生命的短暂,挖掘生命的意义	

任务三 大学生心理危机的预防、识别与干预

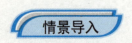

某日清晨,某大学一名大三的学生跳楼自杀身亡。自杀前,她活泼开朗、积极上进,是学

校的入党积极分子、班级学习委员。这名大三学生的辅导员在接受采访时，无比惋惜地告诉记者："我绝对想不到她会跳楼自杀！当我接到电话被告知她在家中跳楼自杀，当时我彻底惊呆了。这个学生是如此优秀，组织能力非常强，大一、大二曾组织过很多校内活动，且反响极好。"在听到这一不幸的消息后，她的室友们都哭了。室友对这个同学的评价是："她性格随和、积极上进，是众人眼中的佼佼者！"现在就这样离开了，室友们无论如何都无法接受这一事实。事后辅导员还向记者透露了一个非常重要的信息："这个孩子曾看过媒体关于大学生自杀的报道，看后她对大家说：'死了真好，从此就可以无忧无虑、自由自在了！'"

自杀，是个体在长期而复杂的心理活动作用下，蓄意或自愿采取各种手段结束自己生命的危险行为。自杀不仅仅发生在那些具有严重心理疾病的人身上，即使是心理健康的大学生，在遇到危机事件时，尤其是多重危机事件共同袭来、自己又无法有效应对的时候，也有可能会出现自杀行为。心理危机来临时，并非人人都能有效应对，若是应对不当，那么悲剧就难以避免。

生活中人们不可避免地会遇到各种各样的危机事件，如果我们能够正确且积极地应对，就可使危机转变为机遇，成为成长的契机。大学生在学习和生活如何积极预防心理危机？自己面临心理危机时如何快速识别，及时进行干预？如何准确识别身边的同学遇到了心理危机，该如何帮助他们？下面我们一起来探讨。

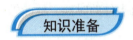
知识准备

一、大学生心理危机的预防

1. 主动培养积极认知

积极认知对预防心理危机有非常重要的作用。奥地利著名心理学家弗兰克尔在《追寻生命的意义》一书中描述了他在奥斯维辛集中营的生活，他在集中营看到了三类不同的人：第一类人会抱着生的希望积极寻找活下去的机会，第二类人通过被动服从，来祈求活下去的可能；第三类人放弃了活下去的希望，消极苟活。这三类人面临的是同样的集中营生活：血腥、残酷、冷漠，视生命如草芥，死亡的阴影无时无刻笼罩在人们心头。被关押在集中营里的人一直都处于危机中，但是他们的反应却不一样，在这里面起关键作用的就是认知，有的人抱着生的希望，用积极的认知在不断寻找着生的机会，最后这样的人活下来的可能性要大很多。

大学生要珍爱生命、善待自己。在学习和生活中要学会积极乐观地看待自己身边的人和事，努力从不好的事情中发现好的一面；从好的事情中发现更好的一面，用积极的认知来推动自己幸福快乐的生活。

2. 建立良好的应对方式

应对方式是个体在应激期间处理危机事件、保持心理平衡的方法，直接影响到心理危机是否能够得到有效解决。一般情况下人的应对方式主要有以下三种。

（1）"成熟、求助型"。这类人遇到危机事件，常常能采取"积极面对、主动解决"和"及时求助"等成熟的应对方式，人格特征和行为方式表现得更为稳定和成熟。

（2）"退避、压抑型"。这类人遇到危机事件，常采用"消极退避、被动放弃"和"压抑自责"等被动消极的应对方式，表现出一种退缩悲观的人格特点，其情绪和行为均缺乏稳定性与成熟性。

（3）"合理化、混合型"。"合理化"应对方式既与"解决问题""求助"等成熟应对因子呈正相关；与"退避""压抑"等不成熟应对因子呈正相关，反映出这类人的应对行为集成熟与不成熟的应对方式于一体，在应对行为上表现出一种矛盾的心态和两面性的人格特点。

需要记住的是"求助是强者的行为"。成功人士在遇到超出自己能力范围的事情时，往往更懂得要求助于他人。大学生一定要认识到每个人都有自己的局限，也有所长，你不能解决的问题，别人也许可以解决；你想不到的办法，别人也许能够想到。

3. 构建有效的社会支持系统

社会支持就是指来自他人的关心和支持。构建有效的社会支持系统就是要构建一个来自他人关心和支持的系统，遇到心理危机之后，如果自己无法很好地应对，可以寻求他人的帮助，而不是独自压抑和承受。

俗话说"在家靠父母，出门靠朋友"，人生在世其实就是一个相互帮扶、相互支持、共同成长、共同进步的过程。每个人都有人生的高光时刻，也有人生的低谷期。人的成长离不开人与人之间的相互帮扶、鼓励和支持。大学生如果在成长的过程中，能有一个和谐美满的家庭和一群亲密无间的朋友作为自己的心理支柱，那么在遇到心理危机事件的时候，就能够及时找到自己的心灵支点，不至于让自己茫然失措、六神无主。

在众多人际关系中，"亲子关系"是人最容易相处的关系。父母对子女的包容，是一种大爱和无私的包容。无论子女错得多离谱，伤害父母有多深，关键时候父母总是会选择原谅和宽容。所以大学生在处理自己和父母的关系时，首先要明白由于时代的不同，两代人思想观念不可避免存在差异，请对自己的父母多一点尊重、多一些耐心，多一份包容，对父母要多存感恩和知足之心。

当大学生遇到心理危机的时候，亲密无间的友情也能在很大程度上起到一个鼓励和支持的作用。有的大学生在处理人际关系上有些力不从心，究其根源，就是由于交易的心态所导致的。交易的心态就是指在与同学交往的过程中，有的大学生总去有意无意衡量自己的付出和所得之间的差异，如果发现不平衡就会产生吃亏的想法，这种心态就很容易造成自己的人际关系紧张。佛语有言"你只管行善，福报就在来的路上！"大学生把这个用在自己的人际关系中，其实也是很合适的。在与人交往的过程中，你只需管好自己的初衷就可以了，剩下的就交给时间来处理。不要在意太多、不要计较太多，相信人心自有公道在。

二、自我心理危机的识别与干预

1. 自我心理危机的识别

大学生要应对好心理危机，首先要了解出现心理危机后，自己会在哪些方面出现异常，学会察觉自己是否处于危机状态，以便自己能够及时进行调整。一般来说，在出现心理危机后，生理、情绪、认知和行为会有以下几种异常表现。

（1）生理异常表现。大学生如果处在心理危机状态，在身体上会出现免疫力下降、易感冒、胸闷气短、头晕、失眠、食欲不振、胃部不适、肌肉酸软、疲惫乏力等状况。在危机状态下，人的免疫系统和自主神经系统对身体的调节功能会改变，引发各种生理上的不适感。

（2）情绪异常表现。情绪是人对客观事物是否满足主观需要而产生的一种态度体验，陷入心理危机的大学生在情绪上面一般会表现出焦虑、恐惧、抑郁、愤怒、沮丧、烦躁、绝望，上课无精打采、交往冷淡孤僻、整日垂头丧气等负性情绪。

（3）认知异常表现。认知是指人认识客观事物，反映客观事物特征与联系，并揭露客观事物对人的意义和作用的心理活动。在危机状态下，大学生的认知会出现记忆力减退、注意力分散、思维反应迟钝等现象。

（4）行为异常表现。为了排除或减轻心理危机带来的痛苦，人一般会采取一些防御性的手段。如经常刻意逃课或旷课、回避他人、逃避困难；发生对自己的伤害性行为，如自伤、自残、自虐，甚至是自杀等；还会出现过去没有过的异常行为，如产生物质依赖、吸烟酗酒等。

2. 自我心理危机的干预

（1）理智分析。在心理处于危机状态下，人的理智往往会下降，情绪易失控。因此大学生要善于利用短暂的平静期来进行自我暗示和自我提醒，让自己尽量保持冷静和清醒，理智对待。并仔细分析一下自己负性情绪产生的前因后果，想想自己的行为和情绪反应给自己和身边的人带来的种种伤害，评价一下这些是否值得。通过自我的努力来获得成长，通过自我的力量来战胜危机。

（2）提高自身的免疫力和身体素质。处在危机状态中，身体会受到负性情绪的打击和伤害，各方面的机能往往会出现不同程度的软损伤。一般表现为：脸色苍白、身体消瘦、长吁短叹、精神萎靡、四肢乏力等病态。危机如同一个躲在暗处的魔鬼，它总是在不经意的时候蹿出来。要抵御这种经常且无规律的攻击，大学生就需要一个强有力的身体，通过各种途径来提高自身免疫力和身体素质也是一个行之有效的途径。

（3）合理宣泄。将内心的不良情绪通过合理的方式宣泄出来，可以在短时间内快速减轻不良的情绪反应、缩短痛苦体验的时间，从而使心情能够得到较快的平复。如找个安静的地方，在不影响他人的前提下痛痛快快地哭一场；找一个枕头酣畅淋漓地打一会儿；找一棵树口无遮拦地骂一顿；找一个球无所顾忌地拍一轮等，这些合理的方式都能够起到很好的宣泄作用。

（4）寻求专业帮助。遭遇心理危机后，如果无法自助的话，大学生一定要学会求助于专业机构、专业人士的帮助，学会求助也是一个人内心强大的表现。专业的帮助可以是学校的心理健康教育中心、专业的心理咨询中心、医院的精神科医生等。

（5）寻求社会支持。当自己在生活中遭遇一些危机事件，如家庭重大变故、身体疾病、失恋等，要寻找必要的社会支持，如老师、同学的帮助等，集众人的力量帮助我们走出心理危机。这个时候需要注意的是，当我们在寻求他人帮助的时候，不要去担心是不是会给别人添麻烦、别人会不会愿意帮助自己，我们一定要相信人间自有真情在。

三、他人心理危机的识别与干预

1. 他人心理危机的识别

大学生是社会的栋梁，是社会发展的中坚力量，是民族的希望和国家的未来，是宝贵且稀缺的资源。因此大学生除了要积极主动地进行自我关注外，还要留心身边容易出现心理危机的同学。如果觉察到有需要我们提供帮助的同学，要能够积极主动地给予自己力所能及的帮助。

（1）遭遇突发事件从而导致心理或行为出现异常。如家庭发生重大变故、遭遇性危机、受到自然或社会意外刺激的同学。

（2）患有严重心理疾病，长期服药。如抑郁症、恐惧症、强迫症、癔症、焦虑症、精神分裂症、情感性精神病等同学。

（3）患有重病或慢性疾病。病情导致个人很痛苦、治疗周期长或者无法治愈的同学。

（4）学习能力差导致学习困难。如功课跟不上、学习理解能力不足、学习压力大、多门功课不及格、成绩严重退步、学习缺乏动力的同学。

（5）因感情受挫。如情侣之间争吵、失恋、移情别恋等心理或行为出现异常的同学。

（6）因人际关系紧张或失调。如和同学或室友发生矛盾、被孤立排挤、被校园暴力等心理或行为出现异常的同学。

（7）因性格过于内向、孤僻。如独来独往、特立独行、敏感自卑、沉默寡言、消极悲观等同学。

（8）因严重环境适应不良。如寝食难安、水土不服、文化背景差异等环境适应问题心理或行为出现异常的同学。

（9）因家境贫寒、经济负担重而导致心理或行为出现异常。如生活拮据、交不起学费、生活费紧张等因家庭经济困难而深感自卑的同学。

（10）由于身边的同学出现个体危机状况而受到影响，产生恐慌、担心、焦虑、困扰的同学。

尤其要关注上述多种特征并存的同学，并进行重点关注和帮扶。

2. 他人心理危机的干预

当我们发现身边的同学正面临心理危机时，我们可以从以下几个方面来进行干预。

（1）真诚表达自己的关心。对于处在心理危机状态的人来讲，同学的理解、支持、包容和关爱能起到很好的支持作用。因此大学生面对自己身边那些处于心理危机中的同学，要能够在自己所能承受的范围内尽可能地给予真诚的关心。比如对离校出走又返校的同学说："你回来了，我们这几天真的好担心你啊！""我想做点什么，但又不知道该做点什么，如果你需要我的帮助，请告诉我！"等。这会给人一种心灵的温暖和被接纳的平静与喜悦。

（2）给予支持。给予身边那些处于心理危机状态的同学支持，可以帮助他们找到勇敢坚持下去的动力，坚定他们能走出心理危机的信心。当然我们给予的支持既可以是生活上的，也可以是学习上的，还可以是精神上的。比如给对方带饭，学习上帮助对方，情感上倾听和理解等。

（3）避免空洞的劝说和毫无意义的同情。没有亲身经历，哪来感同身受。所以在对他人进行心理危机干预的时候，切记不要总是站在自己的角度来看待他人的问题，也切记不要去说一些绝对正确的空洞之词，因为这样做的效果只会适得其反。比如："你真可怜。"同时也要避免劝说和责备对方，比如："你真傻，你怎么就选择自杀呢，多好的生活，不懂得珍惜。""你知道吗，你这样做很不负责任，你给大家带来了多少麻烦啊！"等。

3. 大学生自杀行为的干预

（1）大学生在出现自杀行为前，往往会出现以下几种征兆。

首先直接和间接的表达想自杀的意愿，直接意愿的表达有："我不想活下去了""我想自杀""我真希望我死了""如果不…我就自杀"。间接意愿的表达有:"活着没有意思""我的问题根本解决不了""死了比活着好""没有我大家会更好""我再也无法忍受了""很快我的所有问题都结束了""现在没有人能帮我""我感到没有希望"。

其次,出现一些行为异常行为,如疏远家人和朋友,在学校表现出退缩和逃避;食欲减退;道别;酒精或者药物滥用;不计后果的行为;极端的行为改变;自我伤害;严重抑郁后突然的平静等。

最后,身体状况突然发生改变,如对什么事情都缺乏兴趣;睡眠障碍,如失眠、多梦、早醒等;食欲、体重改变;身体健康问题,如心悸、头痛等。

(2)大学生自杀行为的干预。对有自杀企图的大学生的帮助有以下要点。

①表达关心,询问他们目前面临的哪些现状会给他(她)带来问题以及影响。

②保持冷静。多倾听,少说话,让他们表达出自己内心的感受。

③对他给予接纳。不做任何道德或价值评判(至少不要让他感受到接纳)。

④不要给出劝告,也不要认为有责任找出解决办法,尽力想象自己处在他们的位置时是如何感受的。

⑤不要担心他们会出现强烈的情感反应,情感爆发或哭泣有助于情感得到释放。

⑥大胆询问其是否有自杀的想法,相信他所说的话以及所表露出的任何自杀迹象。

⑦不要答应对他的自杀想法给予保密。

⑧给予他希望,让他知道面临的困境能够有所改变。

⑨如果他即刻自杀的危险性很高,要立即上报,采取紧急应对措施。

⑩不要让其独处,要去除自杀的危险物品,或将其转移至安全的地方。

总之,任何对未来感到特别痛苦、绝望、无望或想要结束生命的警示信号都值得被关注。如果发现自己身边有人透露出想自杀的各种信号,一定要引起注意,没有什么比生命更重要。如果发现同学有潜在的危险,一定要及时和老师沟通,或者带领同学寻求专业帮助。

4. 危机事件影响群体的自我照顾

危机事件影响群体是指事件目击人,危机相关人(同学、室友)。在心理学上有替代创伤(Vicarious Trauma)或次级创伤(Secondary Trauma)这一概念,也就是说,与当事人有关联的人都有可能会受到影响。因此,危机事件发生时,被影响群体的自我照顾也很重要。

(1)接纳自己的感受。对于危机事件现场的目击人,或者与危机当事人交往较多的人,都会有较为强烈的情绪体验,如震惊、不敢相信、悲痛、失眠和噩梦等,甚至有可能表现出创伤后应激障碍的一些症状。因此,我们要尊重和接纳受到事件冲击而表现出来的一些情绪、举动。

(2)注重情绪疏导。允许自己表达、宣泄由事件诱发的各种负性情绪。情绪得到充分疏导后,才能进行进一步的理性思考,比如接受逝者已逝的事实。如果自己处理不了,还可以求助于心理咨询中心的老师。

(3)相互支持。如果受危机事件的影响是同一个群体,比如同宿舍的室友、同学,可以和大家建立起相互支持的联盟。比如共同缅怀逝去的同学,在面对悲恸时相互支持,给予鼓励,照顾彼此的生活等。

活动体验

【心理活动体验三: 小云与他的"云"计划】

一、活动目的

帮助学生识别心理危机，识别自杀信号；发现异常立即报告给辅导员、心理指导老师等专业人员或团队，一起来帮助有心理危机的学生；生命不单单属于自己一个人，还属于所有爱自己的人。要珍惜生命，任何时候不放弃生命。

二、操作步骤

1. 情境：小云的父母很早就离婚了，他和父亲一起生活。他性格内向，由于学业成绩不佳，经常被父亲打骂。大二时，小云的好朋友小志因白血病不治而世。小志临走前对小云说："我在天堂等待你的到来！"小志的去世对小云打击很大，他一时难以走出丧友的痛苦，学习成绩下滑到班级最后一名，回家后经常被父亲暴打。于是，小云开始实施"天边的云"计划。他最近的表现如下：做什么事情都很消沉，没有精神，常常发呆；没有胃口，吃不下饭；将以前借的钱和东西归还同学；向同学赠送自己以前很珍爱的东西；向同学打听怎样死才是没有痛苦的；问同学一些奇怪的问题："天堂什么样子？你到时会不会想我？"；整理床铺、衣服，归整书桌；写信给同学，"悄悄的我走了，正如我悄悄的来，挥一挥衣袖，不带走半边云彩……"；让同学对自己的计划保密，"我要做一件惊天大事，我想去天堂！你要为我的计划保密哦！"；购买药品，准备单独行动。

2. 从小云的行为中，你发现了哪些自杀信号？请列出来。

3. 学生分组讨论：死亡是否可以解脱一切问题？死亡是否仅仅是个人的事？发现身边同学有这样的自杀信号，如何处理？

4. 大组分享讨论结果。

三、教师总结

挫折、逆境能锤炼我们的意志，但有时也会对我们的身心健康构成严重的威胁。因此当代大学生要学会识别心理危机，预防和应对心理危机。要珍爱生命、积极生活、成就人生，让有限的生命实现最大的价值。

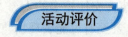 活动评价

活动评价表见表9-3。

表9-3 活动评价表

评价内容		评价标准	是/否
活动完成情况	活动三	能识别自己和他人的心理危机	
		能自助和助人，发现异常及时上报，进行心理危机干预，珍惜生命	

模块九 生命之花，幸福绽放——高职大学生生命教育与心理危机应对

自主测试

一、多选题。

1. 人的生命具有哪些属性？（　　）
   A. 唯一性　　　　B. 不可逆性　　　　C. 有限性　　　　D. 创造性
2. 自我心理状态处于危机中，会有哪些方面的异常表现？（　　）
   A. 生理异常　　　B. 情绪异常　　　　C. 认知异常　　　D. 行为异常
3. 对他人的心理危机进行干预可以用哪些方法？（　　）。
   A. 真诚地表达自己的关心
   B. 给予支持
   C. 避免空洞的劝说和毫无意义的同情
   D. 努力保护好自己，不去多管闲事

二、单选题。

大学生面临心理危机时，可以寻求哪些方面的支持？（　　）
   A. 学校　　　　　B. 家庭成员
   C. 社会机构　　　D. 以上都是

三、判断题。正确的打"√"，错误的打"×"。

人生最大的价值与生命的意义，是追求不断的自我发展与自我成长。（　　）

复盘

生命之花，幸福绽放——高职大学生生命教育与心理危机应对复盘表见表9-4。

表9-4 生命之花，幸福绽放——高职大学生生命教育与心理危机应对复盘表

任务类别：□个人任务　　□小组任务			
个人姓名		班级	
小组成员		班级	
复盘：总结本模块任务完成情况，掌握了哪些知识和技能，锻炼了哪些能力，活动体验中获得哪些感悟			

课后巩固

1. 课后拓展

体会生命：买一粒种子，用你的悉心照料让它发芽、生长，体会从一颗种子从开始到结束的整个历程。

2. 课后作业

谈谈你从小到大曾经历过哪些心理危机？你是怎么度过的？这些危机对现在的你有何影响？

模块十 人职匹配，勾画蓝图——高职大学生职业心理素养训练

学习目标

知识目标

- 了解气质、性格与职业的关系
- 了解职业心理素质
- 了解所学专业的就业方向

能力目标

- 结合自身专业，分析自己的职业心理困惑
- 从自我认知层面找出自身优势与劣势，提高适应职场能力

素质目标

- 提升自我的就业能力，形成职业认同感
- 正视自己的真实现状，努力提升自身心理素质

任务一 性格与职业选择

情景导入

一位体育专业的毕业生，毕业后从事健身教练工作。他单纯地认为，健身教练的工作职责就是了解人体机能、营养膳食的搭配、指导会员如何合理恰当地使用健身器械。可是入职后发现，健身教练的更重要的职责是推销，向会员推销私人教练项目，为会所赚取高额利润。遗憾的是，这位同学的气质特征是典型的抑郁质，不擅长与人交流，性格慢热、腼腆、内敛、喜欢独处、隐居的生活方式。他表示："如果早知道教练需要推销，就不会选择干这一行，现在一来到工作地点就感觉痛苦、无望，给客户推课，不忍心、不好意思，说不出口，自己比客户还要难受！"

本小节阐释气质类型、性格特征与职业选择的关系，帮助毕业生认清自身素质，理性择业，为职业生涯规划指明方向。

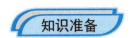

一、气质与性格概述

1. 气质概念

气质是在人的行为中所表现出来的典型而稳定的心理活动的动力特征。通俗地讲，就是一个人的脾气、秉性等，是构成人格的基本条件。气质类似于本能，是随着体液与生俱来的。气质特质会伴随人的一生，从而影响人的命运。气质的差异性造成了每个人自我调节的能力各不相同，对不同环境所表现出来的适应性有所不同。当一个人的气质特质与其生活和工作环境相适应的时候，他就会有很大的潜在动力和很强的幸福感。否则，他不论取得多么大的成就，都不会感到快乐。

2. 性格概念

性格是人对现实的态度和与之相适应的习惯化的行为方式方面比较稳定的具有核心意义的个性心理特征，它是一种与社会有关的心理特征。每个人的性格会体现在自己生活的一举一动中，表现出一个人对任何事物的态度。人们会按照自己的喜好去选择怎样做事、买什么样的东西、怎样和别人交流，这都是性格在左右我们对自己、对别人、对事物的态度和言行。当你性格中的优势与所从事的工作特点相适应的时候，在工作中就会轻松很多，也更加容易取得一定的成就。反之，选择一个与自己性格特征不匹配的职业，就会陷入消极被动、事倍功半的状态，很难在职场中取得成就。

3. 气质、性格与职业规划

我们在进行职业生涯规划前，首先必须对自己的气质类型和性格特征有明确和清晰的认识，选择一个能够充分挖掘气质中的潜能，发挥性格中优势的职业，扬长避短，才能保证职业生涯规划的科学性和合理性。根据自己的气质类型和性格特征做出客观合理、清晰明确的职业规划，会在潜意识里对我们的工作产生心理支撑和行动激情。因为人一旦有了明确清楚的目标和适合自己的成长环境后，潜意识和行为方式就会自动地发挥出能量和智慧，产生强大的推动力和进取力，并且能够不断地瞄准和修正目标和路径，下意识地引领我们朝向目标的方向前进。

二、气质类型与职业选择

1. 胆汁质气质与职业选择

胆汁质心理特征属于兴奋而热烈的类型，热情、直率、开朗、急躁。这种气质类型的人做事易冲动、有干劲、爆发力强，为人直率热情、朴实真诚、表里如一，正直、仗义，但自控力较差，言语较鲁莽，容易引起言语上的冲突；有理想有抱负，见解独到，敢作敢为，做事雷厉风行，毫不拖泥带水，但容易感情用事，刚愎自用。根据以上对胆汁质气质类型心理特征的分析，胆汁质的人较适合从事具有开拓性的工作。择业时适宜从事那些竞争性、冒险性、风险性强，要求反应果断而迅速的职业。如推销员、运动员、导游、节目主持人、勘探工作者、演员、驾驶员、探险者、新闻记者、外事接待员、公安干警、实业家、改革者等，但不适宜从事稳定、细致的工作。

2. 多血质气质与职业选择

多血质又称活泼型，属于活泼、好动、敏感的类型。这种气质类型具有较强的外倾性特点，活泼好动、机智灵敏、喜欢与人交往，容易适应新环境，具有较强的可塑性；思维活跃，语言表达力强、富有感染力，善于交际，性格外向。但专注力不足，易转移，兴趣多变，缺乏忍耐力和毅力。在工作和学习上肯动脑筋，有机敏的工作能力和较高的办事效率，运动能力强，但兴趣和注意力容易分散，情绪多变，容易浮躁。因此，多血质气质类型具有较强的职业适应性，在公共关系和广泛的社会职业领域里都可以发挥特长。这种气质类型的人适合从事营销业务、广告宣传、商务公关、贸易谈判等。他们的外向性特点，更适合于社交性较强的工作，如政治家、外交家、商人、管理者、律师等。而对于过于简单、细致和琐碎的工作，对缺乏竞争和刺激、只要求细心谨慎的工作，多血质的人不太感兴趣，也做不深入。

3. 黏液质气质与职业选择

黏液质又称安静型，是缄默而沉默的类型，具有理智、沉着、稳重、安静、善忍耐等特点。这种气质类型的人情绪平稳、心平气和、表情平淡，思维灵活性略差但考虑问题细致周到、寡言深思、做事踏实稳重，善于控制和忍耐。但是这种人反应缓慢，常给人以呆板、执拗的感觉，主动性较差，灵活性不足，缺乏创新精神。因此，黏液质气质类型的人稳重、踏实、专注，他们配合协调能力强，能很好地利用协调性、积极性、社会性及感情稳定性表现自己的才能。一般比较适合于从事稳定、细致、严谨、有条理、持久性的工作。如研究人员、学术、教育、医务、外科医生、法官、管理人员、图书管理员、会计、情报翻译员、教员、营业员等职业，但不适宜做反应迅速、具有冒险性和与人打交道的工作类型。

4. 抑郁质气质与职业选择

抑郁质又称弱型，是呆板而羞涩的类型。抑郁质气质类型的人情感细腻、体验深刻、细心谨慎，做事认真仔细；敏感而又机智，思维敏锐、风趣幽默；感受性强，想象力丰富，善于发现别人不易察觉的细小事物；情绪兴奋性较弱、多愁善感、内向孤僻，不善于与人交往，是"情感深厚而沉默的人"。根据抑郁质气质类型的特点，这类人一般较适合从事持久、细致的工作，思虑周密后有步骤、有计划完成任务。如理论研究、应用科学研究、哲学、研究、实验研究、化验员、检验员、机要秘书、统计员、记账员、会计、出纳、刺绣工作者、雕刻工作者等，但不适宜做要求灵活性的工作。

三、性格与职业选择

职业心理学研究表明，一个人性格影响着其对职业的适应性，一定的性格适合于从事一定的职业，同时，不同的职业对人有不同的性格要求。因此，我们在考虑或选择职业时，不仅要考虑自己的职业兴趣和职业能力，更应考虑职业对人性格的要求，从而根据自己的性格特点选择最适合自己的职业。

10-1 职业心理素质的培养

1. 霍兰德性格类型与职业选择

霍兰德经过几十年的跨国研究,形成了一套系统的职业选择理论。他按照性格与职业选择的关系将性格划分为六种类型。这六种类型分别与六类职业相对应,如果一个人具有某一种性格类型,便易于对这一类职业感兴趣,从而也适合从事这种职业。这六种性格及与之匹配的职业类型如下。

(1) R (现实型):性格上有内向、顺应等倾向。富有技术能力,喜爱具体的行动;处理人际关系或与人交涉的技能较弱;重视权利、金钱的价值;对应的职业环境类型有:机械性的、技术性的、实际操作性的、解决具体问题的,如工程师、技术员;机械操作、维修、安装工人;司机、测绘员、描图员等。

(2) I (研究型):性格上具有分析性、合理性、会深思熟虑、内省等倾向,具有较强的科学、数学能力,重视科学性与数学性的价值,偏爱对事物构成的理解。对应的职业环境类型有:要求具备分析探索能力、理解能力,能预测和控制,但对社交要求不高,如科研工作者,从事生物、医学、化学、物理、地质、天文等研究的科学家、工程师。

(3) A (艺术型):性格上有强烈显示自己主张,不喜欢规则性、组织性的约束,自控能力稍差,情绪表现趋向自由等倾向;具有创造性,想象力丰富,有优秀的艺术能力与感受力,追求美的价值,有创造性,能反省。对应的职业环境类型有:没有约束的,有必要发挥创造力的,如艺术家、编导、教师、文学、艺术方面的评论员;绘画、书法、摄影家等。

(4) S (社会型):性格上具有善于协调、责任感强、亲切等倾向;乐于接触人,能形成良好的人际关系,并具有保持这种关系的能力;重视社会性、道德性活动的价值,这类人往往缺乏机械能力。对应的职业环境类型有:需要服务能力的(对人和社会),如教师、行政人员、保育员;医护人员等。

(5) E (企业型):性格上有积极的、社交性的、充满自信等倾向,富有表现力与指导力,期望权利和地位,重视政治、经济等方面的成就,这类人往往缺乏科学研究能力。对应的职业环境类型有:需要计划、经营等有说服力、统率力的,如政府官员、企业领导、项目经理、商人等。

(6) C (常规型):性格上有尊重、慎重等倾向。具有事务性的、计算性的能力,重视形式与规则,喜欢组织与秩序。但缺乏艺术上的能力。对应的职业类型有:需要服从规则与传统,且反复进行事务处理的,如会计、出纳、统计人员、图书管理员等。

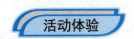

【心理活动体验一: 了解个人气质类型特征和气质与职业的关系】

一、活动目的

了解个人气质类型、气质与职业的关系。

二、具体操作

1. 完成气质类型测验(陈会昌修订)。如表 10-1 所示的 60 道题可以帮助你大致确定自己的气质类型。

表 10-1　气质类型测试题

题目	很符合	比较符合	不确定	比较不符合	完全不符合
1. 做事力求稳妥，一般不做无把握的事					
2. 遇到可气的事情就怒不可遏，想把心里话全说出来才痛快					
3. 宁可一个人做事，也不愿很多人在一起					
4. 到一个新环境很快就能适应					
5. 厌恶那些强烈的刺激，比如尖叫、噪音、危险镜头等					
6. 和人争吵时，总是先发制人，喜欢威胁人					
7. 喜欢安静的环境					
8. 善于和人交往					
9. 羡慕那种善于克制自己感情的人					
10. 生活有规律，很少违反作息制度					
11. 在多数情况下情绪是乐观的					
12. 碰到陌生人觉得很拘束					
13. 遇到令人气愤的事，能很好地自我克制					
14. 做事总是有旺盛的精力					
15. 遇到问题总是举棋不定、优柔寡断					
16. 在人群中从不觉得过于拘束					
17. 情绪高昂时，觉得干什么都有趣；情绪低落时，觉得干什么都没劲					
18. 当注意力集中于某一事物时，别的事很难使我分心					
19. 理解问题比别人快					
20. 遇到危险情景，常有一种极度恐怖感					
21. 对学习、工作、事业均有很高的热情					
22. 能长时间地做枯燥、单调的工作					
23. 符合自己兴趣的事，干起来劲头十足，否则就不想干					
24. 一点小事就能引起情绪波动					
25. 讨厌做那种需要耐心、要求细致的工作					

续表

题目	很符合	比较符合	不确定	比较不符合	完全不符合
26. 与人交往时不卑不亢					
27. 喜欢参加热烈的活动					
28. 爱看感情细腻、描写人物内心活动的文学作品					
29. 工作、学习时间久了，常感到厌倦					
30. 不喜欢长时间谈论一个问题，愿意实际动手干					
31. 宁愿侃侃而谈，不愿窃窃私语					
32. 别人说我总是闷闷不乐					
33. 理解问题常比别人慢些					
34. 疲倦时只要短暂休息，就能精神抖擞地重新投入工作					
35. 心中有话，宁愿自己闷想，也不愿讲出来					
36. 认准一个目标就希望尽快实现，不达目的誓不罢休					
37. 同样和别人学习、工作一段时间后，常比别人更感疲倦					
38. 做事有些莽撞，常常不考虑后果					
39. 当老师或师傅讲授新知识或新技术时，总是希望他们能够讲慢些，多重复几遍					
40. 能很快地忘记不愉快的事情					
41. 做作业或完成一件工作，总比别人花费的时间多					
42. 喜欢运动量大而剧烈的体育活动，或参加各种文艺活动					
43. 不能很快地把注意力从一件事转移到另一件事					
44. 接受一个任务后，就希望把它迅速地解决					
45. 认为墨守成规要比冒险强些					
46. 能够同时注意几件事					
47. 当烦闷的时候，别人很难使我高兴起来					

续表

题目	很符合	比较符合	不确定	比较不符合	完全不符合
48. 喜爱看情节起伏跌宕、激动人心的小说					
49. 对工作持认真严谨、始终一贯的态度					
50. 和周围人的关系总是相处不好					
51. 喜欢复习已学过的知识，重复做已经做过的工作					
52. 希望做变化大、花样多的工作					
53. 小时候会背诗歌，似乎比别人记得更清楚					
54. 别人说我"出口伤人"，可我自己不觉得如此					
55. 在体育活动中，常因反应慢而落后					
56. 反应敏捷，头脑机智					
57. 喜欢条理而不甚麻烦的工作					
58. 老师讲新概念，常常听不懂，但一旦弄懂以后就很难忘记					
59. 兴奋的事常常使自己失眠					
60. 假如工作枯燥无味，情绪马上就会低落					

2. 计分方法。

很符合自己情况的记 2 分，比较符合的记 1 分，不确定的记 0 分，比较不符合的记 1 分，完全不符合的记 -2 分，将每一题的得分填入表 10-2 中，并计算各单项得分。

表 10-2 气质类型测试答卷

胆汁质	题号	2	6	9	14	17	21	27	31	36	38	42	48	50	54	58	总分
	得分																
多血质	题号	4	8	11	16	19	23	25	29	34	40	44	46	52	56	60	总分
	得分																
黏液质	题号	1	7	10	13	18	22	26	30	33	39	43	45	49	55	57	总分
	得分																
抑郁质	题号	3	5	12	15	20	24	28	32	35	37	41	47	51	53	59	总分
	得分																

3. 结果解释

（1）如某一项或某两项的得分超过 20 分，则为典型的该气质，例如胆汁质项超 20 分则为典型的阳汁质;如果黏液质和抑郁质项得分都超过20分,则为典型黏液质与抑郁质混合。

(2)如果某一项或某两项以上得分在20分以下、10分以上,其他各项得分较低,为该项一般气质。例如,一般多血质、一般胆汁质或多血质混合型,抑郁质混合型。

(3)若各项得分都在10分以下,但某项或某几项得分较其余项略高(相差5分以上)则为略倾向于该项气质(或几项混合)。例如,略偏黏液质型,多血质型或胆汁质混合型。

多数人的气质是一般型气质或两种气质的混合型,典型气质和三种气质混合型的人较少。

4. 讨论气质与职业的关系。

气质主要是由遗传决定的。通常心理学家认为,人的气质类型可分为胆汁质、多血质、黏液质和抑郁质4种。人们了解自己的气质,对选择专业、性格培养、提高学习与工作效率、处理好同事间关系等,都有着重要的意义。气质没有好坏之分,但却能影响一个人的工作效率。特别是在一些身心需要承受高度紧张的职业中,气质不仅关系到工作的效率,还关系到事业的成败。如果在职业的选择过程中,能考虑到自己的气质类型而选择与其相适应的职业(表10-3所示),就更能发挥优势与特长,取得更大的成就。

表10-3 气质类型与适宜的工作

气质类型	适宜的工作
胆汁质	适宜从事社交、政治、经济、军事、地质勘探、推销、节目主持人、演说家等工作
多血质	适宜从事社交、外交、管理人员、律师、记者、演员、侦探等需要有表达力、活动力、组织力的工作
黏液质	适宜从事自然科学研究、教育、医生、财务会计等需要安静、独处、有条不紊以及思辨力较强的工作
抑郁质	适宜从事研究工作、机要秘书、检查员等无须过多与人交往但需较强分析与观察力以及耐心细致的工作

思考:你的气质类型特点:

___

在学习和生活中,你认为自己需要提升的地方有哪些?

___

活动评价

活动评价表见表10-4。

表10-4 活动评价表

评价内容		评价标准	是/否
活动完成情况	活动一	能了解自己的气质类型是哪一类型	
		能说出自己的个性气质类型与哪些职业匹配	

任务二 训练职业心理素质

情景导入

小李是机械制造及自动化专业大三的学生,目前在一家偏远的央企进行顶岗实习,从事设备维护与检修工作,并接受了大约一个月的培训。随后,他就开始频繁地爬上90多米高的塔筒进行设备维修,并且经常需要加班。这份工作既辛苦又累人。在工作中,小李与同事及领导之间的沟通并不顺畅,这让他对自己的职业未来感到困惑。这种情绪低落导致他感到非常孤独。由于工作地点相对偏远,对于一直生活在城市中的小李来说,生活十分不便利,各种困难让小李对是否坚持实习产生了动摇。

为了提高人生职业发展效率,大学生需要在大学生活中,依据自身特点、对未来社会需要的认识判断,进一步明确自己的职业目标,力求用最小的求学成本获得达到职业目标所必需的素质和能力。

知识准备

一、职业心理素质

职业心理素质是个体拥有的对职业活动起重要影响的心理品质,是与人所从事职业相匹配的心理素质的总和。它包括特定职业对其从业者所需心理素质的总和,是特定职业顺利高效完成的必要保证。同时是指个体已经具备的与特定职业有关的心理素质的总和,是评价特定从业者能否顺利完成相应职业的基础。

10-2 提升心理资本——打造幸福职场生活

职业心理素质的结构包括职业意识和职业能力,其中职业需要、职业价值观、职业道德、职业气质都属于职业意识范畴,而职业能力包括知识结构和技能结构的内容。职业心理素质具有稳定性、基础性、综合性和发展性特征,对职业活动有制约、调节和鉴别功能。

职业心理素质培养是由学校、社区、家庭、社会共同完成的。高职学生的职业心理素质培养主要有三个方面,一是职业定向时期的职业心理素质培训,包括专业学习过程中培养的职业兴趣、职业意识和职业角色的强化;二是通过专门的职业心理素质训练课程,根据特定职业的要求,开展专门的心理测验活动、个别和团体心理训练或心理咨询等来优化个体的心理素质,提高个体对未来职业的适应程度;三是进行非职业定向的技能培训,如考取驾照,进行外语、第二专业的学习等,以拓宽自己的专业知识面,获取相关的职业技能。

二、职业心理素质训练的内容与目的

1. 职业心理素质训练的内容

通过讲解，了解职业心理素质训练的目的及相关知识，通过与职业心理相关的个人气质类型测试自己气质类型，从而更加全面地了解自我，并能清楚自己的优势和劣势，最后通过创造个人激励方式，明确今后努力的方向。

2. 职业心理素质训练的目的

（1）帮助学生进行自我了解和认识职业环境。认识自我并对生活中的各种事物进行客观评价是良好心理素质的表现，也是学生接受并解释来自和职业有关各种信息的基本出发点。了解自我包括对职业心理素质中的心理调节系统和职业能力系统的充分认识，知道自己的职业兴趣、爱好、职业气质等与职业选择之间的关系，了解相应职业活动对专业知识、运动技能的要求。同时包括对特定职业现状和前景的了解，提高学生对未来职业的适应能力。

（2）培养良好的职业心理素质。良好的职业心理素质可以弥补自身能力、学识方面的某些不足，在职场中获得更多的机会。如正确的职业态度可以引导从业者积极乐观地接受工作中的挑战，良好的职业情商可以积极调动情绪，建立良好的人际环境等。根据高职学生就业存在的一些问题和用人单位对从业者的普遍要求，职业心理素质培养的目标是培养学生的创造性、团队合作精神、适应能力和沟通技巧，通过训练来强化职业心理、树立职业意识、提高职业能力、培养职业精神。

（3）引导对职业发展性的认识。职业心理素质虽然具有相对稳定性的特点，但也具有可持续发展的性质和自我衍生的功能，它贯穿于一个人的职业生涯，包括择业心理、就业心理、职业适应等，是在职业活动和实践活动中综合表现出来的心理品质，会随着职业活动的深入而产生变化。大学生在校的职业心理素质训练虽然只是一个阶段课程，但通过训练，能让学生对职业有了初步认识，形成一种意识：职业是发展性的，需要不断丰富自己的能力结构、培养良好的职业心理品质，将人生的价值融入职业生涯中，达到自我实现的目的。

三、职业类型匹配理论与个性成熟度

美国职业指导专家约翰·L·霍兰德在20世纪60年代以自己从事的职业咨询为基础，通过对自己职业生涯和他人职业发展道路的深入研究，引入人格心理学的有关理论，经过多次补充和修订，形成了一套系统的职业设计理论，其内容包括个性和职业类型的划分、职业分类、类型鉴定表等。

约翰·L·霍兰德提出了四个基本假设：其一，人的个性大致可分为六种类型，即实际型、研究型、艺术型、社会型、企业型和常规型；其二，所有职业均可划分为相应的六种基本类型，任何一种职业大体都可以归属于六种基本类型中的一种或几种类型的组合；其三，人们一般都倾向于寻找与其个性类型相一致的职业类型，追求充分施展其能力符合其价值观的职业，承担令人愉快的工作和角色，职业也寻求与其类型相一致的人；其四，个人的行为取决于其个性与所处的职业类型，可以根据有关知识对人的行为进行预测，包括职业选择、工作转换、工作绩效以及教育和社会行为等。

在理论中，霍兰德还制定了两种类型的测定工具，帮助择业者进行职业决策。一种测定工具是职业选择量表（VPI），该量表要求被测试者在一系列职业中做出选择，然后根据测定结果确定个人的职业倾向领域；另一种测试是自我指导探索（SDS），在测试感兴趣的活动、能力和喜欢的职业的基础上，找到比较适合自身特性的职业。霍氏理论由于其较强的操作性，成为20世纪60年代后较为有影响的职业设计理论。

社会心理学家对个性成熟度与职业的关系进行了广泛的调查和研究，他们比较一致地认为：具有成熟个性的人能够最大限度地发挥自己的精神力量，并与环境建立起和谐的关系。美国心理学家马斯洛挑选了一些可称为"最充分发挥作用"的人进行研究，他发现这些人的个性特征虽然各不相同，但却有着某些共同的心理特征，主要有以下12项。

（1）在对现实的客观知觉方面，能明确区别已知和未知、事实和对这些事实的意见、事物的本质和表象。

（2）非利己主义者追求目标高远，不搞内部摩擦，经常考虑"我对单位有什么贡献""企业对社会能有什么贡献"。

（3）不仅能正确认识自己、主宰自己，还能正确地看待别人和世界。

（4）能忍受孤单和寂寞。

（5）富有创新精神。

（6）行为自然，但不因为矛盾而简单地破坏常规。

（7）对部分人常有深情的依恋，不无端地敌视别人。

（8）看人重实际而不重表面，对那些有优良性格的人抱友好态度，无出身、门第、地位的偏见。

（9）道德上是明确的，能清楚地辨别善恶，其实际行动与其道德认识表现出一致性。

（10）具有相对摆脱现实环境的独立性。

（11）能明确意识到目的与手段的区别，既注重目的，也不忽视手段。

（12）超然于琐碎事物之上，具有广阔的视野与远见，其活动以是否有价值为指南。

这些特点又可分成三个方面：主体内部特征、主客体关系特征和人与人之间关系特征。能客观地观察事物，有较强的工作能力等都属于主客体关系范畴的个性特征；行为自然，正确看待自己，有独立自由精神等，属于主体内部个性特征；道德明确，非利己主义，不无端地敌视别人，无出身、门第、地位的偏见，属于人与人之间关系范畴的个性特征。这三方面的恰当结合，就形成了成熟的个性。

还有一些心理学家通过相反的观察和研究，归纳了一些不成熟的个性特征，其表现主要有以下10项。

（1）残留着对双亲的依从。

（2）行为出于利己的动机。

（3）通常由于胆小而不愿走向社会。

（4）缺乏独立性、自觉性。

（5）情绪不稳定，攻击性和逃避性行为偏多。

（6）为人不可靠，没有责任感，不宽容。

（7）生活图一时快乐。

（8）劳动不认真。

（9）不能正确认识自己与世界。

（10）不能同别人建立和谐的关系。

这些也可以归结为主体内部、主客体关系、人与人关系这三个方面的特征。不成熟个性在人生道路上往往会成为巨大的障碍，甚至使人碌碌无为。

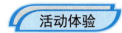

【心理活动体验二：了解个人个性成熟度和个性成熟度与职业的关系】

一、活动目的

了解个人个性成熟度和个性成熟度与职业的关系。

二、具体操作

1. 个性成熟度测试题。

下面有 25 道题，每道题都有 5 个备选答案。请根据自己的实际情况，仔细审题，每道题只能选择一个答案。请注意这是测验你的实际想法和做法，而不是问你哪个答案正确。因此请不要猜测"正确的"答案，以免测验结果失真。

（1）所在单位的领导（或学校的老师）对待我的态度是（　　）

A. 老是吹毛求疵地批评我

B. 我一做错什么事，马上就批评我，从不表扬我

C. 只要我不犯错误，他们就不会指责我

D. 他们说我工作和学习还是勤恳的

E. 我有错误他们就批评，我有成绩他们就会表扬

（2）如果在比赛中我或我所在的团队输了，我通常的做法是（　　）

A. 研究输的原因，提高技术，争取以后赢

B. 对获得胜利的一方表示赞赏

C. 认为对方没啥了不起，在别的方面自己（或自己一方）比对方强

D. 认为对方这次赢的原因微不足道，很快就忘了

E. 认为对方这次赢的原因是运气好，下次自己运气好的话也会赢对方

（3）当生活中遇到重大挫折（如高考落榜、失恋）时，便会感到（　　）

A. 自己这辈子肯定不会幸福

B. 我可以在其他方面获得成功，加以补偿

C. 我决心不惜任何代价，一定要实现自己的愿望

D. 没关系，我可以更改自己的计划或目标

E. 我认为自己本来就不应当抱有这样高的期望或抱负

（4）别人喜欢我的程度是（　　）

A. 有些人很喜欢我，其他人一点儿也不喜欢我

B. 一般都有点儿喜欢我，但都不以我为知己

C. 没有人喜欢我

D. 许多人都在一定程度上喜欢我

E. 我不知道

(5) 我对谈论自己受挫折经历的态度是（   ）

A. 只要有人对我受挫折的经历感兴趣，我就告诉他

B. 如果在谈话中涉及，我就无所顾忌地说出来

C. 我不想让别人怜悯自己，因此很少谈到自己受挫的经历

D. 为了维护自尊，我从不谈自己受挫折的经历

E. 我感到自己似乎没有遇到过什么挫折

(6) 通常情况下，与我意见不相同的人都是（   ）

A. 想法古怪，难以理解的人

B. 缺乏文化知识修养的人

C. 有正当理由坚持自己看法的人

D. 生活背景和我不同的人

E. 知识比我丰富的人

(7) 我在游戏或竞赛中喜欢遇到的对手是（   ）

A. 技术很高超的人，让我有机会向他学习

B. 比我技术略高些的人，这样玩起来兴趣更高

C. 显然技术比我差的人，这样我就可以轻松地赢他，显示自己的实力

D. 和我技术不相上下的人，这样可以在平等的基础上展开竞争

E. 一个有比赛道德的人，不管他的技术水平如何

(8) 我喜欢的社会环境是（   ）

A. 比现在更简单、更平静的社会环境

B. 就像现在这样的社会环境

C. 稳步向好的方面发展的社会环境

D. 变化很大的社会环境，使我能利用这机会发展自己

E. 比现在更富裕的社会环境

(9) 我对待争论的态度是（   ）

A. 随时准备进行激烈争论

B. 只对自己有兴趣的问题，才喜欢争论

C. 我很少与人争论，喜欢自己独立思考各种观点正确与否

D. 我不喜欢争论，尽量避免之

E. 我不讨厌争论

(10) 受到别人批评时，我通常的反应是（   ）

A. 分析别人为什么批评我，自己在哪些地方有错

B. 保持沉默，对他记恨在心

C. 也对他进行批评

D. 保持沉默，毫不在意，过后置之脑后

E. 如果我认为自己是对的，就为自己辩护

(11) 我认为亲属的帮助对一个人事业成功的影响是（   ）

A. 总是有害的，这会使他在无人帮助的时候面对困难一筹莫展

B. 通常是利大于弊，常常帮倒忙

C. 有时会有帮助，但这但这不是必需的

D. 为了获得事业成功，这是必需的

E. 在一个人刚从事某一职业时有帮助

（12）我认为对待社会生活环境的正确态度是（　　）

A. 使自己适应周围的社会生活环境

B. 尽量利用生活环境中的积极因素发展自己

C. 改造生活的不良因素，使生活环境变好

D. 遇到不良的社会生活环境，就下决心脱离这个环境，争取到别的地方去

E. 自顾生活，不管周围生活环境是好是坏

（13）我对死亡的态度（　　）

A. 从来不考虑死的问题

B. 经常想到死，但对死不十分惧怕

C. 把死看作是自然现象，但平时很少想到

D. 每次想到死就毛骨悚然

E. 不但不怕，反而认为自己死了是解脱

（14）为了让别人对自己有好的印象，我的做法是（　　）

A. 在未见面时就做准备

B. 虽很少预先准备，但在见面时提醒自己应给人留下一种好的印象

C. 懒得考虑给人一个好的印象

D. 我从来不做预先准备，也讨厌别人掩盖自己的本来面目

E. 为了工作和生活上的特殊需要，有时应认真考虑如何给人以良好的印象

（15）我认为要使自己生活得愉快而有意义，就必须生活在（　　）

A. 关系融洽的亲友们中间

B. 有学识的人们中间

C. 志同道合的同志们中间

D. 人数众多的亲戚、同学和同事们中间

E. 生活在什么人中间都一样

（16）在工作或学习中遇到困难时，我通常是（　　）

A. 向比我懂得多的人请教

B. 只向我的亲密朋友请教

C. 我总是尽自己的最大努力去独立解决，实在不行，才去请求别人的帮助

D. 我只是咬紧牙关不请求别人来帮助

E. 我没发现可以请教的人

（17）当自己的亲人错误地责怪我时，我通常是（　　）

A. 心里憋气，但不吱声

B. 为了家庭和睦，违心地承认自己做错了事

C. 当即发火，并进行争论，以维护自己的自尊

D. 克制自己，耐心地解释和说明

E. 一笑了之，从不放在心上

（18）在与别人的交往中，我通常是（　　）

A. 喜欢故意引起别人对自己的注意

B. 希望别人注意我，但又想不明显地表示出来

C. 喜欢别人注意我，但并不刻意去追求这一点

D. 不喜欢别人注意我

E. 对于是否会引人注意，我从不在乎

（19）外表对我来说（　　）

A. 非常重要，常花很多时间修饰自己的外表

B. 比较重要，常花不多的时间进行修饰

C. 不重要，只要让人看得过去就行了

D. 完全没有意义，我从不修饰自己的外表

E. 重要是重要，但实际上花时间不多

（20）我喜欢与之经常交往的人通常是（　　）

A. 异性，因为他们（或她们）与我更合得来

B. 同性，因为我和他们（或她们）更容易相处

C. 和我合得来的人，不管他们与我的性别是否相同

D. 我不喜欢与家庭以外的人多交往

E. 我只喜欢与少数合得来的同性朋友交往

（21）当我必须在大庭广众中讲话时，我总是（　　）

A. 因为紧张发窘而讲不清话

B. 尽管不习惯，但还是竭力保持神态自如的样子

C. 我把这看成是一次经验，精神抖擞地去讲

D. 我喜欢出头露面，这时讲话更出色

E. 无论如何也要推辞，不敢去讲话

（22）我对用看手相、测八字来算命的看法是（　　）

A. 我发现算命能了解过去和未来，而且很准

B. 算命人多数是骗子

C. 我不清楚算命到底是胡说，还是确有道理

D. 我不相信算命能预测人的过去和未来

E. 尽管我知道算命是迷信，但还是时常一试

（23）在参加几个人的讨论会时，我通常是（　　）

A. 第一个发表意见

B. 我对自己了解的问题才发表看法

C. 我从来不在小组会上发言

D. 在别人发言时，我时而插话

E. 我虽然不带头发言，但总是要说上几句

（24）我对社会的看法是（　　）

A. 社会上到处都有丑恶的东西，我希望能逃避现实

B. 在社会上生活，要想永远保持正直、清白是很难的

C. 社会是复杂而迷人的大舞台，我很喜欢研究社会现象

D. 不管社会如何，我只希望自己能生活得愉快

E. 不管生活环境如何，我都要努力奋斗，无愧于自己的一生

（25）当我在人生道路上遇到考验（如参加高考、竞选职位）时，我总是（   ）

A．很兴奋，因为这是表现自己的机会

D．视作平常之事，因为我已经习惯了

C．感到有些害怕，但仍硬着头皮去做

D．非常害怕失败，宁愿放弃尝试

E．听天由命

2．计分方法。

将你的答案填入表 10-5 中，并对应表 10-6 中各题的分值，统计你的得分。计分过程中负分数与绝对值相等的正分数可以相互抵消，最后合计得分就是你的个性成熟度指数。

表 10-5　个性成熟度测试答题卡

题号	答案	得分	题号	答案	得分	题号	答案	得分	题号	答案	得分
1			8			15			22		
2			9			16			23		
3			10			17			24		
4			11			18			25		
5			12			19					
6			13			20			合计得分：		
7			14			21					

表 10-6　情绪类型测试题分值卡

题号	A	B	C	D	E	题号	A	B	C	D	E
1	−3	−2	+4	0	+6	14	−1	+8	0	−3	+4
2	+4	0	−3	+8	−4	15	0	+6	+4	−2	−4
3	+4	+10	0	+5	−3	16	+8	0	+4	−2	−4
4	0	+3	−3	+8	−2	17	−1	0	−4	+8	+4
5	−3	+8	+4	−2	0	18	−2	0	+8	−3	+4
6	−3	−2	+8	+4	0	19	−2	−6	0	−3	+4
7	−2	+6	−3	0	+8	20	−2	0	+8	−3	+4
8	−5	0	+6	+4	−3	21	−1	+4	0	+2	−4
9	−4	+8	0	−2	+3	22	−5	+3	−2	+10	0
10	+8	−4	−4	0	+4	23	0	+8	−1	−4	+4
11	−2	0	+8	−4	+6	24	−3	−3	+6	0	+10
12	−2	+4	+8	−4	+6	25	+4	+4	0	−4	−1
13	0	+2	+10	−4	−3						

3. 结果解释。

表上每道题目的5个答案中，得分为正值的答案代表处理该问题时的合理做法。得分越高，反映个性越成熟。相反，得分为负值的答案代表不妥当或幼稚的做法，反映了个性的不成熟。因此，你可以观察一下自己在每道题目上的得分，看看自己在哪些题目上的得分较高，则表明自己在处理那些问题时较为成熟；自己在哪些题目上得了负分数，则表明自己在处理那些问题时还不成熟。经过这样仔细的分析，你可以看出自己处理社会生活问题的长处和短处，使自己尽快地成熟起来。

总分可以用来判断一个人整体的个性成熟程度。总分越高，说明你的个性越成熟；总分越低，说明个性越不成熟，具体的个性成熟程度的划分，可参考以下几条。

（1）测验总分在150分以上，这说明你是个很成熟的人。生活中凡个性成熟的人，都掌握一套行之有效的适应社会的方法。他们知道怎样妥善地处理个人所遇到的各种社会问题。他们能准确地判断、处理问题，哪些方式是有效的，哪些方式会造成不良的后果，从而选择一种最佳的处理方法。他们常常成为别人讨教和仿效的对象。个性成熟的人大多有丰富的经历，有大量过去失败的教训或成功的经验可供参考。个性成熟的程度并不一定与人的年龄成正比。

（2）测验总分在100~149分，这说明你是个较为成熟的人。在大部分事情的处理上你是很得体的。你能够很好地适应社会，建立起良好的人际关系。

（3）测验总分在50~99分，这说明你的个性成熟程度属于中等水平。你的个性具有两重性，一半是成熟的，另一半是幼稚的，还需要在社会生活实践中成熟起来。

（4）测验总分在0~49分，这说明你的个性还欠成熟。你还不善于处理社会生活中的各种问题和矛盾，不善于观察影响问题的各种复杂因素，不能准确地预见自己行为的结果，不能很好地适应复杂的社会生活。

（5）如果你的测验总得分是负数，说明你还十分幼稚，处理社会生活问题很不成熟。你喜欢单凭个人粗浅的直觉印象和一时的感情行事，好冲动、莽撞、不识大体；或者相反，即遇事退缩不前，生怕出头露面，孤独而自卑。这样很容易得罪人，也容易被人欺骗，在社会生活中到处碰壁，无法实现自己的理想和目标。这种状况与现代社会生活的要求很不适应，你必须使自己尽快地成熟起来。

三、讨论个性成熟度与职业的关系

个性是指一个人在其生活、实践活动中经常表现出来的、比较稳定的、带有一定倾向性的个体心理特征的总和，是一个人区别于其他人的独特的精神面貌和心理特征。个性对于一个人的活动、生活具有直接的影响。个性与职业的匹配程度在职业发展过程中有着重要的作用。成熟是一个常常与时间、年龄联系在一起的词，但是人的个性却不一定随着人年龄的增长而自然成熟。相反，有时年龄的增长可能给个性的成熟造成难度，或者导致个性的变化。相对来讲，个性成熟的人比较善于妥善地处理个人所遇到的各种社会问题。

思考：

你的个性成熟度描述。

在学习和生活中需要提升的地方。

活动评价

活动评价表见表10-7。

表10-7 活动评价表

评价内容		评价标准	是/否
活动完成情况	活动二	能了解自己的个性成熟度	
		能说出自己的个性成熟度与职业的关系	

任务三 高职院校工科专业岗位职业心理素质

情景导入

刘某是某职业院校计算机专业学生,毕业在即,但工作的事情却一筹莫展。开始他想做一名软件工程师,因为这和他的专业很贴近。但他从报纸上了解到,软件工程师是一个青春职业,和年龄有很大关系,35岁以后软件工程师就面临着被淘汰的可能性,工作不太稳定。于是他想去卖包子,因为他认为他家楼下卖包子的生意很稳定。但是后来因为家里的反对,他放弃了这个想法,决定去公司应聘。他首先想到的是去做销售,因为他看到很多公司高层领导都是从做销售开始的。但是求职销售没有成功,他又回到IT行业,想做IT培训老师,但是也没有成功。整个过程下来,他找了很多工作,做了很多选择,但都没有成功。他变得非常失望、焦虑,觉得自己的能力不被社会接受,于是他上网、玩游戏,以暂时缓解焦虑的情绪。

很多学生面临工作岗位时,会产生眼高手低现象及对职业岗位的迷茫、困惑。该如何立足岗位,排解职业心理困惑,培养良好的职业心理素养,更好地适应岗位需要呢?

知识准备

一、培养工程制造类岗位职业心理素养

（一）工程制造类主要专业对应的目标岗位

1. 机电一体化专业就业目标岗位

本专业主要就业岗位有机电产品生产现场操作人员、机电设备的管理与维护人员、机电

设备安装与调试人员、机电设备的检测人员等。

2. 智能控制技术专业就业目标岗位

本专业主要就业岗位有智能产品制造、安装、调试（工业机器人、无人机等）；智能控制设备集成调试、维护（物联网等）；智能控制系统集成应用、调试、维护（工厂智能自动化、智能家居等）；智能风发电电气设备安装、调试和风电场智能电气设备的维护与检修等岗位。

3. 电气自动化技术专业就业目标岗位

本专业主要就业岗位有自动化制造类企业，从事电气柜的安装与调试、电气控制设备运行与维护、自动化生产线的安装与调试、维护检修和管理，亦可面向风电产业链中风电设备制造业，可从事风电现场安装、风电控制设备检修、风电场电气运行维护等。

（二）工程制造类职业岗位常见的心理困惑

总体来说，工程制造类岗位的工作人员容易出现以下心理问题。

1. 疲劳心理

疲劳又称疲乏，是一种主观不适感，但客观上会使人在同等条件下失去完成原来所从事的正常活动或工作的能力。工程制造类从业人员的工作强度大，工作缺乏规律性，很容易产生疲劳心理。

2. 单调心理

在工程制造类的岗位上，单调的劳动作业往往使劳动者身心疲乏，容易失去工作兴趣，注意力分散，引起心理疲劳，影响工作效率与工作安全。

3. 紧张心理

紧张是人体在精神及肉体两方面对外界事物的反应，紧张程度常与生活变化的大小成比例。长时间处于紧张状态容易引发头痛、心悸、腹背疼痛等躯体症状。工程制造类行业的从业人员常由于工作单一，工作压力大，出现紧张情绪。

4. 性向与兴趣相矛盾

性向即个性适合做的事情，而兴趣是个体对特定的事物、活动及个人所产生的带有倾向性、选择性的态度和情绪。兴趣是一种无形的动力，当我们对某件事情或某项活动感兴趣时，就会很投入，而且印象深刻。工程制造类行业的从业人员在工作的过程当中往往会出现性向与兴趣相矛盾的现象。

（三）工程制造类职业岗位应具备的主要职业心理素质

工程制造类岗位的从业人员除了具备一般的心理素质之外，还必须具备以下职业心理素质。

1. 创新意识

创新意识是人们进行创造活动的出发点和内在动力，是人类意识活动中的一种积极的、富有成就性的表现形式，是创造性思维和创造力的前提。对于工程制造类岗位而言，从业人员应具备良好的创新品质，才能设计出好的作品。

2. 开放性思维

开放性思维是指突破传统思维定式和狭隘眼界，多视角、全方位看问题的思维方式。它与把事物彼此割裂、孤立、封闭，使思维具有保守性、被动性和消极性的思维方式是根本对立的。工程制造类从业人员在工作过程中尤其需要这种思维。

3. 竞争意识

竞争意识是指个人或团体力求压倒或胜过对方的一种心理状态。它能使人精神振奋努力进取，促进事业的发展。它是现代社会中个人、团体乃至国家发展过程中不可少的心态。在树立竞争意识的时候要防止不择手段，克服竞争中的消极面。竞争意识是工程制造类岗位所必备的。

4. 团队协作精神

团队协作精神是指团队成员共同认可的一种集体意识，能显现出团队所有成员的工作心理状态和士气，同时，也是团队成员共同价值观和理想信念的体现，是凝聚团队力量、推动团队发展的精神力量。工程制造类从业人员所从事的工作不是一个人就能够做得好的，一些重大工程的实施尤其需要这种精神。

5. 抗挫能力

抗挫能力是指个体遭遇挫折情境时，能摆脱困扰，避免心理和行为失常的能力。工程制造类从业人员要面对很多挫折，为了保证工程的正常进行、设计的顺利完成，从业人员都需要具备这种能力。

6. 沟通能力

人际沟通的能力是指一个人与他人进行有效的信息沟通的能力，它包括外在技巧和内在因素，主要是通过言语、表情、手势、体态以及社会距离等来体现。工程制造类专业从业人员也需要具备这种能力。

（四）工程制造类岗位职业心理素质培养

根据工程制造类岗位出现的主要职业心理问题，可以从以下几个方面开展职业心理素质培养。

1. 根据学生的兴趣与性格特点制订相应的职业计划

职业生涯目标的设定是职业生涯规划的核心。一个人的事业成败，很大程度上取决于他有无适当的目标。没有目标如同驶入大海的孤舟，四野茫茫，没有方向，不知道自己走向何方。只有树立了目标，才能明确奋斗方向，犹如海洋中的灯塔，引导你避开险礁暗石，走向成功。

目标设定是在对职业选择、职业生涯路线选择后，对人生目标做出抉择，它以自己的最佳才能、最优性格、最大兴趣、最有利的环境等信息为依据。通常情况下目标分为短期目标、中期目标、长期目标。短期目标一般为1~2年，又可进一步分为日目标、周目标、月目标、年目标；中期目标一般为3~5年；长期目标一般为5~10年。

在学习过程中，根据学生的职业兴趣与不同的性格特点，帮助他们制订职业计划，能够给他们确定一个努力的方向，对他们的身心健康发展是有很多好处的。

2. 培养学生正确处理生活事件的能力，提高对挫折的耐受力

面对生活中的种种不如意的事情，一定要学会从以下几个方面进行调节。

一是对挫折要有正确认识，真正理解人生不可能事事都如意。俗话说，不如意事十常八九。挫折与缺憾是人生常态，挫折和不幸成为人生的助力，成就人生。

二是学会进行心理调节，走出挫折带来的心理低谷。例如，考了一个糟糕的分数，老师因不太了解情况而批评你了一次；因人数有限你没能第一批入党……对于这些挫折，你可以进行下列心理调节：第一步宣泄疏导，第二步情绪转移，这两步可以减缓情绪压力，第三步激励信心，第四步优势诱导，这两步可以认知调节，让自己知道挫折难免，并明确自己的优势。第五步反馈调节，第六步前景吸引，这两步可以用已有的成绩和渴望的前景激励意志。

三是顽强进取，勇敢地迎接挫折的考验。这是提高自己对挫折耐受力的关键。挫折犹如清醒剂，在我们偏离航向或脱离实际时亮出了红牌警告，使我们清醒过来，重新认识环境和困难，重新调整自我的人生坐标；挫折犹如一座加压泵，使我们调集全身心的力量去面对现实，努力奋斗，使我们的心理受到锤炼，逐渐成熟，进而走向成功的人生。

二、培养商务贸易类岗位职业心理素质任务

（一）商务贸易类主要专业对应的目标岗位

1. 市场营销专业就业目标岗位

高职市场营销专业目前的就业岗位主要包括两大方向。

（1）零售管理方向，具体包括以下岗位。

1）商场、超市营销、管理相关岗位：如商品采购员或经理、商场促销及策划专员或经理、客服专员或经理、商场运营管理人员、零售专业店店长等。

2）奢侈品零售及管理相关岗位：如房产置业顾问、汽车销售代表、珠宝零售销售等。

3）自主创业：如零售连锁加盟创业、合伙创办连锁机构或其他零售机构等。

4）其他商贸零售及营销管理相关岗位。

（2）市场开发与管理方向，具体包括以下岗位。

1）区域销售代表、区域经理、大客户营销专员、经理。

2）市场开拓员、渠道维护员、市场督导。

3）市场企划专员或经理、市场调研与分析专员/经理。

4）品牌专员或经理。

5）自主创业、区域代理商等。

6）其他市场开发与管理相关岗位。

2. 电子商务专业就业目标岗位

电子商务专业目前的就业岗位包括以下一些。

1）企事业单位网站的网页设计、网站建设和维护、网络编辑、网站内容的维护和网络营销、企业商品和服务的营销策划等专业工作。

2）从事客户关系管理、电子商务项目管理、电子商务活动的策划与运作、电子商务系统开发与维护工作、在各级学校从事电子商务教学等工作。

3）在呼叫中心从事电话营销的工作。

3. 会计专业就业目标岗位

会计专业毕业生的主要就业岗位包括：中小企业的出纳、会计核算、审计和财务管理等岗位，会计师事务所、税务师事务所等社会中介机构的会计代理、会计咨询和审计鉴证等岗位，财务软件的推广、培训和维护等岗位。

（二）商务贸易类职业岗位常见的心理困惑

随着社会竞争的加剧和工作节奏的不断加快，商务贸易类从业人员存在工作累忙、心理压力大的现象，他们的心理健康问题应该引起高度关注。对于商务贸易类人员来说，由于他们的工作更多是面对复杂的市场环境、人际环境等，需要承受更多的压力、经历更多的挫折、面临更大的挑战，所以他们不可避免地会处于各种矛盾之中，出现一些心理问题，这些问题反映了商务贸易类人员心理健康等问题的主要类型及其成因。

1. 心理压力过重导致职业倦怠

商务贸易类人员工作繁忙、面临着巨大的心理压力，特别是在需要考核业绩的岗位，这种压力更加明显。有的人能将压力转化为动力，但对一些心理素质较差的人员而言，过度的压力可能会导致职业倦怠，主要表现为精力不济、自我效能感下降、烦躁易怒等，而这些又会影响工作状态，影响业绩。业绩不好，又会加重职业倦怠症状，造成恶性循环。

2. 工作的挑战性导致自信心丧失

商务贸易类人员的工作具有一定挑战性。面对挑战性的工作，要求从业人员对各种挑战充满信心，积极承担新的任务，面对拒绝和失败不放弃、不懈怠，以积极乐观的态度面对。但是一些从业人员经历几次失败后便对自己失去信心，不敢主动去争取具有挑战性的任务和工作，比如一些销售人员遭到客户几次拒绝后，就对公司的产品失去信心，面对客户时紧张，不能向客户清楚地介绍产品。长此以往，就会丧失信心，将上班看成一种负担。

3. 心理失调

商务贸易类人员在"获得"与付出不相称时，容易产生心理不平衡，对公司、对企业、对客户产生不满。在面对人际问题、情绪问题、感情问题、性格问题等困扰时，如果不愿意和亲戚、朋友诉说，当事人就容易产生心理失调。这时最好的选择方式就是改变自己，改变自己的思维方式，少一些抱怨，多一些进取，或者找专业心理医生聊聊。

（三）商务贸易类职业岗位需具备的主要职业心理素质

不同的职业对从业者的职业心理素质要求不同。同时，职业心理素质也制约着职业活动的各个层面，对职业活动具有调节和导向的作用。根据商务贸易类专业的特点，重点是培养学生的自信心、意志力、自我控制力、创造力、人际影响力、团队合作精神六个方面的职业心理素质。

1. 自信心

自信心是一种反映个体对自己是否有能力成功地完成某项活动的信任程度的心理特性，是一个人心理健康的一种表现，是一个人学习、事业成功的必要心理条件。商务贸易类专业的毕业生主要从事与人打交道的工作，与人交往时应做到：要有信心能给他人留下深刻印象；适当的时候，能够突破他人明确要求遵守的传统和标准；必要时，即使别人反对，自己也能独立行动并对后果承担责任；当与上级管理人员、客户或其他权威人士产生意见分歧时，能直截了当而又彬彬有礼地表明自己的看法；相信自己的能力和判断，敢于挑战冲突，坚持己见。

2. 意志力

意志力是一个人自觉地确定目标，根据目标来支配、调节自己的行动，克服各种困难。哲学家罗伊斯这样说："从某种意义上说，意志力通常是指我们全部的精神生活，正是这种精神生活在引导着我们行为的方方面面。"商务贸易类从业人员在面对错综复杂的市场环境和人际环境时，难免会有压力与挫折，这就要求我们具备良好的意志力，主要表现在：遇到困难时不放弃，能尝试多种方法去克服困难，坚定信念；追求目标的过程中能不断地激励自己，使自己的精神振作起来，从而使自己保持良好的心态，激发自身的潜能，努力实现目标。

3. 自我控制力

自我控制力是人们对自身心理与行为的主动掌握，自觉地选择目标，在没有外界监督的情况下，适当地控制、调节自己的行为，抑制冲动，抵制诱惑，延迟满足，坚持不懈地保证目标实现的一种综合能力。商务贸易类从业人员在长期重复性的烦琐工作和压力环境下，要保持冷静，控制负面情绪和消极行为，有能力抵制可能的诱惑，不采取不恰当和冲动的行为。同时，还要学会自我缓解压力，适当宣泄自己的消极情绪。如多找一些朋友谈心，多找一些有乐趣的事去干，多参与社会活动，多出一点成绩，从中去寻找自己的精神安慰和精神寄托，在持续的压力状况下以正常状态推进工作。

4. 创造力

创造力是指产生新思想、研制新产品、开拓新市场、制定新战略、开发新技术、推出新产品的能力，它是人们成功地完成某项创造性活动所必须具备的心理品质。具有创新能力的人适合从事管理工作或其他需要与人打交道的工作。

在商务贸易类从业人员中，创造力主要表现在：能提出实用的新思路并运用到工作中，改进现有的方案，挑战传统的工作方法和思维方式；对本职工作的改善有自己的见解，不断引入其他领域的观念和方法来指导工作；敢于制定新政策、采取新措施或尝试新方法，并勇于承担风险。

5. 人际影响力

人际影响力是指与可能有助于完成工作相关目标的人建立或维持友善、和谐关系的能力。人际影响力对于商务贸易类从业人员显得尤为重要，它表现在能够接受他人邀请参加社交活动，从而建立工作关系；能积极创造与他人接触的机会，主动联络对方，利用非正式接触建立融洽的关系；在社交场合，能够调动大家的交流情绪，营造使大家以轻松交流的气氛；经常在工作以外的集会活动中，继续与同事、客户及其他相关人员保持友善的关系；能利用他人间接的关系，扩大人际网络范围；能敏感地把握他人的性格特点和利益需求，为今后的交往奠定基础。

6. 团队合作精神

团队合作精神是指团队成员为了团队的利益与目标而相互协作、尽心尽力的意愿与作风。团队精神是任何一家企业和单位都十分强调的。团队合作精神表现在作为团队的一员，在团队中主动征求他人意见，与他人互享信息、互相鼓励，为了团队共同的目标与大家通力合作完成任务；愿意与他人合作开展工作，自愿参与和支持团队的决定；能与群体中的其他成员共同交流，分享有用的信息和资源；在决策时，诚恳地征求团队成员的意见；不会隐藏和回避团队中的冲突，开诚布公地处理团队内部矛盾，并积极寻求有利的解决方案。

三、培养医药类岗位职业心理素质任务

（一）医药类主要专业对应的目标岗位

1. 药学专业的主要就业目标岗位

本专业主要就业岗位有以下几类。

1）销售类工作。负责相关药品推广工作的医药代表、医疗器械代表、负责药品知识推广和市场规划的学术推广专员、负责处方药自营企业流通及配送工作的渠道商务人员、负责对未进入中国市场的药品进行采购的医药外贸人员。

2）药物生产类工作。负责调整生产工艺，保证生产效率最优的药品生产技术员、负责药品生产过程中质量监控的质量保证人员（QA）或质量控制人员（QC）。

3）药物研发类工作。药物合成或制剂研究员、开展药物试用试验的临床监察员（CRA）、负责新药上市申报工作的药品注册专员（RA）、负责药品上市后药物警戒工作的药物警戒专员（PV）。

4）其他相关类工作。基因诊疗专员、医药新媒体专员、移动医疗开发专员。

2. 临床医学的主要就业目标岗位

1）临床医生。获取执业医生资格证后，可在医院从事一线临床工作，在内科、外科、妇科、儿科等医院主要科室担任临床医生。

2）临床技师。可在医院从事医疗辅助工作，如心电图、放射、检验等功能科室。

3）医学编辑。可在出版社或者文化传媒公司担任医学编辑。

3. 护理专业的主要就业目标岗位

1）临床护理。可在各级各类综合医院、专科医院、急救中心、康复中心从事临床护理、护理管理工作。

2）护理保健。可在各级各类卫生医疗、助产士咨询门诊、孕期营养咨询门诊、月子中心等担任技术型母婴保健护理专门人才。

3）家庭护理人员。可在卫生学校担任护理专业教师、敬老院机构担任老年护理人员。

（二）医药类职业岗位常见的心理困惑

医务人员作为一种特殊的职业群体，在紧张繁重的工作中所承受的巨大的精神压力已经影响到其身心健康和工作质量。如果其心理健康长期失衡，健康状况不佳，得不到有效的治疗，就会影响到医疗服务质量，进而关系到患者的生命安全。总体来说，医学类岗位的工作人员容易出现以下心理问题。

1. 焦虑心理

焦虑是一种缺乏明显客观原因的内心不安或无根据的恐惧。医护人员承担着救死扶伤的

责任，在生理和心理两方面都存在着超压状况，工作强度大、昼夜节律紊乱、节假日少、医患关系紧张、晋升条件苛刻、学习考试繁多。医护群体在周而复始的巨大体力消耗和心理负荷下，很容易出现焦虑心理。

2. 职业倦怠

职业倦怠是指个体由于长期处于工作压力状态下而出现的一种身心消耗过度、精力衰竭的综合症状，包括情感耗竭、人格解体和个人成就感降低三个方面，多发生于服务行业，尤其是医疗行业。医务人员工作强度大、社会责任重、职业风险高，是职业倦怠的易感人群。严重的职业倦怠将对医务人员的身心健康造成威胁，并影响医疗卫生服务的质量，不利于社会的和谐稳定。

（三）医学类职业岗位需具备的主要职业心理素质

人们的健康水平在很大程度上需要医生以其高尚的职业精神与良好的职业能力来加以精心维护和救治。根据医药类专业的特点，重点培养学生积极稳定的情绪、语言表达能力、高度的责任心、团队协作能力和敏锐的观察力。

1. 积极稳定的情绪

研究发现情绪稳定的护士其医护合作更积极，对他人如同事、领导的情绪能够充分理解，站在对方的角度思考，在单位中更有利于形成良好的工作氛围。医护人员积极稳定的情绪可以增强病人的安全感，激发病人同疾病作斗争的信心，有利于形成相互信任、相互理解的医患关系。

2. 语言表达能力

医生在临床中要与患者交流思想、表达感情、传递信息，医患沟通不畅，或者说在语言交流中缺乏思想情感，忽视语言交际的艺术性，漠视患者语言中传达的信息，是导致当今医疗服务质量降低和医患关系紧张甚至医疗纠纷的直接原因之一。1993年，在英国爱丁堡世界医学教育高峰会议提出："21世纪所期望的医师应该是一个耐心的倾听者、细心的观察者、敏锐的交谈者、有效的治疗者"。世界医学峰会对医师提出了应具备交际能力的要求。

3. 高度的责任心

医护人员的工作，关系着病人的生命健康，因此时时处处都必须具有高度的责任感。医护人员的责任心是指他们对病人的生命安全和健康负有高度的责任感，能够在工作中严格遵守职业道德和职业规范，保证病人得到最好的治疗和护理。医护人员的责任心还包括对自己的工作负责，不断学习和提高自己的专业技能，以便更好地服务于病人。

4. 团队协作能力

一个好医生要对自己的病人、居民、社区承担科学研究任务，就一定会遇到知识、技术、社会活动、人际协调等方面的问题，所以好医生必须学会与同人或有关方面人士交流经验、讨论问题、解决困难。只有具备较好的团结协作精神，才能取得成功。《日内瓦宣言》要求医务人员要把自己的同行视为兄弟。可见，团结协作已经成为医生应尽的道德义务和基本素质之一。

5. 敏锐的观察力

医护人员必须具备敏锐的观察力，作为医院医护人员必须善于从病人的表情、姿势体位、举止行为中发现问题。多问、多看、多检查，只有这样才能尽早发现某些疾病的先兆症状和病情恶化的迹象，而进行综合分析和推理判断，为临床诊断治疗提供依据，以便迅速采取救治措施。

活动体验

【心理活动体验三：挫折耐受力拓展】

一、活动目的

1. 体验挫折情绪，正确面对失败，引发积极向上的心态。
2. 调整认知，消除不良情绪，提高情绪管理能力。
3. 充分体验挫折，承受压力，提高应激能力。
4. 直面挫折，抗逆压力，学习应对挫折的方法。

二、辅导计划

1. 分成4组，每组10人。
2. 辅导次数、频率：3次，每周1次。
3. 活动场所为学院团体辅导室。
4. 活动时间为每周团体辅导课时间。
5. 可将该项活动纳入心理健康课外活动考核。

三、小组成员的选择

对象为大二在校工程类专业学生。

四、基本过程

1. 热身阶段（第1次辅导）。目的是让组员消除紧张、相互熟悉，形成安全友善的团体氛围，为后续活动奠定良好的基础。
2. 实施阶段（第2次辅导）。在前一阶段组员之间形成相互信任、相互坦诚关系的基础上，组织小组内人际互动游戏，采用角色扮演、启发讨论、想象脱敏练习等形式，让小组成员把小组当成一个安全的实验场所，练习改善自己的心理与行为，以期能扩展到现实生活中，达到活动目标。
3. 巩固终结阶段（第3次辅导）。目的是巩固小组辅导的成果，做好分别的心理准备。

五、效果评价

1. 心理测验（重测 SCL-90）。
2. 针对活动感受、建议的问卷调查。

活动评价

活动评价表见表10-8。

心灵呵护与成长

表 10-8　活动评价表

评价内容		评价标准	是/否
活动完成情况	活动三	能充分体验挫折，承受压力	
		能找出适合自己的解压抗挫的好方法	

自主测试

1. 大学生职业生涯规划的步骤包括（　　）。
   A. 认识自己　　　　　　　　　B. 了解职业世界
   C. 做出生涯决策　　　　　　　D. 确立生涯目标
   E. 行动实施　　　　　　　　　F. 评估

2. 生涯规划实施的原则有（　　）。
   A. 按图索骥　　　　　　　　　B. 持久
   C. 藐视困难　　　　　　　　　D. 生存优先
   E. 目的导向　　　　　　　　　F. 动态调整

3. 职业心理素质的结构包括（　　）。
   A. 职业需要　　　　　　　　　B. 职业价值观
   C. 职业道德　　　　　　　　　D. 职业气质
   E. 职业能力

4. 大学生常见的职业心理困惑包括（　　）。
   A. 所学专业非自己喜欢　　　　B. 工作场所在农村偏远地方
   C. 工资不符合自己期望值　　　D. 人际困扰

5. 提升大学生职业心理素质的方法有（　　）。
   A. 探索自我提高入职的自信心　B. 探索职业形成一定的职业认同
   C. 培养积极乐观的情绪情感　　D. 培养耐压抗挫的意志品质

复盘

人职匹配 勾画蓝图——高职大学生职业心理素养训练复盘表见表 10-9。

表 10-9　人职匹配 勾画蓝图——高职大学生职业心理素养训练复盘表

任务类别：□个人任务　□小组任务			
个人姓名		班级	
小组成员		班级	
复盘：总结本模块任务完成情况，掌握了哪些知识和技能，锻炼了哪些能力，活动体验中获得哪些感悟			

参 考 文 献

[1] 胡凯. 大学生心理健康教育教程[M]. 长沙：湖南人民出版社，2018.
[2] 王祖莉. 大学生心理健康教育[M]. 北京：北京理工大学出版社，2021.
[3] 黄莉. 心理健康教育[M]. 北京出版社，2019.
[4] 刘明波，钱捷，董海涛. 辅导员心理健康教育胜任力纲要[M]. 北京：高等教育出版社，2022.
[5] 黄希庭. 大学生心理健康与咨询[M]. 3版. 北京：高等教育出版社，2022.
[6] 张洪涛，华波，孔详军. 大学生心理健康教育[M]. 成都：电子科技大学出版社，2020.
[7] 张潮，杨晓荣. 自助与成长[M]. 北京：教育科学出版社，2016.
[8] 向晓蜜，戴璐洋. 大学心理健康教育教程[M]. 北京：中国民主法制出版社，2023.
[9] 李斌. 高职大学生心理健康教育[M]. 北京：高等教育出版社，2014.
[10] 夏翠翠. 大学生心理健康教育[M]. 北京：人民邮电出版社，2017.
[11] 林崇德，杨治良，黄希庭. 心理学大辞典[M]. 上海：上海教育出版社，2004.
[12] 林崇德，申继亮. 大学生心理健康读本[M]. 北京：教育科学出版社，2005.
[13] 王登峰，崔红. 心理卫生学[M]. 北京：高等教育出版社，2003.
[14] 叶浩生. 西方心理学研究新进展[M]. 北京：人民教育出版社，2003.
[15] 龚耀先. 心理评估[M]. 北京：高等教育出版社，2003.
[16] 樊富珉，王建中. 当代大学生心理健康教程[M]. 武汉：武汉大学出版社，2006.
[17] 黄希庭. 大学生心理健康教育[M]. 上海：华东师范大学出版社，2004.
[18] 郑日昌. 大学生心理卫生[M]. 济南：山东教育出版社，1997.
[19] 张厚粲. 大学心理学[M]. 北京：北京师范大学出版社，2000.
[20] 张大均，冯正直. 学校心理素质教育概论[M]. 重庆：西南师范大学出版社，2004.
[21] 马建青. 大学生心理危机干预的理论与实务[M]. 杭州：杭州出版社，2011.
[22] 谢炳炎. 大学生心理健康教育与指导[M]. 长沙：湖南大学出版社，2006.
[23] 伍新春. 高等教育心理学[M]. 北京：高等教育出版社，1999.
[24] 郑希付. 健康心理学[M]. 上海：华东师范大学出版社，2003.
[25] 齐力. 大学生心理健康素质教程[M]. 北京：五洲传播出版社，2005.
[26] 陈选华. 大学生心理学基础[M]. 合肥：中国科学技术大学出版社，2004.
[27] 何彬生，刘波，吴检方. 大学生心理健康与教育[M]. 北京：人民出版社，2006.
[28] 贾晓明. 大学生心理健康——走向和谐与适应[M]. 北京：北京理工大学出版社，2005.
[29] 陈力. 心理障碍与精神卫生[M]. 北京：人民卫生出版社，2001.
[30] 斯腾伯格. 成功智力[M]. 吴日宏，钱文，译. 上海：华东师范大学出版社，1999.

[31] 龚晓路. 员工职业素养培训 [M]. 北京：中国发展出版社，2005.

[32] 刘兰明. 安身立命之本——职业基本素养 [M]. 北京：高等教育出版社，2009.

[33] 燕良轼，唐海波. 大学生心理健康教程 [M]. 长沙：中南大学出版社，2006.

[34] 过晓丹. 大学生心理健康教育 [M]. 长沙：中南大学出版社，2021.

[35] 陈世盛，林丽姝，林灿东. 大学生心理健康教育：心理成长之旅 [M]. 北京：北京工业大学出版社，2021.

[36] 张楠楠，王业平，梁秀清. 护航青春：大学生心理健康教育 [M]. 北京：中国商务出版社，2021.